1910년 일본인이 본 한국병합
:「조선사정」과 「조선사진첩」

동아대학교 역사인문이미지연구소 총서 02

1910년 일본인이 본 한국병합

: 「조선사정」과 「조선사진첩」

경인문화사

　　본서는 이데 마사이치(井手正一)가 일제의 한국병합을 기념하여 출판한 『한국병합기념첩(韓國倂合紀念帖)』(駿々社, 1910)을 번역한 것이다. 이 책은 상·하권 합본으로 상권에는 「조선사정」, 하권에는 1910년 이전 한국의 승경(勝景)과 풍속(風俗) 사진 183장을 수록하고 있다. 이에 본 역자는 소장본을 저본으로 삼아 부제를 덧붙여 『1910년 일본인이 본 한국병합: 「조선사정」과 「조선사진첩」』이라는 제목으로 출판하게 되었다.

　　본 역자가 『한국병합기념첩』을 번역하게 된 계기는 그간 대한제국기와 일제강점기의 한국병합 관련 사진그림엽서에 대한 정리와 분석을 하던 중 한국병합에 대한 왜곡된 이미지는 과연 어떠한 과정을 거치면서 고착화 되었고, 또 일본인들은 한국병합을 어떻게 받아들여 그것을 어떻게 이용하려 했는가에 대한 단순한 궁금증에서부터였다. 이에 한국병합에 관련된 기념첩, 사진첩, 엽서, 잡지, 기타 간행물과 물품을 비롯해 각종 세리머니 관련 자료 등 일종의 시각적인 측면의 자료들도 수집하게 되었는데, 그중에서 가장 포괄적인 형태로 한국병합을 보여주는 것이 바로 이 책이었던 것이다. 더욱이 이 책은 당시 일본인들이 한국병합을 어떻게 생각해왔고, 또 어떠한 의도에서 식민정책을 입안했으며, 나아가 한국과 한국인에 대해 얼마나 왜곡된 역사적 사고방식을 가지고 있었는가를 잘 보여주는 자료이기도 하다. 또한, 이 책의 제2부에는 근대 한국의 사진 183매를 수록하고 있는데, 이 사진들에는 희귀 사진들이 포함되어 있을 뿐만 아니라, 한국병합 이전 우리나라 민중들의 삶과 생활방식 또한 생생하게 보여주고 있어 학술적 가치로서도 매우 귀한 자료라고 아니할 수가 없다.

다만, 소장하고 있는 원본에 수록된 한국 관련 사진 중에는 6매(본서 서두에 2매, 제2부에 4매[사진 번호 1·19·82·143])가 결락되어 있어 부득이 이것은 국립중앙도서관에 소장된 동일 판본의 『한국병합기념첩(韓國倂合紀念帖)』(청구기호: 朝66-C11)을 이용하여 보완하였음을 밝혀 둔다. 참고로 국립중앙도서관의 판본은 서두 사진 1매, 상권 「조선사정」에 2쪽, 제2부 한국 관련 사진에서는 3매 등 총 6쪽이 결락되어 있다. 여기에 또 한 가지 언급해 두고 싶은 것이 있는데, 원본의 서두 부분에는 메이지(明治) 천황 부부의 사진 2매가 한국 황실의 사진보다 앞에 수록되어 있다. 군국주의와 침략주의의 상징을 국내 번역서에 수록한다는 껄끄러움, 그것도 본 번역서의 제일 앞에 게재한다는 거리낌이 없는 것은 아니지만, 원본을 충실히 재현하는 것이 합당하다고 판단하여 일본 황실의 사진 2매 2쪽을 1쪽으로 편집하여 그대로 개재해둔다. 이점에 대해서 독자 여러분들의 양해를 구한다.

한편, 이 책의 내용은 언뜻 보면 1910년 한국병합 이전의 시대적 상황, 당시 한국의 정치, 제도, 문화, 사회시설과 농공수산업을 비롯해 풍속과 풍습 등 전반에 걸쳐 일정 부분을 파악하고 있는 것같이 보이기도 하지만, 실상은 문명과 비문명이라는 이분법적 시각에서 한국에 대한 멸시관, 그리고 한국병합의 당위성을 왜곡된 표현으로 강하게 표출하고 있

다. 이것은 반대로 생각하면, 이 책의 저자를 비롯한 당시 일본인들이 훗날의 패망은 꿈에도 생각하지 못한 채 시바 료타로(司馬遼太郎)가 그의 소설 『언덕 위의 구름(坂の上の雲)』에서 표현하고자 했던 그야말로 '감동적인 시대' 속에서 허황한 꿈에 빠져 있었다는 것을 의미한다. 그러한 의미에서 본서는 제국주의와 군국주의, 만세일계 황국의 신민이라는 아둔한 환희 속에 빠져있던 일본인들이 얼마나 일본 우월적이고 일본 중심적인 사관에 자만하고 있었는가를 선명하게 보여주는 자료들이다.

이렇듯 한국에 대해 우월적이고 멸시적인 표현들, 게다가 노골적인 왜곡과 조선에 대한 야만적 인식 등이 한두 곳이 아니었기에 번역할 때마다 메스꺼움의 고통을 억지로 참아야 했다. 더욱이 너무나도 많은 오탈자와 표기·수치의 오류가 존재한다. 일례로 통계 합산 수치의 부정확, 영문 표기의 오류부터 시작해 'SEOUL, SŌUL, KEIJO', 'KOREA, COREA', 'PING-YANG, HEIJO, HEI-JO' 등에 보이는 바와 같이 통일되지 않은 표기 방식, 영문과 일문 번역의 불일치, 대구부(大邱府)를 'DAISON-CITY'로 표기하거나, 소의 복수를 'OXES'로 오기(OXEN이 정확)하는 등 상당히 많은 부분에서 표기 및 인쇄 오류가 내재되어 있다. 그만큼 『한국병합기념첩』은 1910년 한국병합이 이루어지면서 긴급히 여러 가지 자료를 수집한 것으로 보이며, 이러한 측면에서 본다면, 일본인의 입장에서 한국병합을 축하하는 상징물로서 급조하는데 열심히 노력한 책이었다고 말할 수 있다.

이러한 오류의 반복 속에서 내용 또한 많은 왜곡을 만들어내고 있어 과연 이런 책을 번역해서 출판해야하는 것일까, 또 출판할 가치와 의미가 있는 것일까라고 수십 번은 후회하며 번역을 포기하려고까지 생각했었다. 본서의 모든 내용이 왜곡된 것이라 볼 수는 없지만, 그 실상을 일일이 언급할 수 없을 정도인데, 제1부 「조선사정」의 서두인 '총론'에서부터 심각한 왜곡과 멸시관은 다음과 같이 시작되고 있다.

> [조선은] 독립 자주의 힘이 없어 내란이나 봉기가 있어도 스스로 이것을 진압할 능력이 불가능하고, 외환(外患)이나 습래(襲來)가 있어도 한결같이 처리하지 못한다. 하나의 일이 일어날 때마다 서쪽에 의지하고 동쪽에 요청하여 오로지 타국에 아부하여 일시적으로 안정된 상태만을 믿고 있다. 때문에 자주 우환을 만들어내고, 타국에 누를 끼치면서도 반성하지 않는다. 민중은 쇠약하고, 관리는 부패하였으며, 정치의 대강(大綱)은 날로 쇠퇴하여 민심은 해마다 멀어져간다. 최근 조선의 상황이야말로 참으로 동정을 금할 수 없다. 이제부터 오랜만에 건너가 국정(國政)을 장악해야 하지 않겠는가. 한편에서 세계 분요(紛擾)의 화원(禍源)을 만들고, 또 다른 한편에서는 인민 행복의 길을 끊었으며, 나아가서는 그 이해득실을 함께하고 있는 우리 대일본의 위세를 위험하게 한다.

즉, 근대이래로 일본제국주의 하에서 탄생했던 식민사관의 본모습을 그대로 보여주고 있는데, 그러한 상황이기에 세계 평화를 위해, 인민의 행복을 위해, 일본을 위해서 한국을 병합했다는 것이다. 여기에서 그치지 않는다. 나아가서 조선의 문화와 산업 전반에 걸친 모욕과 멸시는 일제의 병합을 합리화하기 위한 수단으로 작용하고 있다.

- (동화정책을 언급하며) 병합은 흡사 물이 낮은 곳으로 흘러 스스로 한 곳에

서 만나듯이 자연스럽고 당연하게 이루어진 것으로 그 어떤 강제와 강압은 없었다. 즉, 하늘의 뜻에 따라 병합을 한 것이다. 인민이 환희하는 것은 정말로 그 점에 있다.

- (농업을 언급하며) 가장 진보하지 못한 것은 농구이다. 특히 곡실을 손질하고 정리하는데 그 어떠한 기구도 사용하지 않는다.

- (공업을 언급하며) 면포(綿布)·마포(麻布)의 제직, 염색, 제지, 도자, 목죽제품, 금속품, 편물, 양조품 등 상당한 수준이지만, 그 생산량과 기술은 실로 매우 투박하여 미술적 제품 같은 것은 거의 하나도 존재하지 않는다. 우선은 4·5세기 무렵의 공업 상황과 비교해보면, 다를 바가 없는 것과 마찬가지이다. 실로 개탄스러운 느낌을 참을 수 없다.

- (염색업을 언급하며) 염색도 대체적으로 단조로워 화조(花鳥)·산수(山水) 등의 아름답고 우아하며, 정교한 것은 하나도 존재하지 않는다. 근래에 들어와서 약간 진보한 흔적이 있다고 하더라도 이것을 내지(이하본서에서는 '일본'을 의미함)의 염색업과 비교해보면 거의 발밑에도 미치지 못한다고 할 수 있다.

- (도자기를 언급하며) 그 제품을 목도한다면 모두 제작이 조잡하기가 더할 데 없는 것들뿐으로 미술적인 공예품으로서 인정할만한 것은 하나도 존재하지 않는다.

- (임업을 언급하며) 조선에서는 건축물에 목조를 이용하는 것이 매우 적기 때문에 모처럼의 좋은 목재도 조선 내지에는 거의 사용되지 않는다.

더욱이 조선에서의 유망 직종으로 목욕업을 언급하면서, "원래 조선인은 전신욕을 절대로 행하지 않는 풍습인데, 작금에 이르러 10명 중에

1·2명은 내지인(內地人[일본인])과 마찬가지로 전신욕을 행하게 되었고, 더욱이 매우 기분이 좋아져 즐거워하는 상태이기 때문에 조선도 금후에는 상당히 청결한 인민이 될 수 있을 것이다.”라고 언급하고 있다. 한마디로 조선인은 습성이 목욕을 하지 않아 불결했는데, 일본의 목욕업이 들어와 금후 청결해질 것이라는 미개문명으로서의 시각을 드러내고 있다.

그러나 한국에 대한 시각과 표현이 위와 같이 저급한 수준에서 왜곡되었다고 하더라도 이것은 당시 일본인들이 가지고 있었던 사고방식 내지는 한국관(韓國觀)이었음에 틀림없고, 근대 일본인들이 어떻게 한국을 보고 있었는가에 대한 역사적 고찰에 없어서는 안 될 귀중한 자료이다. 또한 하권(제2부)에 수록된 1910년 이전의 한국 관련 사진들은 쉽게 접할 수 없거나 또는 사라진 역사적 현장을 비롯해 당시 사람들의 생생한 삶의 모습을 그대로 보여주고 있어 학술적 활용 가치 또한 높기 때문에 인내와 인내를 거듭해 출판하게 되었다.

한편, 본서는 크게 두 가지 점에서 그 편찬 의도를 엿볼 수 있다. 첫째는 한국병합이 이루어짐에 따라 일본의 외지(外地)가 되어버린 조선에 대한 식민지 정책의 대안과 침탈의 방안을 제시하는 것이고, 둘째는 병합 후에 조선으로 이주하는 일본인들에게 조선에 대한 기본적인 상식을 제공함으로써 일본제국주의 침탈을 위한 첨병 역할과 함께 조선인에 대한 동화정책의 강화라는 의미가 깊이 내재되어 있다. 그렇기 때문에 상권(제1부)의 「조선사정」에서는 한반도의 역사에서부터 기후, 토지, 행정 구역과 도시의 상황, 교통, 조선의 제도, 사회조직, 조선인의 기질, 건축, 풍속 등의 문화 전반을 비롯해 농업·상업·공업·임업·수산업·광업 등에 이르기까지 거의 모든 분야를 개괄하고 있다. 그리고 제일 마지막 장인 제28장에서는 병합 후 도항자의 주의사항까지 언급했던 것이다.

끝으로 본서의 원본은 1910년 당시 일본어 고어 표기로 현대 일본어 표현과는 상당한 차이가 있어 번역에 다소간의 어려움이 있었고, 원래의 의미와 표현을 그대로 살리기 위해 심사숙고 노력은 했지만, 역시 졸역(拙譯)으로 투박한 곳이 있을 수 있다는 점을 부언해두고 싶다. 다만, 근대 역사의 한 페이지를 이해하는데, 조금이나마 도움이 되어 서투른 번역으로 인한 역자의 부족함과 부끄러움의 끝단이라도 상쇄되기를 기대해볼 뿐이다. 그리고 또한 본서와 더불어 동아대학교 '역사인문이미지연구소'의 총서 시리즈에 대해 흔쾌히 출판을 허락해주신 경인문화사 한정희 대표님께도 진심으로 감사의 말씀을 드리며, 두서없는 서문을 마친다.

2020년 1월 25일
역자 신동규

1. 본 번역서의 일본어 원서는 역자가 소장한 이데 마사이치(井手正一)의 『한국병합기념첩(韓國倂合紀念帖)』(駸々社, 1910)으로 모든 번역문과 수록 이미지는 이 판본을 이용한 것이다. 다만, 서두의 사진 중에 2매, 제2부의 사진 중에서 4매가 결락되어 있어 부득이 이들 6매(1·19·82·143번)는 국립중앙도서관에 소장된 동일 판본(청구기호: 朝 66-C11)을 이용하였다.

2. 원문에는 연호를 사용하고 있으나 서력을 원칙으로 수정하고, 필요에 따라 한국과 일본의 연호를 괄호에 넣어 표시한다.

   예) 隆熙四年→1910년(隆熙4), 明治四十三年→1910년(明治43)

3. 일본어 원서에 국가 상호간의 관계를 표현할 때 일한(日韓)·일조(日朝)·일중(日中)·일미(日米) 등 일본을 먼저 표기한 것은 국내의 통상적인 표현인 한일(韓日)·조일(朝日)·중일(中日)·미일(美日) 등으로 수정한다. 다만, 회사 명칭이나, 고유명사일 경우에는 그대로 사용한다.

   예) 일한포경합자회사(日韓捕鯨合資會社), 일한인쇄주식회사(日韓印刷株式會社)

4. 인명이나 지명, 고유명사에 대해서는 원칙적으로 외국어의 한글 발음으로 표기하되 '( )' 속에 원문을 표기하며, 각 장에서 반복되는 용어는 한글로 표기한다. 다만, 지역이나 인명의 명칭으로서 한자의 한글 발음으로 일반화되어 있는 용어에 대해서는 한글로 표기하며, 괄호 안에 다시 한자를 표기할 때는 '[ ]' 안에 표기한다.

   예) "병작(幷作)은 타작(打作, 절반법[折半法])이라고도 한다."

5. 원문에는 없으나, 본문 중에 '[ ]' 안에 표기한 문자는 역자가 독자의 이해를 돕기 위해 삽입한 문구이며, 경우에 따라서는 특별한 한자어에 대한 설명을 붙일 때도 있다. 또한, 조선에 대한 멸시적인 표현이나 일본사 용어는 본서의 특성이 일본의 우월성을 선전하기 위한 것이라는 측면에서 느낌을 살리기 위해 그대로 사용하되 괄호 안에 현재 용어로 설

명해둔다.

예) "따라서 [이것에] 길들여지지 않은 내지인(內地人, 일본인)들은 거의 한 젓가락도 댈 수 없다."

6. 일본어 원서에는 오탈자와 영문 표기 및 편집의 오류가 상당 부분 보이고 있다. 오탈자는 수정하여 번역하였으며, 영문 표기의 오류나 스펠링의 오류 등은 현대어에 맞게 수정한다. 다만, 원서에서 영문 표기와 일본어의 번역이 명확히 오류인 곳은 해당 부분의 문구 위에 방점을 찍어 원문 그대로임을 표시해둔다.

예) 경성 경복궁(景福宮) 정문(光化門) 앞 광경 : KOKI-GATE OF SEOUL. → 경성 경복궁(景福宮) 정문(光化門) 앞 광경 : KOKI-GATE OF SEOUL(사진은 광화문임에도 광희문[光熙門]의 표기인 'KOKI-GATE'로 표기하고 있음).

7. 앞의 문장에서 어떤 용어에 대해 한자를 병기했다 하더라도 문장의 의미를 정확히 전달하기 위해 한자를 다시 표기하는 경우가 있다. 또한, 도량의 수치를 표기할 때 만 단위 이상은 숫자와 한글 단위로 병기하며, 천 단위 이하는 숫자로만 표기한다.

예) "총면적은 약 1,888방리(方里)로서 경지 면적은 46만 1,000정보(町步), 즉 총면적에 대해서 16%에 해당된다. 이중에서 논(田地)의 총면적은 32만 9,767정(町) 정도이고, 밭(畑地)의 면적은 13만 1,233정(町) 정도이다."

8. 본문 중에 일본의 독특한 용어나 개념에 대해서는 독자의 이해를 돕기 위해 역자가 각주를 붙여 설명한다. 각주의 설명에 참조한 것은 한국학중앙연구원의 『한국민족문화대백과사전』(encykorea.aks.ac.kr), 문화콘텐츠진흥원의 『문화콘텐츠닷컴』(culturecontent.com), 국가기록원(archives.go.kr), 『다음백과』(100.daum.net), 『네이버사전』(dict.naver.com) 및 기타 관련 사전을 이용했음을 밝혀둔다.

차 례

메이지천황(明治天皇, 좌)·황비(皇妃, 우)

순종황제(원문: 李王殿下, 좌)·순종효황후(원문: 李王妃殿下, 우)

고종황제(원문: 李太王殿下, 좌)·이은 황태자(원문: 李王世嗣殿下, 우)

이토 히로부미 전통감(伊藤前統監, 좌)·소네 아라스케 전통감(曾禰荒助, 우)

병합 당시 내각의 여러 대신.
상단 왼쪽부터 데라우치 마사타케(寺內正毅)·고무라 쥬타로(小村壽太郎)·고토 신페이(後藤新平), 중앙 가쓰라 타로(桂太郎), 하단 사이토 마고토(斎藤實), 히라타 도스케(平田東助), 오카베 나가모토(岡部長職)

데라우치 마사타케(寺内正毅) 통감

구한국 이완용(李完用) 수상

야마가타 이사부로(山縣伊三郎)

이은(李垠) 황태자(원문: 李王世嗣殿下)와 구한국의 여러 대신

사진

| 조서(詔書) |

짐(朕)은 동양의 평화를 영원히 유지하고, 장래에 제국의 안전을 보장하는 데 필요하다고 생각하여, 또 항상 한국이 화란(禍亂)의 연원(淵源)이라고 생각하였기에 앞서 짐의 정부로 하여금 한국정부와 협정토록 하여 한국을 제국의 보호 하에 둠으로써 화(禍)의 근원을 두절(杜絶)하고 평화의 확보를 기하도록 하였다.

그 이래로 시간이 4년여가 지났는데, 그 사이에 짐의 정부는 한국의 시정(施政) 개선에 힘써 노력하여 그 업적 또한 가치 있는 것이었음에도 국내에는 한국의 현 제도가 아직 치안 유지를 완수했다고 보기에 부족하다는 의구심들이 가득하다. 백성들이 안도하며 살 수 있는 공공의 안녕을 유지하고, 민중의 복리를 증진시키기 위해서는 현재의 제도에 혁신을 가할 수밖에 없다는 것이 분명해졌다.

짐은 한국 황제 폐하와 함께 이 사태를 감안하여 한국을 모두 일본제국에 병합함으로써 시세(時勢)의 요구에 따르는 것이 이미 어쩔 수 없는 일이라 생각하여 이에 영구히 한국을 제국에 병합하기로 하였다.

한국 황제 폐하 및 그 황실의 각 성원들은 병합한 후라고 하더라도 상당한 우대를 받을 것이며, 민중은 직접 짐이 편안히 위무하여 그 강복(康福)을 증진시키고, 산업 및 무역은 치평(治平)의 세상 아래에서 현저한 발달을 보게 될 것이다. 그리고 동양의 평화는 이것에 의해 더욱 그 기초를 공고히 하게 될 것이라는 것을 짐은 믿어 의심치 않는다. 짐은 특히 조선총독을 두어 그로 하여금 짐의 명령을 받들어 육해군을 통솔케 하고, 제반 정무를 총괄하게 한다. 조정의 많은 관리들은 짐의 뜻을 잘 명심하여 실행하고, 일에 따라 시설의 완급(緩急)을 적절히 하여 백성들이 영원히 치평한 세상의 경사스러움을 믿고 의지할 수 있도록 기하라.

어명(御名) 어새(御璽)
1910(明治43)년 8월 29일
각 대신 부서(各大臣副署)

| 왕족대우조서(王族待遇詔書) |

일(一)

짐이 하늘과 땅의 사이처럼 무궁하게 대업의 근본을 넓게 하고, 국가의 비상한 예의를 마련하고자 한국 황제(韓國皇帝)를 책봉하여 왕(王)으로 삼아 창덕궁 이왕(昌德宮李王)이라 칭하니, 이후 융숭한 하사를 세습하여 그 종사(宗祀)를 받들게 하며, 황태자(皇太子) 및 장래 세사(世嗣)를 왕세자(王世子)로, 태황제(太皇帝)를 태왕(太王)으로 삼아 덕수궁 이태왕(德壽宮李太王)이라 칭한다. 각각 그 배필을 왕비(王妃), 태왕비(太王妃), 또는 왕세자비(王世子妃)로 하여 모두 황족(皇族)의 예로써 대한다. 특히 전하(殿下)라는 경칭(敬稱)을 사용하게 하니, 세가(世家) 솔선하여 따르는 도리로서 짐이 마땅히 별도의 법도와 의례를 정하여 이가(李家)의 자손으로 하여금 대대손손 이에 의지하고 복록(福祿)을 더욱 편안히 하여 영구히 행복을 누리게 한다. 이에 대중에게 널리 알려서 특별한 법을 밝힌다.

어명(御名) 어새(御璽)
각 대신 부서(各大臣副署)

이(二)

짐이 생각건대, 이강(李堈) 및 이희(李熹)는 이왕(李王)의 의친(懿親)으로 명성이 일찍부터 두드러졌고, 근역(槿域)이 우러러 보고 있으니, 마땅히 특별한 대우를 가석(加錫)하여 그 의칭(儀稱)을 풍부하게 해야 할 것이다. 이에 특별히 공(公)으로 삼아 그 배필을 공비(公妃)로 삼고, 모두 황족의 예로써 대하며, 전하(殿下)라는 경칭을 쓰게 하여 자손으로 하여금 이 영광의 하사를 세습하여 영구히 아끼는 영광을 누리게 한다.

어명(御名) 어새(御璽)
각 대신 부서(各大臣副署)

| 병합조약(併合條約) |

일본국 황제 폐하와 한국 황제 폐하는 양국 간의 특별히 친밀한 관계를 고려하여 상호 행복을 증진하고, 동양의 평화를 영구히 확보하고자 하며, 이 목적을 달성하기 위해 한국을 일본제국에 병합하는 것이 낫다는 것을 확신하여 이에 양국 간에 병합조약(併合條約)을 체결하기로 결정하였다.

이를 위하여 일본 황제 폐하는 통감(統監)인 자작(子爵) 데라우치 마사타케(寺內正毅)를, 한국 황제 폐하는 내각총리대신(內閣總理大臣) 이완용(李完用)을 각각 그 전권위원(全權委員)으로 임명한다. 따라서 동시에 위의 전권위원들이 공동으로 협의하여 아래에 적은 모든 조항들을 협정한다.

제1조 한국 황제 폐하는 한국 전부에 관한 일체의 통치권을 완전히, 또 영구히 일본 황제 폐하에게 양여한다.

제2조 일본국 황제 폐하는 앞의 조항에서 기재된 양여를 수락함과 동시에 완전히 한국을 일본제국에 병합하는 것을 승낙한다.

제3조 일본국 황제 폐하는 한국 황제 폐하, 태황제 폐하, 황태자 전하와 그 후비(后妃) 및 후예(後裔)들로 하여금 각각 그 지위에 응하여 상당(相當)한 존칭과 위엄 및 명예를 향유하게 함과 동시에 이것을 보지(保持)하는데 충분한 세비(歲費)를 공급할 것을 약속한다.

제4조 일본국 황제 폐하는 앞의 조항 이외에 한국 황족 및 후예(後裔)에 대하여 상당한 명예와 대우를 향유케 하고, 또한 이를 유지하기에 필요한 자금을 공여(供與)할 것을 약속한다.

제5조 일본국 황제 폐하는 훈공(勳功)이 있는 한인(韓人)으로서 특별히 표창하는 것이 적당하다고 인정되는 경우에 대하여 영예 작위를 주는 동시에 은금(恩金)을 부여한다.

제6조 일본국 정부는 앞에 기재된 병합의 결과로서 완전히 한국의 시정을 담임(擔任)

하여 동지(同地, 한국)에서 시행할 법규를 준수하는 한인(韓人)의 신체 및 재산에
대해 충분한 보호를 부여하고, 또 그 복리의 증진을 도모한다.

제7조　일본국 정부는 성의충실(誠意忠實)로 신제도를 존중하는 한인으로서 상당(相當)
의 자금이 있는 자를 사정이 허락하는 범위에 한하여 한국에서의 제국 관리
에 등용한다.

제8조　본 조약은 일본국 황제 폐하 및 한국 황제 폐하의 재가를 받은 것이므로 공포
일로부터 이를 시행한다.

위의 증거로서 양 전권위원은 본 조약에 기명 조인한다.

1910년(明治43) 8월 22일 통감 자작 데라우치 마사타케(寺内正毅)

1910년(隆熙4) 8월 22일 내각총리대신 이완용(李完用)

| 병합선언(倂合宣言) |

일(一)

한국병합의 건에 관하여 제국정부는 한국과의 사이에 조약을 맺었고, 또한 한국은 최혜국(最惠國) 대우를 누리게 되었는데, 독일국(獨逸國), 아메리카합중국(亞米利加合衆國), 오스트리아 · 헝가리국(墺地利洪牙利國), 벨기에국(白耳義國), 청국(淸國), 덴마크국(丁抹國), 프랑스국(佛蘭西國), 영국(大不列顚國), 이탈리아국(伊太利國) 및 러시아(露西亞國)의 각국 정부에 대한 위의 선언을 행한다.

1905년(明治38) 한일협약이 이루어져 지금까지 4년여 정도의 사이에 한일 양국 정부는 마음을 단단히 차려 한국의 시정(施政) 개선에 종사해왔지만, 동국(同國, 한국)의 현재 통치제도는 아직도 충분하게 공공의 안녕질서를 보지(保持)하는데 부족하고, 백성들이 의심스러운 생각을 품어 마땅히 가야할 곳을 모르는 상태이다. 한국이 고요함과 편안함을 유지하고, 한국 백성(韓民)의 증진과 함께 한국에서 외국인의 안녕을 도모하기 위해서는 지금 이때에 현 제도에 대해 근본적인 개선을 가해야할 필요가 있다는 것이 명확해졌다.

한일 양국 정부는 앞에서 기술한 필요에 부응하여 현재의 사태를 개량(改良)함과 동시에 장래 안정의 공고에 대해 완전한 보장을 부여하는 것이 급무임을 인정하고, 일본국 황제 폐하 및 한국 황제 폐하의 승인을 거쳐 양국 전권위원으로 하여금 하나의 조약을 체결토록 하여 완전히 한국을 일본제국에 병합하는 것으로 한다.

그 조약은 8월 29일에 이것을 공포하고, 동일부터 곧바로 이것을 시행해야한다. 일본제국 정부는 동 조약의 결과 조선에 관한 통치의 전부를 담당하게 됨으로써 이에 위의 방침에 따라 외국인 및 외국무역에 관한 사항을 처리해야한다는 것을 표명한다.

　一. 한국과 열국(列國)과의 조약은 당연히 무효로 돌리며, 일본국과 열국과의 현행 조약은 그것을 적용할 수 있는 한 조선에 적용시킨다. 조선에 재류하는 제 외국인은 일본 법권 하에서 사정이 허락하는 한 일본 내지(內地[일본])에서와 동일한 권리 및 특전을 향유하고, 또한 그 적법한 기득권의 보호를 받아야한다. 일본제국 정부는 병합조약 시행 때에 실제로 조선에서 외국영사재판소에 계속(繫屬)되는 사건은 최종 결정에 이르기까지 그 재판을 속행시킬 것을 승낙한다.

二. 일본제국 정부는 종래의 조약에 관계없이 금후 10년간 조선에서 외국으로 수출하고, 또는 외국에서 조선으로 수입하는 화물 및 조선 개항장에 들어오는 외국 선박에 대하여 현재와 동률의 수출입세(輸出入稅) 및 톤세(噸稅)를 부과한다. 조선에서 일본으로 이출(移出), 또는 일본에서 조선으로 이입(移入)하는 화물 및 조선 개항장에 들어오는 일본 선박도 역시 금후 10년간 전항의 화물 및 선박과 마찬가지로 동률의 과세를 받아들이는 것으로 한다.

三. 일본제국 정부는 금후 10년간 일본국과의 조약국 선박에 대하여 조선 개항장 사이 및 조선 개항장과 일본 개항장 사이의 연안무역에 종사할 것을 허락한다.

四. 종래의 개항장 중에서 마산포를 제외한 이외에는 구례에 따라 이를 개항하고, 더욱이 신의주도 개항하여 내외 선박의 출입 및 그에 따른 화물의 수출입을 허가한다.

이(二)

제국정부는 또한 아르헨티나국(亞爾然丁國), 브라질국(伯剌西爾國), 칠레국(智利國), 콜롬비아국(格倫比亞國), 스페인국(西班牙國), 그리스국(希臘國), 멕시코국(墨西哥國), 노르웨이국(諾威國), 네덜란드국(和蘭國), 페루국(秘露國), 포르투갈국(葡萄牙國), 타이국(暹羅國), 스웨덴국(瑞典國) 및 스위스국(瑞西國)의 각 정부에 대하여 아래의 선언을 행한다.

1910년(明治43) 8월 22일 일본국과 한국과의 사이에서 체결된 조약에 따라 한국은 일본국에 병합되어 오늘부터 일본제국의 일부를 이루게 되었다. 지금 이후 일본국과 열국과의 현행 조약은 그 적용할 수 있는 한 조선에 적용될 것이며, 그 현행 조약을 가지고 있는 열국의 신민(臣民) 또는 인민(人民)은 조선에서 사정이 허락하는 한 일본 내지에서와 동일한 권리 및 특전을 향유한다.

제1부
「조선사정(朝鮮事情)」

제1장 병합의 성립

1. 총론

1만 4,000여 방리(方里)의 영토와 1,510여만의 인민을 가지고 있는 데, 형태는 당당한 일개 제국의 외관을 이루면서 질적으로는 독립 자주의 힘이 없어 내란이나 봉기가 있어도 스스로 이것을 진압할 능력이 불가능하고, 외환(外患)이나 습래(襲來)가 있어도 한결같이 처리하지 못한다. 하나의 일이 일어날 때마다 서쪽에 의지하고 동쪽에 요청하여 오로지 타국에 아부하여 일시적으로 안정된 상태만을 믿고 있다. 때문에 자주 우환을 만들어내고, 타국에 누를 끼치면서도 반성하지 않는다. 민중은 쇠약하고, 관리는 부패하였으며, 정치의 대강(大綱)은 날로 쇠퇴하여 민심은 해마다 멀어져간다. 최근 조선의 상황이야말로 참으로 동정을 금할 수 없다. 이제부터 오랜만에 건너가 국정(國政)을 장악해야 하지 않겠는가. 한편에서 세계 분요(紛擾)의 화원(禍源)을 만들고, 또 다른 한편에서는 인민 행복의 길을 끊었으며, 나아가서는 그 이해득실을 함께하고 있는 우리 대일본의 위세를 위험하게 한다.

때문에 지난해에 보호조약을 체결하여 외교·군무·사법에서부터 내무(內務)·농공상무(農工商務)·문부(文部)의 대권을 처리해 우리나라가 관장하는 것으로 옮겨서 그 길을 유도해보았지만, 국정(國情)이 번잡(煩雜)하고, 국세(國勢)의 쇠퇴로 인해 도저히 주권을 달리하여 그 완수를 기할 수 없었다. 그렇기 때문에 이번에 전토(全土)를 처리하여 우리의 판도로 삼았고, 이로써 명실공히 우리 일본 천황의 치하에 속하게 되었다. 말할 필요도 없이 극히 합당한 조치라고 할 수 있다.

지덕이 뛰어나고 문무의 덕을 겸한 우리 성상(聖上) 폐하는 병합[1] 체결에 즈음하여 결코 털끝만큼의 강요도 없이 한황(韓皇) 임의의 재량(裁量)을 기다렸고, 천천히 응낙의 조(詔)를 내렸다. 또한 한국 황제에 대한 대우는 황족의 예를 부여하고 나아가 선왕(先王) 및 왕제(王弟)에게도 이를 따르게 하였다. 그리고 그 백성[2]들을 완무(緩撫)하는데, 한법(韓法)에 의거하여 범죄자의 대사면 및 다년간의 포세(逋稅)를 면제시키고, 또한 금년의 납세를 감해주었다.

삼가 생각해보니 우리 황상의 인덕은 하늘과 같고, 그 성스러운 빛은 바다와 같다. 새롭게 복종한 백성을 애무(愛撫)하는 이와 같은 것을 감히 의심해서는 안 된다. 어제까지 부정부패한 관리들 때문에 강제로 재물을 빼앗기고, 혹독한 대우를 받아 고통에 빠진 자들에게 그 재앙의 빗장을 탈거(脫去)시켜 영예로운 우리 제국의 신민이 되게 하여 아직 그 어떤 작은 공적을 행할 겨를도 없었지만, 이 무량(無量)한 성은(聖恩)을 받도록 한다. 아마도 13도(道) 인민들이 꿈에서조차 상상할 수 없는 바, 어느 누가 감동하여 일어나 그 목숨을 우리의 황상에게 간절히 바라지 않는 자가 있겠는가. 조선의 앞길은 참으로 다행이라고 말할 수 있다.

---

1 '한국병합'이라는 용어 외에 '한일병탄·한일합방·한일병합·한일합병·조선합병' 등 다양한 용어들이 사용되고 있으나, 침탈적 조약임은 명확한 사실이다. 다만, 본서에서는 한일 간의 문서에 사용되어왔던 '한국병합'과 '병합'을 일단 기본적인 용어로 사용한다.

2 원문에는 창여(蒼黎).

2. 병합의 경과

병합은 우리 정부에서 1909년(明治42) 7월 전후에 대략적으로 결정되어 미래에 그 시기를 기다리고 있었는데, 소네(曾禰)³ 통감이 병으로 그 직을 사임하고, 데라우치(寺內)⁴ 대장이 그 뒤를 이어 1910년(明治43) 7월 15일에 임명되어 한국으로 향했다. 형세는 갑자기 돌변하여 내지(內地)⁵로부터의 전보가 매우 빈번하였고, 한국 여러 대신들도 분주하게 점점 다망함을 보이기에 이르러 병합의 소리가 순식간에 내외로 퍼져나갔다. 이미 8월 16일에 우리 정부의 비전(飛電)이 통감관저에 도착하였는데, 곧이어 총리 이완용의 내방이 있었고, 이 자리에서 두 사람 사이에 병합에 관한 첫 번째의 협의가 개최되었다.

이때부터 우리 통감부(統監府)의 여러 관원들이 더한층 바빠지게 되었고, 더욱이 한국 조정의 여러 대관들에 이르러서는 그 바쁨을 말로 다 표현할 수 없었다. 혹은 각의(閣議)를 개최하고, 혹은 원로들 사이를 왕복하여 서로 얼굴을 맞대고 평의하는데, 할 일이 많고 바빠서 날짜가 모자랐다. 얼마 지나지 않아 주변 인사들의 의사(意思)를 통일하여 이것을 통감에게 보냈고 통감은 이것을 우리 정부에 전보로 보냈는데, 이러한 과정

---

3   소네 아라스케(曾禰荒助, 1849. 2. 20~1910. 9. 13)로 제2대 통감.

4   데라우치 마사타케(寺內正毅, 1852. 2. 24~1919. 11. 3)로 제3대 통감이었으며, 후에 조선총독부 초대 총독이다.

5   본서에서 특별한 언급이 없을 경우 '내지'라는 용어는 일본, '내지인(內地人)'은 일본인을 의미하며, 당시의 이미지를 살리기 위해 원문 그대로 사용한다. 또한, 이후 '내지'와 관련된 한자와 이에 대한 설명은 생략한다. 한편, 당시 조선은 '외지 (外地)'에 해당되었다.

을 거쳐 병합의 사전 상담은 양호하게 그 진행이 추진되었다.

이미 내약이 성사된 것이다. 이제는 그 어떤 주저할만한 것도 없다. 우리 정부에서는 8월 19일에 각의를 개최하여 최후 수행의 중대 사건을 결정하고, 이것을 통감에게 전보로 명령하였다. 따라서 통감은 다음 20일에 한국 조정을 방문해 정식으로 병합조약의 원본을 제시하여 승낙을 구하였고, 돌아와서는 부통감 이하 제 관원을 모아 그에 대한 응답 및 사민(士民) 행동의 여하에 따라 적당한 수단을 집행해야한다는 숙의를 하게 되었다.

동월 21일 야마가타(山縣)[6] 추상(樞相)[7]과 고무라(小村)[8] 외상이 가쓰라(桂)[9] 총리의 나가타쵸(永田町) 관저를 방문해 정좌한 채 수 시간에 걸쳐 밀의에 집중하였는데, 온 장안의 이목을 크게 끌면서 사건의 실행이 목전에 다가왔음을 전했다. 시간이 흘러 22일에 임시 추밀원 어전회의가 열렸는데, 성상의 출어(出御)를 맞이하여 제 안건에 대한 논의를 끝냈으며, 우리의 병합에 관한 일체의 묘의(廟議)를 확정하였다.

---

6 야마가타 아리토모(山縣有朋, 1838. 6. 14~1922. 2. 1). 군인이며 정치가로서 이토 히로부미(伊藤博文)와 함께 메이지정부의 최고 지도자였으며, 내무경, 추밀원 의장, 총리대신 등을 역임하였다.

7 추밀원(樞密院)의 의장을 추상(樞相)이라고 한다. 추밀원은 1888년 창설되어 1947년에 폐지되었는데, 추밀고문에 의해 조직된 천황의 자문기관으로 헌법 문제까지도 취급하였다.

8 고무라 쥬타로(小村壽太郎, 1855. 10. 26~1911. 11. 26). 일본의 외교관이며 정치가로서 외무대신, 귀족원 의원 등을 역임했다.

9 가쓰라 타로(桂太郎, 1848. 1. 4~1913. 10. 10). 쵸슈번사(長州藩士)였으며, 후에 군인과 정치가로 활동하였다. 타이완총독(제2대), 육군대신(제5대), 문부대신(제5·23대), 내무대신(제18대), 외무대신(제17대), 내각총리대신(제11·13·15대) 등을 역임했다. 총리대신 재임기간이 2,886일이다.

한국 내각에서는 22일 오전 9시에 일찍 내각회의를 개최하여 무사히 제반의 안건을 토의하였고, 이(李) 수상[10]이 결정된 내용을 가지고 통감을 방문하여 그 뜻을 전하였다. 더욱이 태황제(太皇帝)와 황제(皇帝)[11]를 알현하고, 세계 대세시사(大勢時事)의 성행으로부터 병합할 수밖에 없다는 것을 아뢰었는데, 양 폐하 모두 다른 어떤 말씀도 없이 신속하게 각의(閣議)대로 받아들였다. 또한, 황제는 민(閔) 궁상(宮相),[12] 윤(尹) 시종(侍從)[13]을 칙사로 삼아 통감관저에 파견하여 "잘 부탁한다."라는 분부를 내리고 있었다. 이에 따라 같은 날 청사 안에서 통감과 이 총리가 서로 만나 병합의 문서에 조인을 끝냈다.

이리하여 그토록 화제가 되었던 대사건도 계획을 정하는 단계에서 엄의공정(嚴毅公正)[14]하고 일에 임해서는 과단영결(果斷英決)[15]한 데라우치(寺內) 통감, 그리고 생각의 구상에 주도면밀하고, 기회를 보는데 민첩·명쾌한 이(李) 총리가 있었기에 그 어떤 말썽이나 곤란한 상황도 볼 수 없었다. 사방의 사람들로 하여금 오히려 맥이 빠지게 할 정도로 극히 평정한 상태 속에서 무사히 종료되었다. 그 수완의 영묘함은 참으로 세계의 근세사[16] 중에서 대서특필할 가치가 있다.

---

10   이완용(李完用).

11   고종황제와 순종황제를 말한다.

12   민병석(閔丙奭) 궁상(宮相).

13   윤덕영(尹德榮) 시종원경(侍從院卿).

14   엄숙하고 의지가 굳게 공정하게 처리하는 것.

15   일을 정확히 잘라 판단하는 뛰어난 결정.

16   당시의 근세는 지금의 근대.

3. 병합 발표 후의 조선

병합은 유식자들 사이에서 한결같이 당연히 이루어져 나갈 것으로 간주되고 있어 발표 후에도 그 어떤 분요(紛擾)를 볼 수 없었으며, 오히려 예상한 것 이상으로 안정된 분위기 속에서 고요하고 편안한 상태이다. 29일 경성에서 병합이 발표되었고, 또한 시내의 요소에 통감의 유시(諭示)를 첩부(貼付)하였는데, 조선인들이 구름 같이 집단으로 많이 모여들어 매우 와자지껄하고 시끄러울 것으로 생각했으나, 사실은 전혀 이와는 반대로 단지 3명 내지 5명이 다가와 기둥 밑에 우두커니 서서 조용하게 읽고, 아무 말 없이 사라질 뿐이었다. 그것도 다수는 양반 또는 학생들 무리로서 보통의 인민은 병합에 대해 그 어떤 생각도 가지고 있지 않는 것처럼 거의 말을 하는 사람조차 볼 수가 없다. 예전의 경성동란(京城動亂)[17] 때 중심 거리였던 종로(鐘路)에서 조차도 평일과 다를 바 없었는데, 다만 [길가의] 양쪽에 나란히 늘어서있는 조선 상인이 한가롭게 이상한 소리를 내며 빈번히 호객행위를 할뿐이다.

양반과 유생의 거동은 어떠한가. 원래 한국에서는 시종일관하여 국시(國是)라고 할 것은 없었다. 500년을 이(李) 씨와 함께 기쁨과 슬픔을 같이해온 양반 인사조차 지금은 거의 국가라는 관념이 없으며, 관리가 되려고 하는 것은 자신의 부(富)를 위한 것으로 털끝만큼도 인민을 이롭게 하려는 것이 아니었다. 따라서 이번 일과 같이 이전에도 없었던 변사(變事)에 처해서도 그 어떤 관심이 없는 것처럼 단지 자기 신상의 안위만을

---

17 1884년 종로의 우정총국(郵征總局)에서 일어난 갑신정변을 말한다.

모색하려고 한다.

　유생들 중에 때로는 병합을 비난하는 자들도 있지만, 이것 또한 정권을 잡기 위해 여러 대신들을 공격하는 것에 그쳤고, 당당하게 대의론(大議論)을 내걸고 조국의 최후를 준비하려고 한 것은 아니다. 대부분은 모두 고요하고 평온하게 생업에 만족해한다. 이것에 의거해 생각해보더라도 얼마나 역대의 왕덕(王德)이 두루 영향을 끼치는지 충분히 알 수 있다.

　상민(常民)들은 거의 모두 일제히 환희하고 있다. 조선왕조[18]의 녹봉으로 생활해오던 양반들조차 위와 같은 꼴인데, 백성들 사이에서 [일본에 대해] 배반하려는 마음[19]을 품은 자가 없는 것은 바로 그 점에 있다. 그들은 양반과 관리를 위해 생명·재산의 모든 자유를 박탈당하고 있었지만, 병합이 이루어짐에 따라 모든 점에서 그 속박에서 벗어나 극히 자유로운 한 인민이 되어 법률상·사회상 동등한 인격자가 되었기에 그 기쁨이 평범하지 않다는 것은 말할 것도 없이 당연한 것이다.

　보부상 단체의 거두인 이규항(李圭恒)[20]이 말하기를, "지금 500년 동안 권력을 마음대로 가지고 놀은 부정부패한 양반 관리로 하여금 후에 눈이 휘둥그레질 정도로 놀라게 할 때가 되었다. 금후의 천지는 즉, 우리들 백성의 문제로 종횡으로 분투하지 않으면 안 된다."고 하였다. 따라서 그

18　원문에는 '이조(李朝)'이지만, 이후 '조선왕조'로 사용.

19　원문에는 이도(異圖).

20　이규항(李圭恒)은 중추원 찬의 홍승목, 김광희 등과 함께 1908년 9월 5일 제국실업회(帝國實業會)를 설립하고, 전국의 보부상 중에서 친일적 성향의 사람들을 규합해 이들을 중심으로 한국병합을 준비하려고 했다. 제국실업회는 당시 법부대신 조중응이 회장으로 활약한 친일상업단체인 동아개진교육회(東亞開進教育會)와 더불어 친일 경쟁을 하던 단체이다.

부분을 두루 살펴 알아두어야만 한다.

일본에 유학하여 조선으로 돌아간 학생들 중에는 가끔 강건하고 과격한 언사로 조롱하는 자가 있다. 이들 대부분은 그리스도교(基督敎)라는 이름 뒤에 숨어 양민을 선동하는 자들인데, 행하는 바가 적지 않다. 그렇지만 그 많은 수는 모두 시세의 추이와 국면에 따라 마음을 돌려야한다고 헤아려 알고 있기에 냉정한 태도를 가지고 있다. 요컨대 병합의 결과는 극히 양호한 것으로 특별히 주의해야 할 정도의 것은 아니다.

혹자는 말하기를, "조선이 고요하고 평온한 것은 첫째로 우리 총독부가 병비를 엄하게 하고, 집회·언론의 자유를 금지했기 때문이다."고 한다. 또 말하기를 "병합과 같은 경우에 처했는데 의외로 조용하고 안정되어 있다는 것, 이것은 조선인이 조선인이라고 할 수밖에 없는 이유로써 만약에 이번 일에 병합이 안 이루어지고 통치권을 위임하는데 그쳐버린다면, 여전히 한황(韓皇)의 존재를 인정해둘 수밖에 없지 않을까. 관민 모두가 분분하게 소란을 일으키고 있어[21] 어떠한 형태로든 모책(謀策)을 시도해야만 한다. 종래의 조국과 군주를 잃어버린 지금은 이미 동란(動亂)을 일으킬 목표도 없고, 쓸데없이 경솔하게 행동하여 자기 스스로의 불이익을 초래하는 등의 일은 조선인이 해서는 안 된다."고도 한다. 우리들이 이를 볼 때, 양쪽을 비교해야만 비로소 정당한 관찰이라고 말할 수 있듯이 한 쪽을 예로 들어 결정할 것은 아니라고 믿는다.

그렇기는 하지만, 조선 내지의 상황에 이르러서는 아직 그 어떤 것을 분명히 할 수 없다. 재외 조선인들 사이에서 또는 종교 신자들 중에는 불

---

21   원문에는 분분요요(紛紛擾擾).

온한 언어와 문자를 가지고 조롱하여 위세를 부리는 사람이 적지 않기 때문에 청년학생들은 당분간 주의를 요해야 한다. 생각건대 13도 전부에 걸쳐 우리 황덕(皇德)의 윤택함을 두루 보기에는 역시 다소의 세월이 필요하다. 그러나 그 세월의 길고 짧음, 정도의 여하는 즉, 첫 번째로 우리 당국의 수완과 우리 내지인의 행동 여하에 있다. 우리들의 책임 또한 중차대하다고 말하지 않을 수 없다.

4. 동화정책의 장래

조선의 동화책(同化策)에 대해서는 다양한 의견이 보이지만, 깊이 있게 조선의 풍속과 인정(人情)을 연구한다면, 그 목적을 이루는 것이 반드시 어려운 일은 아닐 것이다.

인종과 종교가 동일하다고 말하는 것에 대해서는 잠시 제쳐두고라도 조선의 토지와 습속(習俗)은 기본적으로 확실하게 일본과 유사한 점을 보인다. 반도의 심오하고 미묘한 풍취[22]는 이전부터 속속들이 알려져 있지 않은데, 그들의 산악과 하천은 여기저기에서 솟아나거나 굽어 있어 풍광(風光)의 변화가 대단히 풍부하다. 지나(支那[중국])[23]는 한 눈에 망망(茫茫)하여 변화가 없는데 조선은 그 자체가 풍취를 크게 달리한다. 특히 반도의 지세는 당연한 결과로서 도처에 좋은 항구와 만이 많이 있고, 해

---

22 원문에는 'びしもの'로 표기.

23 '지나(支那)'는 중국, '지나인(支那人)'은 중국인을 의미하지만, 원문 그대로 표기하고, 이후 이들 용어에 대해서 한자 표기와 설명은 생략한다.

양에 부의 원천이 상당히 많은 것은 지극히 우리의 내지와 유사하다. 따라서 조선인의 기질은 변화가 풍부하고 신기(新奇)를 좋아한다. 평생 긴 피리를 불며 유유하게 빈들빈들 노는 것을 즐기는 것처럼 보이는 것은 모두 악정(惡政)의 결과로서 원래 그 본성이 아니다. 지나인은 변화를 구하지 않고 신기(新奇)를 추구하지 않으며, 평생 동안 단조로운 생활에 만족하는데 이것도 역시 그들 국토의 변화가 없는 것에 기인하는 것이다. 그렇기에 조선과 토지가 서로 연결되어 있으면서도 절대로 양쪽이 융합할 수 없는 것은 바로 그 때문이다.

이렇게 동화하기 쉬운 요인을 가진 조선인으로 하여금 정말로 명실공히 신일본인(新日本人)답게 책임지우는 자격을 준비시키기 위해서는 무엇보다도 우선 교육의 보급에 힘써야만 한다. 특히 가장 긴급을 요하는 것은 문장과 어학이다. 그들은 지금 병합에 의해 우리 황(皇)의 성은에 감읍하여 대체로 만족의 뜻을 표시하고 있어도 언어·문장이 통하지 않기 때문에 그 결과, 훗날 우리 본래의 취지가 행하는 바를 잘못 알아 통치에 지장을 초래하지 않도록 유지해야만 한다. 통역과 통변(通辯) 때에 가끔 의사소통을 깨트리고, 원만한 평화를 방해하여 잘 진행되지 않는다는 것은 모든 사람이 일찍부터 인정하는 점으로써 조선에 일어·일문의 보급을 모색하는 것은 실로 동화책의 제일 중요한 요소이다. 이것을 점차로 완성한다면, 조선 경영은 비교적 간단하고 쉽게 행할 수 있을 것이다. 오늘날과 같이 그들이 우리를 배우지 않고, 반대로 우리가 그들을 따라가는 꼴이라면 단지 시정(施政)을 하는데 크게 불편할 뿐만 아니라, 동화정책(同化政策) 상에도 큰 불이익이 될 것이다. 그리고 조선어는 일본어와 어류(語類)가 같으므로 습득하는 데 크게 편리하다. 또한 조선 문자와 우리나라의 문자는 그 사용법이 서로 비슷하여 대략적인 일본 문자를 이해한다면 일상의 문장과 같은 것은 용이하게 판가름할 수 있게 된다.

이와 같이 모든 점에서 공통의 소질을 가지고 있기 때문에 한국의 병합을 전적으로 양국 인민의 복지를 증진하는데 집중시킨다면, 여기에 조금이라도 이해의 충돌은 없을 것이며, 금후의 통치는 극히 간단하고 쉽게 행해질 것이다.

저들 영국의 아일랜드(愛蘭)와 같이, 그리고 러시아의 폴란드 내지는 독일의 보첸(Bozen)²⁴에서와 마찬가지로 무릇 종교와 인종을 달리하고, 혹은 풍습과 습관을 달리하는 것으로써 원래부터 동일하다고 말할 수는 없다. 특히, 세계에서 병합의 원인을 해석하는데, 혹은 병력(兵力)에 의해 강취했다고 하고, 혹은 의회에서 마음대로 결정함으로써 강행되었다고 하는 등 많지만, 군주의 임의적인 판단에 의해 행해진 평화적 합병이라는 것은 극히 좀처럼 없는 일이다. 최근 사례에서 미국이 하와이(布哇)를 합친 것처럼 두 공화정부 간의 조약에 의해 연결(聯結)된다고 하면, 표면적으로는 극히 원만한 것처럼 보이지만, 병합을 위해 하와이 군주를 폐하여 공화정부를 가설하는 것과 같은 것은 평화적 병합이라고 말할 수 없다. 또 그 여왕정부를 전복할 때는 숱한 미국인의 음모가 행해졌기에 더욱더 강압적인 병합이라고밖에 말할 수 없다. 지난 1880년 프랑스가 타히티²⁵를 병합했을 때와 이를 비교해 보면 약간은 평화적인 것이다. 그

---

24 원문에는 'ボーゼン'. 독일어로는 보첸(Bozen), 이탈리아어로는 볼차노(Bolzano)라고 하며, 현재는 이탈리아 북부지역에 위치한 도시이다.

25 원문에는 'タヒチ'이며, 프랑스령 타히티(Tahiti)를 말한다. 태평양 남동부 소시에테 제도의 한 섬으로 프랑스령이며 주민은 폴리네시아인이다.

렇지만 조선에서 우리나라의 경우와 같이 조용하고 평온한 평화적 합병은 아직 없다.

생각건대, 조선의 병합은 흡사 물이 낮은 곳으로 흘러 스스로 한 곳에서 만나듯이 자연스럽고 당연하게 이루어진 것으로 그 어떤 강제와 강압은 없었다. 즉, 하늘의 뜻에 따라 병합을 한 것이다. 인민이 환희하는 것은 정말로 그 점에 있는 것이다.

5. 내지인(內地人)의 정의(情誼)

한국병합으로 인해 내지인이 각오를 새롭게 해왔다는 것은 말할 것도 없는 것으로 산업의 개발, 교육·습관의 개선, 운수·교통의 완비 등 세어본다면 손으로 꼽을 수가 없을 정도이다. 하지만, 그 중에서도 가장 책임이 컸던 것은 조선인에 대한 '경애의 정'[26]에 진력을 다하는 것, 바로 그점이다. 역사를 읽어본 사람이라면 한결같이 대략 알고 있는 바인데, 이렇게 병합에 의해 새롭게 복속된 백성에게는 모국 정부의 시정 방침과 모국 동포의 인정을 명확히 알 때까지 때로는 시의(猜疑)[27]와 공포라는 것에 대한 염려가 존재한다. 이것은 인간의 당연한 심사로서 어찌할 도리가 없는 것이다. 그렇다면, 우리 내지의 동포는 충분히 친절한 마음을 가지고 이끌어 깨우치는데 힘쓰고, 동시에 내지인과 마찬가지로 존경의 뜻을 보이지 않으면 안 된다. 절대로 모욕이나 경시의 태도를 가지고 대

26   원문에는 '경애(敬愛)의 정의(情誼)'로 표기.
27   다른 사람을 시기하고 의심하는 것.

하는 것을 결단코 허락해서는 안 된다. 그리고 이것을 실로 우리 내지인의 마음속의 새겨두도록 주의하지 않으면 안 된다.

제2장 조선 500년사

기원 1367년 명의 태조 주원장(朱元璋)이 원(元)을 멸망시키고 수도를 금릉(金陵)으로 정하여 그 명성과 위엄이 조선 땅에 미치자마자 고려 공민왕이 사신을 파견해 예를 두텁게 하고, 그 정을 베풀기를 원하였다.[28] 또한 장래에 자제(子弟)를 보내 유학을 시켜 전적으로 명왕(明王)의 뜻을 받들게 하려고 했다. 그런데 이 때 원의 세력은 북방으로 물러났어도 남은 세력이 완전히 쇠약해지지 않은 상태였다. 고려왕이 문서를 명(明)에 보낸다는 것을 듣고, 크게 화를 내서 정토(征討)를 위해 군대를 일으키려고 한다는 소식이 있었다. 이것 때문인가 고려 조정의 권신 이인임(李仁任)·지대연(池大淵) 등이 원을 따르고 있었기에 좋은 꾀를 내어 사신을 파견하고, 다른 뜻이 없음을 보여주려고 하였다. 정범(鄭梵)·주박(周朴)·상애(尚哀)[29] 등의 여러 신하들이 이것에 대해 불가하다고 하며 말하기를, "이미 명과 통하고 있는 금일에 이르러 또 다시 원의 환심을 구하면, 원이 어찌 기뻐하겠는가. 만약에 많은 수로 원이 침구해온다면, 명에 도움을 청하여 함께 힘을 써서 방전(防戰)하고, 이로써 안태(安泰)의 계획을 세우는 것은 어떠한가."라고 하였다. 커다란 논쟁이 일어났으나 대부분의 뜻은 원에 귀속하는 것을 결정하였고, 또한 원의 분노를 삭이기 위해

28　원문에는 수련(垂憐).

29　후백제의 장수로 932년 10월 고려의 영토인 대우도(大牛島)를 공격하였는데, 이 때 왕건(王建)은 대광(大匡) 만세(萬歲) 등을 보내어 이를 구하려 하였으나 뜻을 이루지 못하였다.

군대를 보내 명의 변경을 침략하기로 하였다.

따라서 병사를 8도에서 소집하여 이성계(李成桂)를 주장으로 삼아 조민수(曹敏修)를 부장으로 명하고, 명과의 경계를 엿보게 하였다. 그렇지만, 이(李) 군장(軍將)[30]은 본디 현명한 지혜와 사리에 밝은 뛰어난 식견을 가지고 있고, 이해(利害)에 대단히 밝은 사람이기에 쓸데없이 명목 없는 군대를 이끌어 무(武)를 남용하는 비웃음을 초래하는 것과 같은 것을 행할 사람이 아니었다. 즉, 출정의 도상에서 군대를 멈추게 하고 조용히 생각해보니, "이전에는 명의 제도를 배웠는데, 지금은 원의 법을 채택하고 있으니 표리반복(表裡反覆)으로 참으로 믿을 수가 없다. 이와 같이 멈추지 않는다면 8도의 백성[31]들을 어찌 하겠는가. 내 계획보다 못한 것은 행하지 않는 것이 낫다."는 것이었다. 이에 군대를 돌려 현재의 왕[32]을 폐하고, 공양왕(恭讓王)을 세워 명의 승인을 구하였다.

이러저런 사이에 이성계는 공양왕을 내쫓고, 스스로 그 왕위에 올라 사신을 명에 파견하여 왕위 찬탈이 어쩔 수 없었던 일이었음을 진술하였다. 명주(明主)는 그 취지를 믿고, 조선이라는 국호를 주었는데, 여기에서 조선왕조 500년의 왕업이 시작된다. 이때가 우리 조정의 고카메야마 천황(後龜山天皇)[33] 때인 1392년(元中9)이다.

이보다 앞서 규슈(九州) 변경의 백성이 조선 연해에 출어하여 [조선의]

---

30 이성계를 말함.

31 원문에는 창여(蒼黎).

32 고려 우왕(禑王).

33 고카메야마 천황(1350~1424)은 남북조시대 일본 제99대 천황으로 연호는 겐츄(元中)이다.

토민(土民)과 쟁투를 벌이며 빈번하게 활발한 약탈을 벌였다. 고려조 때에는 이것을 크게 우려하여 백방으로 방비를 모색하였지만 끝내 멈추지 않았다. 뜻하지 않게 고려가 원과 서로 협력하여 대군을 움직여 우리의 규슈로 침구(侵寇)해 와서 노인과 어린아이를 학살하고, 처자를 능욕하는 등 그 난폭함이 이르지 않는 곳이 없었기에 점차 우리 인민의 분노를 샀던 적이 있었다. 그 이래로 조선의 연안 지역 여러 곳은 우리 장정들 때문에 전부 유린되었고, 그 중에서도 부산 일대의 지방에서는 거의 대부분 주민의 흔적이 없을 정도가 되었다. 이렇게 되자 이왕은 일본의 아시카가 요시미쓰(足利義満)에게 사람을 보내 정중하게 왜구[34] 금압을 청하였다. 요시미쓰가 이것을 허락하여 곧바로 그 명령을 규슈의 호족들에게 전하였다. 이후부터 양국의 친교는 얼마간 옛날로 돌아가 통상무역이 함께 왕성하게 일어났다.

조선 9대왕 선종(원문에는 '선조')[35] 때에 이르러 조정의 신하들은 정치를 잃어버려 민심이 서서히 배반하려 하고 있었다. 그때 때마침 도요토미 히데요시(豊臣秀吉)가 정한(征韓)[36]의 군사를 일으켰다. 총병 무릇 15만,

---

34 원문에는 화구(和寇)인데 왜구(倭寇)와 같은 의미이다. 두 용어 모두 일본어 발음은 '와코우(わこう)'이다.

35 조선의 제9대 왕은 성종(成宗)이고, 임진왜란 때인 선조(宣祖)는 제14대 왕이다. 그만큼 본서는 사소한 역사적 사실조차도 확인하지 않고 1910년에 한국병합을 기념해 긴급히 출판한 서적임을 알 수 있다. 명확한 오류이지만, 그대로 번역해 둔다.

36 당시는 국호가 조선임에도 '정조(征朝)'가 아니라 '정한(征韓)'이라는 용어를 사용한 것에 알 수 있듯이 '한(韓)'이라는 용어는 바로 전설상의 왜곡된 진구황후의 '삼한정벌' 설화에 기인한 것이다. 이후, '정한(征韓)'이라는 용어는 근대에 들어와 제국주의와 군국주의 길을 걸으면서 고착화되었고, 사이고 다카모리(西郷隆盛)가 주장했던 1973년 무렵에 절정을 이루었다.

수륙 양군으로 나누어 1592년(文禄元) 3월 13일을 기해 히젠(肥前)을 출발하였다. 고니시 유키나가(小西行長)[37]는 부산을 점령하였고, 경상을 함락시킨 후에 말을 몰아 멀리 동쪽을 공략했다. 가토 기요마사(加藤清正)[38]는 경상을 살육하고, 길을 중도(中道)[39]로 취하여(거의 현재의 경부철도) 곧바로 왕도인 경성에 들어가려고 하였다. 구로다 나가마사(黑田長政)[40]는 김해(金海)로부터 성주(星州) 금산(金山)을 경유해 충청도로 나아가 경성의 기요마사의 군대와 합류하려 하였으며, 각기 자신의 길을 따라 싸우면서 진군하였다.

선조는 이것을 듣고 놀라서 어찌할 바를 몰랐고, 평양으로 도망쳐 달

---

37 고니시 유키나가(小西行長, 1558~1600)는 센고쿠시대(戦國時代)부터 아즈치모모야마시대(安土桃山時代)에 걸친 무장으로 도요토미 히데요시의 가신이며, 세례를 받았던 이른바 '기리시탄다이묘(キリシタン大名)'이다. 임진왜란 때에 가토 기요마사(加藤清正)와 함께 조선침략의 선봉이었다. 1600년 도요토미(豊臣) 세력과 도쿠가와 세력 간의 싸움인 '세키가하라(關ヶ原) 전투'에서 패배하여 참수 당했다.

38 가토 기요마사(加藤清正, 1562~1611)는 아즈치모모야마시대(安土桃山時代)부터 에도시대(江戸時代)에 걸친 무장으로 도요토미 히데요시의 가신이다. 임진왜란 때 제2군 사령관으로 침략전쟁에 참전했다. '세키가하라(關ヶ原) 전투'에서는 도쿠가와 이에야스(德川家康) 측인 동군 소속이 되어 전후 구마모토번(熊本藩)의 초대 번주가 되었다.

39 조선전기에 부산에서 한성으로 상경하는 길은 일본사신이 왕래하던 좌도(左道), 중도(中道), 우도(右道) 세 가지 길이 있었는데, 이중에서도 가토 기요마사는 중도를 취했다는 의미.

40 구로다 나가마사(黑田長政, 1568~1623)는 아즈치모모야마시대부터 에도시대 초기까지의 무장으로 도요토미 히데요시의 가신이다. 임진왜란에도 참전했으나, 1598년 히데요시가 사망하자 도쿠가와 편에 섰다. 1600년 '세키가하라(關ヶ原) 전투'에서는 도쿠가와 측의 승리에 결정적인 역할을 함으로써 후쿠오카번(福岡藩)의 초대 번주가 되었다.

아나 경성은 순식간에 함락되었다. 총대장 우키다 히데이에(浮田秀家)[41]는 얼마간 여기에 머무르며 군대를 감독하였고, 서서히 북진의 책략을 강구하였다. 이때 고니시 유키나가는 대동강 연안을 따라 평양으로 진격하였고, 가토 기요마사는 함경도로 진격하여 도처에 있는 변방의 성을 공략하였다. 그 세력이 파죽지세와 같아 예봉(銳鋒)이라고 할 만하였다. 선조는 두 사람을 매우 두려워하여 마침내 평양에 머물 수 없었고, 더욱 달아나서 의주에 들어갔다.

그러한 사이에 명의 군주는 원군을 일으켜 이여송(李如松)에게 4만 여의 병사를 주어 의주에서 조선으로 들어가 방전(防戰)하게 하였다. 이여송은 평양을 기습해 고니시 유키나가의 군대를 부수고, 진격하여 경성에서 우리 군의 본영(本營)과 맞부딪치려고 하였다. 때마침 고바야카와 다카카게(小早川隆景)[42]가 개성으로부터 진군하여 경성으로 들어가려고 할 때 만났고, 다카카게는 즉시 선봉 다치바나 무네시게(立花宗茂)로 하여금 벽제관(碧蹄館)에서 요격하여 크게 이를 부수어 거의 이여송을 생포할 뻔하였다. 이때부터 명의 군대는 지중(持重)하여 실로 싸움을 하지 않았는데, 우리의 장수와 병사들 또한 약간 권태의 기색을 보이고 있었다. 양쪽 군대가 서로 견고하게 지키며 머무르는 것이 점차 길어지자 그 사이에 심유경(沈惟敬)이라는 자가 고니시 유키나가를 속이고, 화의(和議)를 계

---

41 원래 명칭은 우키다 히데이에(宇喜多秀家)이며, 히데요시(秀吉)에게 중용되어 1592년 조선침략 때에 대장으로 참전하였다.

42 센고쿠시대부터의 무장으로 히데요시의 신임을 받아 조선침략 때에 6번 부대의 대장으로 1만 명의 병사를 동원하여 전라도를 공격했으나, 명의 원군이 참전하여 경기도에 배치되었다. 1593년 벽제관 전투에서 명군의 본진을 다치바나 무네시게(立花宗茂)와 함께 격퇴하였다.

획하였고, 히데요시가 이것을 받아들여 여기에서 일단의 국면이 마무리되었다.

그런데 명국에서 제출한 화의의 조건이 우리에게 매우 무례한 내용이 있었기 때문에 히데요시는 크게 화를 내어 다시 병사를 정비해 조선으로 건너가게 하였다. 가토·고니시 등 해륙의 양 군대를 통합하여 경상도를 함락시키고, 명의 병사를 격퇴하여 경성으로 진군해 선조를 만주로 도망치게 하려고 하였다. 이런저런 사이에 계절은 점차로 매우 심한 추위에 들어가 우리의 병사들은 진퇴가 자유롭지 않았고, 때때로 악전고투를 겪기에 이르렀다. 가토 기요마사의 울산 농성(籠城)은 실로 이때 일어난 것이다.

고요제이천황(後陽成天皇) 때인 1598년(慶長3)에 히데요시가 홍거(薨去)하기에 이르러 마에다 도시이에(前田利家)[43]는 외정(外征)을 보낸 군대를 불러들여 이때부터 전후 7년간의 전운은 그 그림자를 감추었다. 후에 도쿠가와 이에야스(德川家康)가 도요토미(豊臣) 씨를 대신하여 천하의 권력을 장악하자 예를 두터이 하기 위해 친목을 구하여 선조의 원한을 누그러뜨리고 인교(隣交)의 우의를 맺었다.

이런 사이에 명의 국세는 점점 쇠퇴하였고, 군신들은 밤낮으로 우려를 떨치지 못하여 여러 가지 만회의 책략을 강구하였지만 그 형세가 향하는 바는 어찌해도 소용없었다. 때마침 청조(淸朝)의 애친각나(愛親覺羅)[44]

---

43 마에다 도시이에(前田利家, 1539~1599)는 아즈치모모야마시대의 무장으로 도요토미 히데요시의 가신이다. 에치고노카미(越後守)가 되어 후에 오대로(五大老)의 반열에 올랐다. 히데요시 사후에 히데요시의 아들 히데요리(秀賴)의 후견인이 되었으나 1599년 62세의 나이로 사망했다.

44 애친각나(愛親覺羅)는 애신각나(愛新覺羅)를 말한다. 애신각나 씨는 만주의 건

씨가 만주에서 일어나 사방을 휩쓸고 장차 남방으로 향하려고 할 때에 즈음하여 급히 병사들을 보내 막아내도록 하였으나, 연전연패로 마침내 [명은] 수백 년 군림해왔던 땅을 버리고 도주하였다.

이때 조선은 명의 구은(舊恩)[45]을 생각하여 쉽게 청(淸)을 따르지 않았다. 청 태조(太祖)는 얼굴을 붉혀 화를 내서 친히 정벌하기에 이르러 비로소 인질을 보내 화의를 협의하였다. 이후 역대로 청에 종속하여 매년 조공의 예를 취했다. 국왕의 계승 때에는 반드시 청의 책명(冊命)을 받아들이는 것을 법식으로 삼았다.

이후 때때로 귀족들 사이에 당파가 흥기하여 서로 권세를 다투어 그 난폭함이 이루 말할 수 없었으나, 그래도 전혀 외국의 일을 생각하지 않았고, 오히려 승평무사(昇平無事)하게 지냈다. 지금의 이태왕(李太王)의 국왕시대[46]에 이르러서 대원군이 누차에 걸쳐 악랄한 정책을 농단하여 프랑스와 미국 등과 전쟁의 실마리를 열었고, 또한 우리나라와의 사이에 갈등을 일으켜 일시적으로 천하를 움직였다. 그렇지만, 다행스럽게도 큰일에 이르지 않고 모두 평화로운 해결을 보았으며, 얼마 후에 또한 우리나라와 제 외국과의 사이에 여러 조약을 체결함으로써 한국 독립의 면목을 조금 확립할 수 있었다.

주(建州) 여진족의 성씨로 청조를 세운 후에 중국을 통일한 집안이며, 청조(淸朝)의 국성(國姓)이다. 애신(愛新)은 '금(金)'이라는 의미로 일찍이 여진족을 일으켰던 왕조명이며, 후에 누르하치가 부흥시켰던 왕조가 최초로 정주한 토지의 명칭과 성씨(하라) 등을 한자로 표기하여 차자(借字)한 것이 애신각나(愛新覺羅)이다. 청조 멸망 후에 애신각나 씨의 대부분은 한어로 번역한 '금(金)' 씨 성으로 바꾸었다고 한다.

45 도요토미 히데요시(豊臣秀吉)의 조선침략 때 원군을 파병한 것.
46 고종황제를 말하며, 1910년 한국병합 후에 이태왕이라고 불렸다.

그러나 한국 조정의 신료들이 행하는 바는 때때로 성의가 없었으며 때로는 중국의 기분을 엿보고, 때로는 러시아의 환심을 사서 한때를 호도함으로써 일시적인 방편으로 안일을 꾀하려고 했다. 그러다가 우연히 자기 집의 사직(社稷)이 위험하게 될 것이라는 것을 깨달았다. 이때쯤인가 우리 정부는 좌시하지 못하고, 진심으로 가까이 있는 나라의 친한 정을 감안해 있는 힘을 다해 도와주어 그 독립의 결실을 유지시켜 이로써 영원히 동양의 평화를 확립하려고 하였다. 그러나 청과 러시아 두 나라가 시간이 흐르자 점점 그 만행을 드러내자 [일본은] 각오를 결심하고 전후 2회에 걸친 대전[47]을 일으켰으며, 그 결과로서 [조선을] 우리나라의 보호 하에 둘 수 있게 되었다.

　이후로 우리나라 조야(朝野)에 걸쳐 [조선을] 권유하여 이끌어 깨우치게 하는 길을 강화해서 하루라도 빨리 민생의 이복(利福)을 증진시키지 않으면 안 된다고 하게 되었다. 애석하게도 500년 적폐의 나머지를 이어받아 내정은 황폐하고, 관의 기강은 문란하였으며, 국방은 결핍하여 백성의 여력은 쇠퇴하였는데, 이것을 갑자기 일소하여 회복할 수는 없다. 더욱이 식산흥업, 학문교육 등 순식간에 진흥을 모색해야할 것이 매우 많은데, 지금이라도 이에 대한 구원과 다스림의 책략을 마련하지 않으면, 1만 5천 방리(方里)의 국토와 1천수만 여의 인민들 모두가 결국은 멸망의 구렁텅이에 빠질 수도 있다는 것을 알아야만 한다. 도저히 통감제도와 같은 일시적인 방책으로써 이 복잡한 국세(國勢)를 처리함과 동시에 근저에서부터 치료가 불가능하다는 것을 인정하였기 때문에 이에 양국

47　1894년의 청일전쟁과 1904년의 러일전쟁을 말함.

의 군주와 신료들은 서로 상의하여 한국 전체를 일본에 병합함으로써 8도에서 만대의 계획을 확실하게 하였다.

조선왕조가 흥기하여 500년 사이에 변란과 소요가 무수히 있었다. 누차 사직을 위태한 상태로 빠뜨렸는데, 다행히도 무사하게 금일에 이르렀고, 또한 우리나라에 병합의 계획을 세워 이로써 자손만대의 복지를 결정하였다. 참으로 그 끝을 원만하게 잘 처리했다고 말할 수 있다. 원래 이번 병합의 일거는 처음부터 우리 황제의 덕에 기인한다고 하더라도 또한 이왕(李王)의 현명함에 의하지 않은 것은 아니다. 국조 이(李) 씨의 영령들이 알게 된다면, 활짝 웃으며 수긍할 것이다.

제3장 기후

　삼면을 바다에 면한 반도는 당연한 결과로서 그 기후가 대략 온화하리라고 상상하지만, 실은 그렇지 않다. 겨울은 매우 춥고, 여름은 극히 더워서 오히려 대륙적인 기후와 많이 비슷하다. 물론 해양 또는 산악의 영향을 받은 점이 다소 있기에 같다고 단정하기 어렵지만, 인천이나 원산과 같이 겨울철 한랭의 정도는 매우 심하고, 날씨는 맑고 시원하며 공기는 건조하다.

　1년의 최고 온도와 최저 온도와의 차이는 섭씨 48도 이하이다. 대체로 중부와 북부는 모두 추위와 더위의 차이가 심하다. 부산은 비교적 해안가에 있어 추위와 더위의 정도가 원만하고, 공기는 항상 습기가 있다. 1년 최고 온도와 최저 온도와의 차이는 섭씨 33·34도를 오르내린다.

　인천과 경성의 겨울은 원산에 비해서 한기가 강한데, 이것은 모두 산악에 관계하고 있기 때문이며, 동해안 일대는 서해안보다 따뜻하다. 여름철에는 마치 이것과 정반대의 현상을 드러내 동해안은 훨씬 청량하다. 이것은 동해안의 해수가 깊어 심한 더위를 온화시키는 작용을 하지만, 서해안은 물이 얕아서 조화의 힘이 적기 때문이다.

　요컨대, 조선은 각 도(道)를 통틀어서 기후의 변화가 매우 심하고, 여름과 겨울철에는 밤낮에 따라 10도 내지 20도의 차이가 발생하는 것도 드문 현상은 아니다. 그 외에 사계절 모두 바람 또는 비의 유무에 따라 온열의 차이가 극히 현저하다.

　또한 겨울철이 되면, 서해안의 항만은 대체로 얼어붙어 선박 운항편이 두절되고, 압록강·두만강·대동강·한강 등은 모두 수개월에 걸쳐 결빙함으로써 얼음 위로 수레와 말의 왕래가 자유롭다. 아래에 최근 각 지역의 기온·습도 및 우설(雨雪)의 일수를 표시해 둔다.

1. 최고 평균 기온

지역 \ 계절	1월	4월	7월	10월	전년
부산	8.3	16.0	26.1	21.5	17.6
목포	7.2	16.8	27.9	22.2	17.7
인천	3.4	12.0	27.6	19.6	15.0
용암포	0.2	14.1	28.0	18.2	13.4
원산	6.2	21.4	24.2	19.5	16.8
성진	1.2	11.9	24.7	17.4	13.2
평양	0.3	17.2	29.5	19.0	14.9
대구	-	20.0	30.6	23.0	-
경성	5.2	20.8	33.0	20.2	18.4
진남포	1.1	16.5	28.2	19.4	15.2

2. 최저 평균 기온

지역 \ 계절	1월	4월	7월	10월	전년
부산	1.0	8.0	20.0	13.3	9.8
목포	0.1	7.1	21.2	13.5	9.8
인천	3.7	5.8	19.9	11.1	7.2
용암포	9.0	3.6	19.5	8.4	4.3
원산	10.8	4.9	18.0	8.9	6.0
성진	6.3	2.8	16.9	7.3	4.1

평양	7.3	3.3	19.5	8.4	4.7
대구	-	6.7	24.0	10.0	-
경성	5.1	4.6	19.9	8.3	6.1
진남포	6.9	3.5	16.7	10.5	4.7

3. 우설(雨雪) 일수

계절 지역	1월	4월	7월	10월	전년
부산	7	10	9	11	88
목포	11	11	12	8	119
인천	8	7	10	9	108
용암포	2	5	12	8	98
원산	11	7	16	10	143
성진	12	4	13	6	118
평양	7	7	11	11	105
대구	6	8	9	9	101
경성	-	11	14	7	-
진남포	2	5	6	8	67

제4장 각 도(道)의 상황

만주와 한국의 경계로 삼는 백두 산맥이 내려와 조선반도의 중추를 이루고, 그것에서부터 도처로 분맥을 만들어 산악 가득한 땅에 기복이 중첩하여 마치 일대 산악국을 형성하고 있다. 그러나 교통의 불편은 산악의 향배에 따라 정치·문물·풍속·인정을 달리하며, 마찬가지로 조선 내지에서 태어났으면서도 결코 동포 간에 서로 통하는 도리를 모르고 오늘날에 이르렀다.

반도의 종족은 잡다하다. 옛날에 마(馬)·변(弁)·진(辰)[48] 삼한이 삼남 (三南)[49] 지방에 할거하며 긴 시간에 걸쳐 서로 침범하는 것을 일로 삼아 무(武)를 다투었는데, 바로 이 종족들의 쟁투이다. 진(秦)의 백성이었다가 도망쳐 나온 무리로 형성된 진한(辰韓)에 의해 다른 해에 통일되었지만, 다른 이한(二韓)[50]의 인민은 조상의 혈통을 전승하여 몰락해갔다. 또한, 한 번 성취한 남쪽 사람들의 사직(社稷[왕조])도 결국 북쪽 사람들인 무반에 의해 어쩔 수 없이 장악되기에 이르렀다. 그러나 역시 남쪽 사람들이 경영에 성공했던 삼남 일대의 교학 풍습은 수백 년 뒤에 가서도 여전히 소멸되지 않았고, 지금에 이르러 이를 보더라도 경상 인사의 학문에 역시 오랫동안 남아있어 사상 그 자체가 고상하다. 전라 인사는 재빠

---

48 원문 그대로의 한자로 삼한을 표기하였으나, 삼한은 마한(馬韓), 변한(弁韓), 진한(辰韓)이다.

49 본서에서 삼남(三南)은 경상·전라·충청을 말하며, 특히 전라는 전주를 제외한 지역을 의미한다.

50 마한(馬韓)과 변한(弁韓).

르고 사나워서 정예롭고, 충청 인사는 민첩하고 영혜(俊慧)⁵¹로워 아주 그 기풍이 다르다.

이와 같은 이유로써 이 씨 왕조에 이르러서도 지금도 역시 은연한 종족적 감정의 알력을 벗어나지 못하였다. 각기 다른 방면을 향해 권세를 펼치려 하고 있는데, 한편에서는 현 왕조의 왕정을 가벼이 하고, 한편에서는 현 통치하의 백성을 학대하면서 왕성하게 배제·압박을 하고 있었던 것이다. 그리고 국토의 구획과 같은 것은 옛날부터 여러 차례 변혁되었는데, 그때마다 다소의 신축이 있을 수밖에 없었다. 지금 8도의 구획은 조선왕조의 태조가 제정한 것으로 경기를 중심으로 하여 전국의 도(道)를 삼면으로 나누어 경상·전라·충청으로써 삼남(三南)으로 삼고, 황해·평안으로서 관서(關西)로 삼았으며, 강원·함경으로써 영북(嶺北)으로 하였다. 이 8도의 습속과 인정을 조사하는데, 역시 주의해야할 것은 구획이다. 아래에서 8도의 풍물에 대해서 개설해보겠다.

1. 경기도(京畿道)

이성계가 점을 쳐서 도읍을 정한 이래로 26대[고종황제까지] 510여년의 성지(城地)이다. 한강의 물이 서남쪽으로 흐르고, 북한산과 남산이 사면을 둘러싸고 있어 형세가 장려하며, 성곽은 웅대하여 실로 무(武)를 8도에 주창하기에 충분하다. 마한(馬韓) 이래로 여러 호걸이 늘 이곳에서 무

---

51   원문 그대로 표기함.

를 다투었던 실제의 그곳이다. 옛날에는 춘천·광주·수원·개성·강화의 땅에 성새(城塞)를 설치했으며, 이로써 멀리 떨어져 있는 경성을 보호하고 지키게 하였으나, 근대에 들어와 무비(武備)와 문정(文政)이 함께 황폐하여 무너짐이 극에 달하였고, 또한 당대의 모습을 잃어 이제는 무너져버린 성채와 담벼락조차도 그 자취가 남아있지 않다.

2. 경상도(慶尙道)

경주는 신라의 고도로서 당대의 문물(文物)을 지금도 찾을 수 있다. 안동(安東)과 상주(尙州) 또한 고래로 유명한 도시인데, 지금은 명물 양반이 존재하는 것 이외에 다시 그 어떤 것도 볼 수 없다. 대구의 강은 낙동강의 선운(船運)과 경성 및 부산 왕래의 요로에 해당하기 때문에 상업이 번성하고 풍성하여 놀랄만하다.

3. 전라도(全羅道)

전라도는 조선시대에 불평하는 무리들이 가장 많았던 지역이다. 아마도 조선왕조의 시조 이성계가 전주 출신으로써 역대의 국왕들이 전라의 인사들과 친하게 지내는 것을 좋아하지 않았고, 전라 인민은 거의 조선왕조의 호의를 얻을 수 없었기 때문에 조선왕조에 대해서 또 전주에 대해서 적지 않은 분원을 품게 되었다. '동학당의 난'[원문 그대로]으로 전주가 가장 많은 참상과 피해를 입었던 것은 이것 때문으로 다른 이유는 없다. 전라는 동북으로 산악이 연이어 걸쳐있지만, 남서에 이르러서는 광대한 평원이 도처에 전개되어 있으며, 산물이 풍부하여 남한 제일이라고 일컬어진다.

4. 충청도(忠淸道)

삼남(三南)의 산하에서 가장 황량함을 다한 곳은 충청도이다. 이것은 근세시기에 탐관오리의 혹정(酷政), 그리고 백성들에게 재물을 뺏는 양반들에 의해 인민이 쇠약해졌고, 또한 식산흥업의 생각을 가지지 못했기 때문이다. 그렇지만, 내포(內浦)의 평야는 매년 좋은 곡물이 넉넉하게 풍년을 이룬다고 일컬어진다.

5. 황해도(黃海道)

도내의 전부가 대체적으로 산맥이 연이어 걸쳐있어 평지가 거의 없으며, 단지 대동강 연안에 이르는 사이에 하나의 작은 평야가 있을 뿐이다. 이 지역은 조선 전토 중에서 별도로 하나의 작은 반도를 형성하여 교통 왕래가 많은 편은 아니다. 옛날부터 유민(流民)들이 잠시 몸을 의탁하는 지방으로 평가받고 있다.

6. 평안도(平安道)

역시 산악 지역이긴 하지만 대도시 평양이 있고, 지방의 번화(繁華)를 유지하고 있으며, 또한 북방으로 구불구불한 큰 산맥 중에는 광산 유망지들이 많이 있어 장래에 번화와 풍성함을 예상할 수 있다.

7. 함경도(咸鏡道)

강원도와 함께 사람들이 영북(嶺北)이라고 일컫는데, 8도 중에서 가장 임금의 덕화(德化)를 받지 못한 지방이다. 원래 조선왕조의 조정 사람들은 북쪽 사람이 조정에 들어서는 것을 꺼려하였고, 특히 북쪽 사람의 과거금지 제도를 펼치는 등 폭압을 강하게 시행하였다. 장헌왕(莊憲王)[52] 때에 함흥에 주성(主城)을 두고 나서부터 조금 평온해졌지만, 여전히 도적이 사방에서 약탈을 자행하여 주민들이 임금의 덕화를 받을 수 없는 경우도 많았으며, 매년 두만강을 건너가 남오소리(南烏蘇里)[53]라는 이역(異域)으로 이주하여 러시아의 정치 하에 안주하려고 하는 자가 적지 않았다.

함관령(咸關嶺)[54]과 마천령(摩天嶺)[55] 지방은 대체로 토질이 메말라 농

---

52   세종대왕을 말한다.

53   연해주의 남오소리군(南烏蘇里郡).

54   함경남도 함주군과 홍원군 사이에 있는 고개.

55   함경남도 단천군 광천면과 함경북도 학성군 학남면의 경계에 있는 고개.

산물이 적지만, 연안 일대는 어족이 풍부하여 매년 어획량이 거액에 이른다. 광물 또한 큰 산물로서 열거할 수 있다.

제5장 도시의 상황

1. 경성(京城)

경성은 조선의 수도로서 지금으로부터 대략 800년 전 고려왕이 창시한 곳이다. 그 후에 이성계가 고려왕을 멸망시키고 왕위에 오르자마자 다음 해에는 고려의 옛 도성인 송도(松都)를 나와 왕국을 이 지역에 정했으며, 이로써 8도 경영의 장소로 삼았다.

시가지는 한강과 서강(西江)과의 사이에 껴있으며, 백악(白岳),[56] 목멱산(木覓山),[57] 낙타산(駱駝山),[58] 배봉산(拜峯山),[59] 인왕산(仁王山), 백련산(白蓮山)[60]의 여러 봉우리가 둘러싸고 있다. 멀리 서남쪽으로는 황해의 푸른 파도를 볼 수 있고, 군비상의 승지(勝地)로서 실로 흠잡을 데가 없는 곳이다. 시가지의 주위에 장벽을 두르고, 곳곳에 성문을 설치하여 유사시에 대비한다. 구조의 규모는 매우 장대하여 방어적 설비는 아마 어떤 사람도 그 완전함을 부정할 수 없을 것이다.

56　서울 북악산의 다른 명칭.

57　서울 남산의 다른 명칭.

58　서울을 중심으로 동쪽에 위치한 산의 명칭이며, 조선시대 한성 주산(主山)의 좌청룡에 해당하며, 산 모습이 낙타처럼 생겨서 낙타산(駱駝山), 또는 타락산(駝駱山)이라고도 한다.

59　서울 동대문구 휘경동 일대에 위치한 산의 명칭.

60　서울 서대문구 홍은동 일대에 위치한 산으로 백련사(白蓮寺) 뒤쪽에 있기 때문에 유래된 명칭.

시내를 동·서·남·외·중(東西南外中) 5서(署)[61]로 나누어 동서(東署)를 7방(坊),[62] 서서(西署)를 9방, 남서(南署)를 11방, 외서(外署)를 12방, 중서(中署)를 8방으로 정하였으며, 또한 방(坊)을 나누어 계(契)로 삼아 전 시내가 5서(署) 40방(坊) 340계(契)로 구획되었다. 서(署)는 내지의 구(區)에 해당되고, 방(坊)은 거리(通)에 해당되며, 계(契)는 정(町[일본어로 '마치'])에 상당한다. 이 시가지의 구획제도를 보면 정말로 시구(市區)가 정연하고, 가로(街路)는 낮고 평평하여 문명적 대도시로서 충분하다고 생각되지만, 실은 오랫동안 수리와 복구를 하지 않아 가옥의 건축, 도로의 조영 등 거의 시민들이 담당하여 돌보지 않은 결과, 지금은 무질서·무규칙이 극에 달했으며, 종로의 한 거리는 잠깐만 보아도 약간 심하게 말하면 작은 항구도시와 같이 더럽고 누추하다.[63] 근래에 들어와 열심히 하고 있는 통감부(統監府)의 시설 설비에 의해 약간 그 면목을 회복하기에 이르렀다.

현재 호수(戶數)는 약 5만, 인구는 약 20만이고, 조선인이 반 정도를 차지하고 있다.[64]

---

61   원래는 5부제(五部制)였으나, 1894년 갑오개혁 때부터 5서제(五署制)로 고쳐, 47방 288계 775동이 되었다.

62   원래 성내(城內)의 일정한 구획을 방이라고 한 데서 시작되었고, 고려시대는 개경부, 조선시대는 한성부에 설치되었다. 1428년에 성안에 46방, 성의 주변 10리 내의 15방을 합하여 61방이었다. 이후 명종 대에는 49방으로 나누었으며, 조선후기에는 방 밑에 계(契)가 설치되었다.

63   원문에는 '예루(穢陋)'.

64   원문 그대로의 수치이지만, 명확히 오류이다. 통계에 의하면, 1910년 당시의 경성 인구는 278,958명이었고, 이중에서 조선인이 238,499명, 일본인이 38,397명, 기타 외국인 2,062명이라는 명확한 기록이 남아 있다(朝鮮總督府, 『朝鮮總督府統計年報』1, 1912, 60쪽). 본문의 언급에 따른다면 경성에 조선인이 1/2인 10만 정도가 살고 있어 50% 정도이지만, 전술한 조선총독부 통계연보에 따르면 약 85.%이다.

2. 인천 (仁川)

인천은 1883년에 개항하였는데, 당시는 극히 황량한 한강 하류의 일개 어촌에 지나지 않았다. 그런데, 불과 20여년 사이에 오늘날과 같은 번영을 이루었고, 또한 내외 사람들이 모여드는 것도 해가 갈수록 늘어갔다. 이곳의 땅은 극히 수륙 운반에 편리하고, 또한 경성 왕복을 위한 인후(咽喉)에 해당하고 있어 점점 우리의 고베(神戶)와 같이 거의 그 발전의 궤를 같이 하고 있다고 일컬어지고 있다.

내항은 매우 좁아 2천 톤 이상의 선박을 수용할 수 없지만, 외항은 월견(月見)·월미(月尾)의 두 섬을 끼고 있으며, 수심이 깊고 장소도 넓어 그 어떤 거함(巨艦)과 거선이라도 자유자재로 배를 댈 수 있다. 경성으로는 경인철도를 이용하는 것도 가능하지만, 작은 증기선으로 한강을 계속 거슬러 올라가서 왕래하면 화물의 운반으로서는 그 편의가 비할 데 없다.

1907년 말에 거주 인원은 내지인 남자 6,342명, 여자 5,125명이다. 조선인 남자 9,757명, 여자 8605명, 청국인 남자 1,315명, 여자 58명, 그 외의 남자 40명, 여자 23명으로 합계 약 5만 명에 이른다고 듣고 있다. 내지인이 경영하고 있는 사업으로는 은행업·운송업·무역상·잡화상·중매상·곡물상 등 대규모의 사업이 많다.

3. 개성(開城)

개성은 고려왕 400년의 옛 도성으로서 지금도 또한 그 유풍이 남아있다고 전해진다. 한강에서 서남으로 약 16리(里) 떨어져있고, 중국 왕래의 요충지에 위치한다. 외성(外城)의 옛 유적지 주위 5리 남짓은 한쪽 면이 산 쪽에 기대있고, 한쪽 면은 평지를 끼고 있어 대단한 형승의 지대를 점하고 있다. 현재 호수는 약 2만이고, 모두 상업에 종사하여 사시사철 거래가 매우 번성하다. 약용 인삼이 가장 유명하다.

성의 한 모퉁이에 만월대(滿月臺)가 있으며, 고령왕의 옛 유적지로서 풍광이 매우 아름다워서 찾아와 방문하는 행인들이 매우 많다.

4. 목포(木浦)

나주(羅州)와 광주(光州) 등 평원 지방의 산물인 쌀, 콩(大豆), 면 등의 수출지로서 저명하다. 항내는 수심이 깊고, 거함과 거선이 용이하게 출입할 수 있지만, 항내가 극히 좁으며 조류가 매우 빠르기 때문에 선박을 받아들이기에 편리하지 않다. 인구(1907년 조사)는 내지인·조선인·청국인을 합하여 남자 3,745명, 여자 2,948명으로 합계 6,693명이다.

5. 군산포(群山浦)

항내는 수심이 깊고, 항구의 출입구는 넓게 트여서 열려있고, 선박의 출입이 편안하여 화물의 집산이 날이 갈수록 늘어나는데, 그 번영이 점차 목포를 능가하려고 한다. 화물은 쌀, 오동나무 목재, 소가죽, 마포(麻布), 종이 등으로서 모두 금강(錦江)의 물줄기를 타고 내려온다. 현재 거주자는 남녀 합계 약 4,000명이다.

6. 부산(釜山)

경상도의 동남쪽 모퉁이에 위치하여 '조선해협'에 면해 있고, 절영도(絶影島)[65]·용대도(龍臺島)[66]·동백도(冬栢島)[67]의 여러 섬들과 서로 연접하여 외부 항구의 출입문을 형성하고 있다. 항구의 안쪽은 4리(里)의 넓이로 동쪽으로 길을 취하여 큰 배와 거대 선박이 자유롭게 왕래한다. 실로 조선 제일의 무역항으로서 또한 우리 제국을 통해 군사상·상업상의 필요한 중요 항구이다.

---

65 부산의 영도를 말하는데, 예로부터 말 사육장으로 유명하여 목도(牧島)라 부르기도 하였다. 또 이곳에서 사육된 명마는 빨리 달려서 그림자조차 볼 수 없다는 의미에서 절영도(絶影島)라고도 하였다.

66 현재로서는 용대도(龍臺島)가 정확히 어디인지 불분명하다. 다만, 부산 용당동의 옛 명칭이 용두촌(龍頭村)이었는데, 옛날에 이 앞바다에서 오륙도 쪽의 하늘로 용이 올라갔다고 하여 '용대(龍臺)'라고 불리는 곳이 있다고 한다.

67 부산 해운대 근처의 동백섬을 말함.

시가지는 용두(龍頭)와 용미(龍尾)[68]의 두 산을 사이에 두고 퍼져있으며, 구획은 정연하고 체재는 결함 없이 완전하여 문명적 무역항으로서 거의 비난할만한 것은 없다. 조선인이 극히 적고, 시가지의 주요 중심지는 모두 우리 내지인의 가옥이 들어차 있다. 세관·경찰·우편·전신·학교·상업회의소·상품진열소·애국부인회·병원·위생구락부 등 모든 기관이 완비되어 더할 것이 없고, 수도(水道)와 같이 대단히 광대한 규모의 시설도 밑에 건조되어 있다.

요컨대 부산은 병합 이전부터 이미 조선의 부산이 아니었고, 일본의 부산이라는 경관을 드러내 일체의 모든 경영이 내지인의 손에 의해 행해지기 시작했었다. 지난 10년간의 조사에 의하면 거주자는 내지인 남자 8,415명, 여자 7,615명이다. 조선인은 남자 7,412명, 여자 928명, 청국인 남자 188명, 여자 9명이고, 그 외의 외국인을 포함해 남녀 총 3만 605명이 있다. 또한, 이후에 급격하게 증가하여 현재는 약 3만 4·5,000명을 헤아린다고 전해진다.

7. 대구(大邱)

대구는 시장이 번성하여 그 명칭이 대단히 유명하다. 경성에서 215마일(哩, 이하 한자 생략), 부산에서 12마일이 떨어져 있고, 낙동강의 중류에 연결되는 한 평원에 위치하고 있기에 각종의 농산물이 매우 풍요롭고,

---

68   용미산(龍尾山)은 일제강점기 때 간척사업을 위한 흙의 필요에 따라 사라졌으며, 현재 남포동의 그 자리에는 롯데백화점이 들어서 있다.

교통 운반의 이점 또한 실로 완비되어 있다. 또한 부산에서 의주로 통하는 요충지에 해당하고, 전라·충청·강원 등의 각 도(道)에서 오는 모든 물자가 이 지역에 모여들어 항상 큰 거래를 영위하고 있다. 특히, 10월 개시(開市) 때에는 사방의 상인·판매인들이 운집하여 한 번의 거래액이 70·80만원에 이를 때도 적지 않다고 한다.

지난 1907년의 거주자는 내지인 남자 1,344명, 여자 1,124명이고, 조선인은 남자 7,855명, 여자 5,447명이며, 그 외 남녀 합계 15,814명이다. 이후 점차 그 수가 늘어나 금일에는 약 2만여 명에 달하고 있다.

8. 원산(元山)

반도의 동해안에서 여러 항구 중 제일의 요항(要港)이다. 항구의 안쪽에 파도가 없을 뿐만 아니라 해저가 끝없이 깊은 동시에 또 만의 내부가 광활하여 선박이 파손되는 일은 드물다. 겨울철이 되면 결빙하지만, 배를 정박하기 위해 닻을 내리는 데에는 문제가 없다. 주위의 토지는 대략적으로 비옥하고 산물이 상당히 많으며, 특히 동(銅)과 금(金)의 산출이 많기 때문에 사시사철의 거래가 상당한 거액에 이른다. 경원철도(京元鐵道)가 준공될 무렵에는 더한층 진보한 발달을 보여주고 있어 크게 주목받을 만한 가치가 있다고 말해지고 있다.

현재 거주민은 내지인·조선인, 기타 외국인을 아울러서 약 2만 명이 있다. 경찰·우편·학교 이외에 모든 기관이 정돈되어 있어 대단위 개항장으로서 면목이 충분하다.

9. 성진(城津)

원산에서 75마일 떨어져 있고, 불과 10년 전에 개항한 것에 비해서는 상당히 번성한데, 내지인 남녀가 약 400명, 조선인 남녀가 2,000명 정도 거주하고 있다. 남쪽 가까운 곳에 우뚝 솟아오른 마천령(摩天嶺)은 맹호(猛虎)가 무리지어 살고 있기 때문에 유명하다.

10. 평양(平壤)

평양은 북조선 제일의 대도시로서 앞으로는 대동강을 끼고, 뒤로는 대성산을 등지고 있으며, 물자의 집산과 교통의 편리함이 다른 곳에 비할 데가 없다. 시가지는 내(內)·외(外)·중(中)·동북(東北)의 네 구역으로 나누어져 있고, 인구는 4만 명인데, 대부분은 상업에 종사하고 있으며 거래는 매우 활발하다.

이 도시는 군사상으로 요해지를 많이 가지고 있기에 예부터 수도를 이곳에 정하는 자들이 적지 않았다. 따라서 병화를 입었던 적도 역시 상당히 많았고, 임진왜란[69] 때 고니시 유키나가(小西行長)가 조승훈(祖承訓)[70]을 공격하였다가 후에 이여송(李如松)에게 패배하였다는 것은 사람들이

---

69 원문에는 '분로쿠의 역(文祿の役)'.

70 원문에는 '조녹훈(祖祿訓)'이나 이것은 조승훈(祖承訓)의 오류임. 조승훈은 임진왜란 때 명에서 파견된 장군 중의 한 명으로 직위는 총병(摠兵)이었다. 1592년 7월에 기마병 3천을 거느리고 평양을 공격하였으나 패배하여 요동으로 되돌아갔다가 12월에 다시 부총병 직위로 이여송 군대와 함께 평양성을 수복하였다.

알고 있는 바이다. 청일전쟁[71] 때에 우리 병사들이 격전 분투했던 모란대(牡丹臺)와 현무문(玄武門), 러일전쟁 때에 러시아 병사들과 처음으로 충돌했던 칠성문(七星門) 등도 모두 이 도시 주위에 있다. 지금 또한 세상 사람들의 기억에 새로운 곳이 될 것이다.

산물은 쌀·콩 등이 주된 것이지만, 지난해 설산(雪山)에서 금광이 발견됨에 따라서 더한층 번영하게 되었고, 내지 상인의 거주자만 약 8,000명에 이른다고 한다.

이곳은 예부터 미인을 많이 산출하는 곳으로 유명한데, 궁중에서 봉사하는 대부분의 관기(官妓)가 평양 출신이라고 하며, 지난해까지도 기생학교(妓生學校)가 꽤 번창하였다. 상업의 거래 가격은 대체적으로 대규모인데, 재력에서는 경성 못지않다고 전해진다.

11. 진남포(鎭南浦)

대동강의 북쪽 언덕에 있는 좋은 항구이다. 1897년에 개항한 이래로 매년 번성해가고 있는데, 수십 척의 큰 배와 거대 선박의 왕래가 끊이지 않는다. 도로와 건축물 등 거의 모두가 내지인의 손에 의해 경영되고 있기 때문에 시가지의 체재는 완연하게 내지의 신 개항지를 보는 것과 동일하다는 느낌이 든다.

장래의 유망지로서 이주자가 점차적으로 증가하는 경향이 있지만, 다

71　원문에는 '일청의 역(日清の役)'.

만 겨울철에 결빙하기 때문에 선박 항행의 편이 끊어질 때가 있는데, 이것은 유감이다.

12. 의주(義州)

경의철도(京義鐵道) 최종의[원문: 최초의] 역이 있는 곳이다. 압록강에 임해있어 수륙으로 모두 교통이 자유롭다. 예로부터 청국과의 무역이 번성하게 행해지고 있었으며, 시내 안의 번성 또한 놀랄만하다. 현재 인구는 1만 2,000명이고, 부유한 자들이 많다.

13. 용암포(龍巖浦)

러일전쟁 때까지는 실로 황량한 일개 어촌에 지나지 않았으나, 전후에 서서히 세상 사람들의 주목을 받는 지역이 되었으며, 근래에 들어와서는 내지인의 거주자가 수백 수십 명에 이르게 되었다.

14. 개주부(蓋州府)

예부터 중국행의 가도(街道)에 해당되었기 때문에 화물이 폭주하였고, 여객의 왕래가 매우 빈번하여 사시사철의 거래 또한 상당히 왕성하다.

대동강에서 2리(里)의 남쪽에 있고, 광물과 농산물이 풍부하다. 거주민은 조선인 4,500명, 내지인 450명, 기타 합쳐서 약 5,000명이라 말해지고 있다.

제6장 주요 지역의 거리

지 명		거 리		
		철도(마일, 哩)	육(里/町)	수로(해리)
경기도 (京畿道)	용산(龍山)	2.0	–	–
	노량진(鷺梁津)	3.7	–	–
	독도(纛島)	–	2.04	–
	마포(麻浦)	2.0	0.28	–
	영등포(永登浦)	5.7	–	–
	고양(高陽)	–	4.00	–
	양천(陽川)	5.7	2.00	–
	시흥(始興)	10.7	–	–
	과천(果川)	5.7	3.00	–
	소사(素砂)	13.8	–	–
	양근(楊根)	–	6.20	–
	광주(廣州)	–	6.20	–
	김포(金浦)	5.7	5.00	–
	양주(楊州)	–	7.30	–
	안악(安岳)	10.7	3.00	–
	교하(交河)	–	8.00	–
	양성(陽城)	5.7	6.00	–
	통진(通津)	5.7	9.00	–
	인천(仁川)	25.1	–	–
	수원(水原)	25.8	–	–
	포천(抱川)	–	12.20	–
	용인(龍仁)	25.8	2.00	–
	부평(富平)	25.1	2.29	–
	문산(文山)	31.4	–	–
	영평(永平)	–	15.30	–
	가평(加平)	–	16.00	–
	파주(坡州)	31.4	1.28	–
	남양(南陽)	25.8	5.00	–

경기도 (京畿道)	오산(烏山)	35.4	–	–
	진위(振威)	38.1	–	–
	장단(長湍)	38.7	–	–
	양지(陽智)	52.7	7.00	–
	안성(安城)	52.7	8.08	–
	이천(利川)	25.8	11.00	–
	강화(江華)	25.1	1.00	20
	개성(開城)	84.5	–	–
	마전(麻田)	31.4	9.18	–
	토성(土城)	54.1	–	–
	여주(驪州)	25.8	15.00	–
	풍덕(豊德)	48.5	4.00	–
	연천(漣川)	31.4	12.18	–
	교동(喬桐)	25.1	4.00	23
	죽산(竹山)	52.7	8.00	–
	삭녕(朔寧)	31.4	18.18	–
	음죽(陰竹)	52.7	12.00	–
충청남도 (忠淸南道)	성환(成歡)	52.7	–	
	직산(稷山)	52.7	1.00	–
	둔포(屯浦)	52.7	2.12	–
	천안(天安)	60.4	–	–
	온천리(溫泉里)	60.4	3.18	–
	목천(木川)	60.4	4.00	–
	온양(溫陽)	60.4	4.15	–
	신창(新昌)	60.4	5.09	–
	전의(全義)	71.7	–	–
	아산(牙山)	60.4	6.00	–
	예산(禮山)	60.4	9.09	–
	조치원(鳥致院)	80.8	–	–
	연기(燕岐)	80.8	2.00	–
	홍주(洪州)	60.4	14.09	–
	공주(公州)	80.8	7.00	–
	결성(結城)	60.4	17.09	–

	대흥(大興)	60.4	17.09	-
	해미(海美)	60.4	18.09	-
	오천(鰲川)	60.4	20.09	-
	보령(保寧)	60.4	20.09	-
	정산(定山)	80.8	11.00	-
	서산(瑞山)	60.4	21.09	-
	대전(大田)	102.9	-	-
	노성(魯城)	80.8	12.00	-
	당진(唐津)	60.4	22.09	-
	회덕(懷德)	102.9	1.29	-
	태안(泰安)	60.4	24.09	-
	남포(藍浦)	60.4	24.09	-
	청양(靑陽)	80.8	16.00	-
충청남도	진잠(鎭岑)	102.9	5.09	-
(忠淸南道)	연산(連山)	102.9	6.00	-
	어청도(於靑島)	25.1	-	100
	강경(江景)	103.9	11.18	-
	임천(林川)	102.9	14.00	-
	석성(石城)	102.9	14.00	-
	논산(論山)	80.8	14.18	-
	은진(恩津)	102.9	14.18	-
	한산(韓山)	102.9	17.00	-
	일세촌(日勢村)	103.9	17.18	-
	부여(扶餘)	103.9	18.16	-
	홍산(鴻山)	103.9	21.00	-
	서천(舒川)	103.9	25.18	-
	비인(庇仁)	103.9	26.00	-
	부강(芙江)	87.3	-	-
	청안(淸安)	80.0	10.00	-
충청북도	음성(陰城)	80.8	15.00	-
(忠淸北道)	진천(鎭川)	80.8	15.00	-
	옥천(沃川)	114.3	-	-
	괴산(槐山)	80.8	20.00	-

충청북도 (忠淸北道)	충주(忠州)	80.8	21.00	–
	영동(永同)	133.7	–	–
	청풍(淸風)	80.8	27.00	–
	황간(黃澗)	144.3	–	–
	청산(靑山)	133.0	5.00	–
	제천(堤川)	80.8	31.33	–
	단양(丹陽)	80.8	33.00	–
	추풍령(秋風嶺)	148.5	–	–
	보은(報恩)	133.7	10.00	–
	영춘(永春)	80.8	38.33	–
	회인(懷仁)	133.7	13.00	–
	연풍(延豊)	159.3	25.18	–
강원도 (江原道)	춘천(春川)	–	22.00	–
	김화(金化)	–	26.22	–
	홍천(洪川)	–	30.00	–
	화천(華川)	–	30.00	–
	양구(楊口)	–	32.00	–
	금성(金城)	–	32.22	–
	철원(鐵原)	–	33.33	–
	원주(原州)	25.8	24.00	–
	평강(平康)	–	38.22	–
	인제(麟蹄)	–	40.00	–
	횡성(橫城)	25.8	28.00	–
	회양(淮陽)	–	44.18	–
	이천(伊川)	97.5	8.00	–
	안협(安峽)	97.5	14.00	–
	흡곡(歙谷)	–	71.01	–
	평창(平昌)	80.8	41.11	–
	영월(寧越)	80.8	41.33	–
	장기(長鬐)	–	86.19	–
	정선(旌善)	80.8	48.11	–
	고성(高城)	–	90.19	–
	통천(通川)	–	95.01	–

강원도 (江原道)	강릉(江陵)	80.8	58.31	–
	삼척(三陟)	80.8	70.31	–
	양양(襄陽)	80.8	70.31	–
	간성(杆城)	80.8	79.31	–
	평해(平海)	196.7	42.00	–
	울진(蔚珍)	196.7	50.00	–
황해도 (黃海道)	백천(白川)	54.1	4.00	–
	정안(廷安)	54.1	8.18	–
	토산(兎山)	22.4	22.18	–
	평산(平山)	76.9	1.00	–
	김천(金川)	76.9	2.00	–
	해주(海州)	54.1	20.18	–
	신막(新幕)	97.5	–	–
	신계(新溪)	97.5	6.18	–
	장연(長淵)	54.1	35.18	–
	옹진(甕津)	54.1	36.18	–
	곡산(谷山)	97.5	15.18	–
	봉산(鳳山)	126.4	2.09	–
	재령(載寧)	126.4	5.00	–
	안악(安岳)	126.4	7.00	–
	수안(遂安)	102.6	9.00	–
	황주(黃州)	141.3	–	–
	용호도(龍湖島)	54.1	44.18	–
	신천(信川)	126.4	10.00	–
	문화(文化)	126.4	12.00	–
	겸이포(兼二浦)	150.2	–	–
	장연(長連)	126.4	13.00	–
	은율(殷栗)	126.4	16.00	–
	풍천(豊川)	126.4	20.00	–
	송화(松禾)	126.4	24.00	–
전라남도 (全羅南道)	곡성(谷城)	103.9	40.00	–
	구례(求禮)	103.9	44.00	–
	옥과(玉果)	103.9	44.00	–

	창평(昌平)	103.9	47.00	–
	담양(潭陽)	103.9	52.00	–
	무안(務安)	25.1	7.07	230
	영암(靈巖)	25.1	1.00	255
	진도(珍島)	25.1	10.00	230
	목포(木浦)	25.1	–	230
	영산포(榮山浦)	25.1	–	266
	제주(濟州)	25.1	–	250
	함평(咸平)	25.1	10.07	230
	장흥(長興)	25.1	7.00	245
	영광(靈光)	25.1	16.07	230
	정의(旌義)	25.1	7.00	250
	당진(唐津)	25.1	10.00	245
	지도(智島)	25.1	18.07	230
	나주(羅州)	25.1	1.00	266
전라남도 (全羅南道)	대정(大靜)	25.1	10.00	250
	보성(寶城)	25.1	13.00	245
	해남(海南)	25.1	14.00	245
	남평(南平)	25.1	3.14	266
	광주(光州)	25.1	7.21	266
	화순(和順)	25.1	10.21	266
	능주(綾州)	25.1	12.21	266
	장성(長城)	25.1	13.21	266
	동복(同福)	25.1	14.21	266
	완도(莞島)	25.1	26.00	245
	광양(光陽)	268.8	30.18	–
	순천(順天)	268.8	33.18	–
	낙안(樂安)	268.8	39.18	–
	여수(麗水)	268.8	41.18	–
	돌산(突山)	268.8	46.18	–
	흥양(興陽)	268.8	51.18	–
	거문도(巨文島)	274.3	–	150

	금산(錦山)	103.9	6.00	–
	진산(珍山)	103.9	9.00	–
	용담(龍潭)	103.9	11.00	–
	무주(茂朱)	103.9	12.00	–
	여산(礪山)	103.9	15.00	–
	용안(龍安)	103.9	15.18	–
	고산(高山)	103.9	16.00	–
	익산(益山)	103.9	17.18	–
	함열(咸悅)	103.9	18.18	–
	임파(臨坡)	103.9	22.18	–
	전주(全州)	103.9	23.00	–
	금구(金溝)	103.9	27.00	–
	임실(任實)	103.9	30.00	–
전라북도	태인(泰仁)	103.9	31.00	–
(全羅北道)	진안(鎭安)	103.9	32.00	–
	정읍(井邑)	103.9	34.00	–
	장수(長水)	103.9	36.00	–
	고부(古阜)	103.9	36.00	–
	남원(南原)	103.9	37.00	–
	흥덕(興德)	103.9	39.20	–
	고창(高敞)	103.9	41.20	–
	순창(淳昌)	103.9	43.00	–
	무장(戊長)	103.9	44.00	–
	운봉(雲峯)	268.8	32.00	–
	군산(群山)	103.9	11.18	240
	만경(萬頃)	103.9	16.18	240
	대장촌(大場村)	103.9	19.18	240
	김제(金堤)	103.9	19.18	240
	안의(安義)	159.3	36.18	–
경상남도	밀양(密陽)	235.9	–	–
(慶尙南道)	삼랑진(三浪津)	243.8	–	–
	진영(進永)	263.3	–	–
	구포(龜浦)	263.3	–	–

	동래(東萊)	263.3	2.10	-
	마산(馬山)	168.8	-	-
	부산진(釜山鎭)	271.5	-	-
	김해(金海)	263.3	4.00	-
	기장(機張)	263.3	5.00	-
	초량(草梁)	263.3	-	-
	진해(鎭海)	268.8	3.00	-
	칠원(漆原)	268.8	3.00	-
	부산(釜山)	274.3	-	-
	양산(梁山)	263.3	6.00	-
	함안(咸安)	268.8	5.00	-
	송진(松眞)	268.8	-	13
	영산(靈山)	268.8	7.00	-
	고성(固城)	268.8	9.00	-
	웅천(熊川)	268.8	9.00	-
	창녕(昌寧)	268.8	10.00	-
경상남도 (慶尙南道)	언양(彦陽)	263.3	13.10	-
	통영(統營)	268.8	-	25
	가덕도(加德島)	274.3	-	21
	입좌촌(入佐村)	268.8	8.00	13
	거제(巨濟)	268.8	9.30	13
	장생포(長生浦)	263.3	18.28	-
	울산(蔚山)	263.3	19.10	-
	사천(泗川)	268.8	17.18	-
	단성(丹城)	268.8	19.18	-
	삼천포(三千浦)	268.8	19.18	-
	곤양(昆陽)	268.8	10.18	-
	의령(宜寧)	268.8	21.18	-
	산청(山淸)	268.8	23.18	-
	하동(河東)	268.8	24.18	-
	진주(晉州)	268.8	24.18	-
	협천(陜川)	268.8	26.18	-
	함양(咸陽)	268.8	29.18	-

경상남도 (慶尙南道)	초계(草溪)	268.8	29.18	-
	남해(南海)	268.8	33.18	-
	울릉도(鬱陵島)	274.3	-	177
경상북도 (慶尙北道)	김천(金泉)	159.3	-	-
	금산(金山)	159.3	0.20	-
	개령(開寧)	159.3	2.00	-
	지례(知禮)	159.3	4.00	-
	선산(善山)	159.3	5.00	-
	낙동(洛東)	159.3	8.18	-
	왜관(倭館)	179.9	-	-
	상주(尙州)	159.3	10.18	-
	인동(仁同)	175.4	3.00	-
	성주(星主)	179.9	3.00	-
	함창(咸昌)	159.3	14.18	-
	대구(大邱)	192.7	-	-
	용궁(龍宮)	159.3	18.18	-
	비안(比安)	179.9	10.00	-
	개경(開慶)	159.3	20.18	-
	칠곡(漆谷)	196.7	3.00	-
	예천(醴泉)	159.3	32.18	-
	경산(慶山)	206.7	-	-
	자인(慈仁)	196.7	5.00	-
	하양(河陽)	196.7	5.00	-
	현풍(玄風)	196.7	6.00	-
	영천(永川)	196.7	8.00	-
	신녕(新寧)	196.7	9.00	-
	고령(高靈)	196.7	10.00	-
	군위(軍威)	196.7	12,100	-
	의흥(義興)	196.7	12.00	-
	청도(淸道)	221.5	-	-
	경주(慶州)	196.7	16.00	-
	의성(義城)	196.7	17.00	-
	포항(浦項)	196.7	21.00	-

경상북도 (慶尙北道)	안동(安東)	196.7	24.00	-
	흥해(興海)	196.7	25.00	-
	장기(長鬐)	196.7	26.00	-
	청송(靑松)	196.7	26.18	-
	청하(淸河)	196.7	28.0	-
	예안(禮安)	196.7	29.00	-
	진보(眞寶)	196.7	29.18	-
	영산(榮山)	196.7	33.00	-
	영양(英陽)	196.7	33.18	-
	영덕(盈德)	196.7	34.00	-
	풍기(豐基)	196.7	36.00	-
	봉화(奉化)	196.7	38.00	-
	영해(寧海)	196.7	38.00	-
	순흥(順興)	196.7	39.00	-
평안남도 (平安南道)	중화(中和)	150.3	-	-
	평양(平壤)	164.0	-	-
	진남포(鎭南浦)	150.2	-	19
	용강(龍岡)	150.2	4.12	19
	순안(順安)	179.6	-	-
	강서(江西)	164.0	8.00	-
	강동(江東)	164.0	9.00	-
	상원(祥原)	164.0	9.00	-
	증산(甑山)	164.0	14.00	-
	성천(成川)	164.0	14.00	-
	숙천(肅川)	196.2	-	-
	삼등(三登)	194.0	16.00	-
	순천(順川)	196.2	6.00	-
	신안주(新安州)	211.1	-	-
	은산(殷山)	196.2	8.00	-
	자산(玆山)	196.2	8.00	-
	안주(安州)	211.1	1.18	-
	개천(价川)	211.1	7.18	-
	양덕(陽德)	164.0	33.00	-

평안남도 (平安南道)	가산(嘉山)	219.1	9.18	-
	박천(博川)	219.4	3.00	-
	영원(寧遠)	211.1	7.18	-
	운산(雲山)	211.1	13.18	-
평안북도 (平安北道)	정주(定州)	240.7	-	-
	태천(泰川)	211.1	18.18	-
	곽산(郭山)	248.6	-	-
	희천(熙川)	211.1	21.18	-
	구성(龜城)	240.7	9.00	-
	선천(宣川)	264.8	-	-
	거배관(車輦館)	274.7	-	-
	철산(鐵山)	274.7	3.18	-
	백마(白馬)	298.7	-	-
	신의주(新義州)	311.7	-	-
	의주(義州)	311.7	4.30	-
	용암포(龍巖浦)	311.7	6.00	-
	용천(龍川)	311.7	7.00	-
	강계(江界)	311.1	58.00	-
	삭주(朔州)	311.7	18.30	-
	창성(昌城)	311.7	22.30	-
	자성(慈城)	311.1	76.00	-
	벽농(碧瀧)	311.7	35.30	-
	후창(厚昌)	311.1	88.00	-
	초산(楚山)	311.7	50.30	-
함경남도 (咸鏡南道)	원산(元山)	274.3	60.19	318
	호도(虎島)	274.3	60.19	334
	송전(松田)	274.3	60.19	335/19
	안변(安邊)	274.3	5.0/65.19	318
	문천(文川)	274.3	5.27/66.10	318
	고원(高原)	274.3	10.30/71.13	318
	서호진(西湖津)	274.3	91.03	347
	영흥(永興)	274.3	14.30/75.13	318
	정평(定平)	274.3	22.30/83.13	318

함경남도 (咸鏡南道)	함흥(咸興)	274.3	4.03/88.14	361
	신포(新浦)	274.3	114.14	388
	홍원(洪原)	274.3	16.03/100.14	361
	북청(北靑)	274.3	5.31/106.14	402
	이원(利原)	274.3	11.35/118.13	361
	단천(湍川)	274.3	21.04/128.08	402
	혜산진(惠山鎭)	274.3	39.00/149.08	388
	갑산(甲山)	274.3	33.31/138.08	402
	삼수(三水)	274.3	51.31/156.08	402
	장진(長津)	274.3	40.03/124.14	361
함경북도 (咸鏡北道)	성진(城津)	274.3	140.03	470
	길주(吉州)	274.2	10.14/150.17	470
	명천(明川)	274.3	19.02/159.04	470
	경성(鏡城)	274.3	176.04	558
	청진(淸津)	274.4/15.0	176.04	566
	수성(輸城)	274.3/23.5	2.30/176.04	566
	나남(羅南)	274.3/12.0/50	176.04	566
	부령(富寧)	274.3/41.3	9.30/176.04	566
	무산(茂山)	274.3/41.3	23.32/190.22	566
	웅기(雄基)	* 274.3/73.9	203.04	614
	회령(會寧)	* 274.3/73.9	22.00/176.04	566
	경흥(慶興)	* 274.3/73.9	8.00/194.04	614
	북창평(北蒼坪)	* 274.3/73.9	38.26/188.22	566
	종성(鍾城)	* 274.3/73.9	35.00/179.04	566
	온성(穩城)	* 274.3/73.9	39.26/193.22	566
	경원(慶源)	* 274.3/73.9	39.26/193.22	566
간도(間島)		* 274.3/56.9/73.9	13.26/188.32	566

※ 위의 도표 중에서 함경남북도 및 간도 관련 수치 중 오른 첫 번째 수치는 부산 경유의 해로를 표시한 것이고, 그 다음 수치는 경성에서부터의 육로를 표시한 것이다.
※ 또한 도표 안의 '*' 표시는 경편철도(輕便鐵道)의 마일 거리이다.

제7장 조선의 제도

옛 조선의 지방행정을 생각건대, 전토를 8도로 구획하여 25주(州) 60
부(府) 78군(郡) 165현(縣)으로 나누었고, 도에는 관찰사, 주에는 목사(牧
使),[72] 부에는 부사(府使), 군에는 군수(郡守), 현에는 현령(縣令)을 둠으로
써 순차적으로 상급 관청에서 감독의 권한을 갖게 하였다. 형식상으로는
상당히 정연하게 보이지만, 1896년(建陽元) 8월에 이르러 8도를 13도로
하여 주부(州府)의 행정을 없애고, 3개를 동급의 행정구획으로 삼았다.
그 후에 더욱 개혁을 하여 전토에 9곳의 부를 두어 그 장관을 부윤(府尹)
이라고 칭하였으며, 별도로 감리서(監理署)와 같은 것을 정하여 부산, 원
산 그 이외의 개항장을 감리토록 하였다.

경찰행정은 수년 전의 보호조약 이래 마음을 단단히 차려서[73] 개선하
여 경무부(警務部)를 설치하였고, 그 아래에 지부(支部)를 두었으며, 지부
아래에는 분서(分署)를 설치했다. 나아가 곳곳에는 파출소(派出所)를 두
었는데, 그 수가 무려 수백 곳이었고, 모두 우리나라의 경시(警視)[74]·경
부(警部)·순사(巡査)를 두어 임무를 맡겼으며, 마루야마(丸山)[75] 경시가 그

---

72 원문에는 기사(技士)로 오기.

73 원문에는 예의(銳意).

74 1902년 2월 경무청 관제에 의하여 경무청이 설치되었는데, 1907년 7월 경무청관
제 개정에 따라 경시청으로 변경되면서 경무청의 경무관도 경시청의 경시로 변경
되었다.

75 마루야마 시게토시(丸山重俊, 1856~1911). 막말(幕末) 구마모토번(熊本藩)의
번사(藩士)로서 메이지시대에는 검찰관 및 경찰 관료를 역임하였으며, 1905년 2
월에 대한제국의 경무고문이 되었고, 1907년 8월에 경시청의 경시총감(警視總

총괄 임무를 담당하여 많은 치적을 이루었다. 그리고 이 제도는 병합 이후에 이르러서도 변화가 없었고, 아카이시(明石)[76] 경무부장이 경영할 때 우리 내지의 경찰과 거의 동일한 발달을 이루기 시작했다. 그렇기에 지금 조선의 도처에 경찰이 널리 퍼져있지 않은 곳이 없을 정도이다. 생명과 재산의 안전을 지키는데 역시 충분하다.

옛 조선시대에도 경찰제도는 있었지만, 지금의 경찰과는 전혀 그 의미와 취지를 달리하여 거의 국사(國事)에 관련된 범인의 추포를 목적으로 하고 있었다. 따라서 그 이름도 포도청(捕盜廳)이라고 하였고, 그것을 좌우 2개청으로 크게 나누어 좌포(左捕)·우포(右捕)라고 칭하였으며, 그 아래에 토포사(討捕使)라는 사람을 두어 지방경찰의 임무를 관장시켰다.

병제(兵制)는 '갑오변혁(甲午變革)'[77]에 의해 시위대(侍衛隊), 친위대, 호위대(扈衛隊), 포병대, 평양연대 등 6개로 나누어 각 도에 분배해 설치하였는데, 지난 1907년 8월에 모두 해산을 명하여 일본 군대가 대신하여 13도의 군무를 맡게 되었다. 현재 용산에 본부를 두고 있으며, 오쿠보(大久保)[78] 대장이 사령관이다.

監)에 취임하였다.

76 아카이시 모토지로(明石元二郎, 1864~1919). 메이지(明治)·다이쇼(大正) 시기의 일본 육군 군인으로 제3대 한국 통감 데라우치 마사타케(寺内正毅) 밑에서 헌병경찰제도를 확립하였으며, 1910년 6월에는 한국주차헌병대사령관, 7월에는 통감부 경무총장도 겸임하고 있었다.

77 1894년 갑오개혁을 말함.

78 오쿠보 하루노(大久保春野, 1846~1915)는 일본 육군의 군인. 1908년 8월 7일에 육군대장으로 진급하여 동년 12월부터 한국주차군(韓國駐劄軍) 사령관에 취임하였다. 1910년 8월 한국병합에 따라 조선주차군(朝鮮駐劄軍) 사령관으로 호칭이 변경되었다.

사법권도 또한 1909년 7월 우리나라에 위탁됨에 따라 모든 것이 우리나라 사람들의 손에 의해 행해지게 되었지만, 고래로부터 조선의 사법제도는 다른 여러 제도에 비해 관대함과 엄함이 치밀하여 매우 적절함을 갖추고 있었다. 실행이라는 측면에서는 매우 개탄하지 않을 수 없는 점도 있지만, 제도로서는 상당히 정비되어 있다. 제일 감탄할만한 것은 지금의 공소나 상고와 같은 수속이 존재하고 있었고, 민형사를 가리지 않고 혹시라도 불복하는 경우에는 자유롭게 상급 관청에 상소할 수 있었다. 또한 불복했을 경우에 중앙의 사헌부(司憲府)에 [재심을] 제기할 수 있었고, 더욱이 아직 충분하게 옳고 그름의 판단을 구할 수 있다고 인정되었을 때는 곧바로 국왕 앞에서 엎드려 상소함으로써 주권자에게 친재(親裁)를 앙청하는 길이 열려있었다. 반도의 여러 제도에 비해서 참으로 폭넓게 두루 살핀 법도[79]라고 말하지 않을 수 없다.

이것 다음으로 볼만한 제도는 지방의 자치제도이다. 즉, 주·부·군·현(州府郡縣) 아래에 면·동·리(面洞里)라는 작은 구획의 지구가 존재하는데, 호수는 7·80호에서 2·3,000호 정도가 있고, 면(面)의 장(長)을 풍헌(風憲), 동(洞)의 장(長)을 존립(尊立), 리(里)의 장(長)을 소임(所任)이라고 칭하며, 각기 인민의 공선(公選)을 거쳐 이를 정하는데, 대략 우리 시·정·촌(市町村)의 제도와 같다. 그리고 이 제도는 조선왕조 창업 초기부터 시작된 것으로 이미 엄연하게 존재하고 있었는데, 근대에 들어와 폐단이 속출하여 다소의 문란을 초래했지만, 지난날 한때에는 질서 정연하여 실로 자치의 효과를 보이고 있었다. 한국의 조정은 '갑오변혁' 때에 우리의

79　원문에는 굉제대도(宏制大度).

시·정·촌 제도를 모방하여 새롭게 공포하였지만, 실시되지 않은 채 끝나버렸다. 그렇기에 지금 행해지고 있는 조선의 하급 자치제라고 하는 것은 곧 고래로부터의 법칙과 다를 바 없는 것이다.

이외에 경찰과 감옥, 그밖에 여러 가지 제도에 대해서도 언급할 것이 많은데, 이제 총독부(總督府)가 설치되어 시간이 흐름에 따라 여러 가지 제도를 추진하지 않으면 안 되지만, 여기서는 그 주된 내용만을 개설하는데 그치고, 아래에 지난 9월 30일 발포한 법령·관제 및 여러 법령의 주요 부분을 게재해둔다.

1. 조선총독부(朝鮮總督府) 관제(官制)

제1조　조선총독부에 조선총독을 두고, 총독은 조선을 관할한다.

제2조　총독은 천황(天皇)이 직접 친임(親任)하는 육해군 대장으로 담당시킨다.

제3조　총독은 천황 직속으로 위임의 범위 내에서 육해군을 통솔하고, 조선 방비의 업무를 관리한다. 총독은 제반의 정무를 통괄하고, 내각총리대신을 거쳐 상주(上奏)를 행하며, 재가(裁可)를 얻는다.

제4조　총독은 그 직권, 또는 특별한 위임에 의해 조선총독부령을 발하고, 이에 1년 이하의 징역자는 금고·구류, 200원 이하의 벌금 내지 과료(科料)의 벌칙을 부과할 수 있다.

제5조　총독은 관할 관청의 명령, 또는 처분이 정해진 규칙과 달리

공익을 해하고, 또 권한을 범하는 일이 있다고 인정될 때는 그 명령 또는 처분을 취소하거나 정지할 수 있다.

제6조   총독은 소속 부서의 관리를 통괄하여 감독하고, 주임문관(奏任文官)[80]의 진퇴는 내각총리대신을 거쳐 이것을 상주하며, 판임문관(判任文官)[81] 이하의 진퇴는 이를 임의로 한다.

제7조   총독은 내각총리대신을 거쳐 소속 부서 문관의 서위(敍位)와 서훈(敍勳)을 상주한다.

제8조   총독부에 정무총감(政務總監)을 둔다. 정무총감은 천황이 직접 임명한다. 정무총감은 총독을 보좌하고, 부(府)의 업무를 통괄 관리하며, 각 부국(部局)의 사무를 감독한다.

제9조   총독부에 관방(官房) 및 아래의 5부를 둔다. 총무부(總務部)·내무부(內務部)·도지부(度支部)·농상공부(農商工部)·사법부(司法府)

제10조 총무부에 인사국(人事局)·외사국(外事局)·회계국(會計局), 내무부에 지방국(地方局)·학무국(學務局), 도지부에 사세국(司稅局)·사계국(司計局), 농상공부에 식산국(殖産局)·상공국(商工局)을 둔다. 관방과 각 부국의 사무 분장은 총독이 이를 정한다.

80   조선시대 때에는 주무대신(主務大臣)이 관리의 임명을 국왕에게 아뢰어 허가를 얻은 후에 임용했었다. 갑오개혁 이후에도 두었는데 칙임관의 아래이고 판임관의 위이다.

81   조선후기 각부의 대신이 임명하던 하위 관직이었다. 일제강점기 때에는 최하급의 관리로서 주임관(奏任官)의 아래로 장관(長官)이 임의로 임면(任免)했었다.

제11조	장관(長官)	5인	칙임(勅任).[82]
	국장(局長)	9인	칙임 또는 주임(奏任).
	참사관(參事官)	전임 2인	주임.
	비서관(祕書官)	전임 2인	주임.
	서기관(書記官)	전임 19인	주임.
	사무관(事務官)	전임 19인	주임.
	기사(技師)	전임 30인	주임, 그 중 2인 칙임 가.
	통역관(通譯官)	전임 6인	주임.
	촉(屬)		
	기수(技手)[83]	전임 337인	판임.
	통역생(通譯生)		

제12조 장관은 각 부의 장(長)과 함께 총독 및 정무총감의 명을 받아 국무를 지휘·관리[84]하고, 부하 관리를 지휘·감독한다.

제13조 국장은 상관의 명을 받아 국무를 지휘·관리한다.

제14조 참사관은 상관의 명을 받아 심의·입안을 담당하고, 또 각 부국의 사무를 도와준다.

제15조 비서관은 총독의 명을 받아 기밀에 관한 사무를 관장한다.

제16조 서기관은 상관의 명을 받아 부무(府務)를 관장한다.

제17조 사무관은 상관의 명을 받아 부무를 도와준다.

---

82 임금의 명으로 관리를 임명함.

83 회사 등에서 기사 밑에 소속되어 기술을 담당하는 사람이며, 일제강점기에는 판임관(判任官)이나 판임관 대우자를 말한다.

84 원문에는 장리(掌理).

제18조 기사는 상관의 명을 받아 기술을 관장한다.

제19조 통역관은 상관의 명을 받아 통역을 관장한다.

제20조 촉, 기수 및 통역생은 상관의 지휘를 받아 서무와 기술, 또는 통역에 종사한다.

제21조 총독부에 총독부무관(總督附武官) 2명 및 전속부관 1인을 둔다.

총독부무관은 육해군 소장 또는 좌관(佐官)에게 이 직분을 맡긴다.

총독부무관은 참모로 한다. 부관(副官)은 육해군 좌·위관(佐尉官)[85]에게 이 직분을 맡긴다.

총독부 무관 및 부관은 총독의 명을 받아 사무에 종사한다.

1910년 칙령(勅令) 제319호는 그 관위와 학교에 관한 것을 제외하고 이외의 것에 대해서는 폐지한다.

2. 중추원(中樞院) 관제

제1조 조선총독부 중추원은 조선총독 밑에서 자문에 부응하는 것으로 한다.

제2조 의장(議長)

---

85 좌관(佐官)은 군인 계급으로 옛날의 대좌·중좌·소좌 계급을 말하며, 우리나라의 영관(領官) 급에 해당한다. 위관(尉官) 역시 군인 계급으로 대위·중위·소위의 총칭이며, 현재 한국군의 계급과 동일하다.

부의장(副議長)	1인	친임대우(親任待遇).
고문	15인	칙임대우(勅任待遇).
찬의(贊議)	20인	칙임대우.
부찬의(副贊議)	35인	주임대우(奏任待遇).
서기관장(書記官長)		칙임.
서기관(書記官)	2인	주임.
통역관(通譯官)	3인	주임.
촉전임(屬傳任)	3인	판임.

제3조 　중추원 의장은 조선총독부 정무총감에게 맡기고, 의장은 중추원의 사무를 총괄하며, 중추원에서 발하는 모든 공문에 서명한다.

　　　 중추원 부의장은 의장을 보좌하고, 의장에게 사고가 있을 때는 그 직무를 대리한다.

제4조 　고문은 원의(院議)를 심사하고 정한다.

제5조 　찬의 및 부찬의는 원의(院議)에 참여한다. 단, 결의(決議)에는 참여할 수 없다.

제6조 　부의장, 고문, 찬의 및 부찬의는 조선총독의 주청에 의거하여 내각에서 이들을 임명한다.

제7조 　부의장 및 고문에게는 연액 2,500원 이내, 찬의에게는 1,200원 이내, 부찬의에게는 800원 이내를 조선총독부가 정한 바에 따라 수당으로 지급한다. 단, 관리로서 부의장·고문·찬의, 또는 부찬의에 해당되는 자에게는 수당을 지급하지 않는다.

제8조 　서기관장·서기관 및 통역관은 조선총독부 고등관 중에서 이를 겸하게 한다.

제9조 　서기관장은 의장의 감독을 받아 원의 업무를 지휘·감독한다.

제10조 　서기관은 서기관장의 명을 받아 원의 업무를 담당한다.

제11조 　촉(屬)은 상관의 지휘를 받아 원의 업무에 종사한다.

3. 취조국(取調局) 관제

제1조 　조선총독부 취조국은 조선총독 밑에서 아래의 사무를 담당한다.

　　一. 조선에서의 여러 제도 및 모든 옛 관습을 조사할 것.

　　二. 총독이 지정한 법령의 입안 및 심의를 행할 것.

　　三. 법령의 폐지와 개정에 대해 의견을 구신(具申)[86]할 것.

제2조 　취조국에 아래의 직원 둔다.

장관		칙임.
서기관	전임 2인	주임.
사무관	전임 4인	주임.
촉(屬)	전임 12인	판임.
통역생		

---

[86] 　일의 상황 등을 윗사람에게 자세하게 보고하는 것.

제3조   장관은 조선총독의 지휘·감독을 받아 국무(局務)를 담당·
관리[87]하고 부하 관리를 감독한다.

제4조   서기관은 장관의 명을 받아 국무를 담당한다.

제5조   사무관은 상관의 명을 받아 국무를 도와준다.

제6조   촉(屬)과 통역생은 상관의 지휘를 받아 국무 및 통역에 종사
한다.

제7조   취조국에 위원을 30인 이내로 두고, 위원은 조선의 제도 및
옛 관습에 관한 조사에 종사한다.

제8조   위원은 학식과 명망이 있는 조선인 중에서 조선총독이 이
를 명한다.

제9조   위원에게는 1년 600원 이내의 수당을 지급한다.

4. 지방관(地方官) 관제

제1조   조선에 아래의 도(道)를 둔다.

경기도   충청북도   충청남도   전라북도   전라남도

경상북도   경상남도   황해도   평안남도   평안북도

강원도   함경남도   함경북도

도(道)의 위치 및 관할 구역은 조선총독이 이를 정한다.

제2조   각 도에 아래의 직원 둔다.

---

87   원문에는 '장리(掌理)'.

장관(長官)		칙임.
참여관(參與官)	1인	칙임 또는 주임.
사무관(事務官)		주임.
통역관(通譯官)		주임.
기사(技師)		주임.
서기(序記)		
기수(技手)		판임.
통역생(通譯生)		

장관은 당분간 주임으로 할 수 있다.

제3조　모든 각 도를 통해서 사무관은 전임 26인, 기사는 전임 6인, 서기·기수 및 통역생은 전임 423인으로 한다.

통역관은 도의 수요에 따라 봉급 예산 정액 안에서 둔다.

제4조　각 도의 사무관, 통역관, 기사, 서기, 기수 및 통역생의 정원은 조선총독이 이를 정한다.

제5조　도장관(道長官)은 조선총독 밑에서 법령을 집행하여 관내의 행정에 관여하고, 관내의 행정 사무를 관리하며 소속 관리를 지휘·감독한다. 도장관은 도 행정의 집행에 관하여 관내의 경찰장관을 사용할 수 있다.

도장관은 지방의 경찰 사무에 관해 도경무장(道警務長)으로 하여금 필요한 명령을 내리거나 또는 이것에 대한 필요한 처분을 명령할 수 있다.

제6조　도장관은 관내의 행정 사무에 관해 직권 또는 위임의 범위 내에서 도령(道令)을 내릴 수 있다.

제7조 　도장관은 부윤(府尹)이나 군수(郡守)의 명령, 또는 처분이 제규(制規)와 달라 공익을 해하거나 또는 권한을 범하는 점이 있다고 인정될 때에는 그 명령 또는 처분을 취소하거나 정지할 수 있다.

제8조 　도장관은 안녕과 질서를 보지(保持)하기 위해 병력이 필요할 때 조선총독에게 그 사정을 상세히 보고한다. 단, 비상 급변의 경우에 즈음해서는 곧바로 해당 지방 주재 군대의 사령관에게 출병을 요구할 수 있다.

제9조 　도장관에게 사고가 있을 시에는 내무부장직의 사무관이 그 직무를 처리한다.

제10조 　도장관은 그 직권에 속한 사무의 일부를 부윤 또는 군수에게 위임할 수 있다.

제11조 　참여관은 도장관의 자문에 응하고, 또 임시의 명령을 받아 사무에 종사한다.

제12조 　각 도에 장관·관방, 내무부 및 재무부를 둔다.

제13조 　내무부장 및 재무부장은 사무관으로 이를 임명한다.
　　　　내무부장 및 재무부장은 도장관의 명을 받아 부무(部務)를 담당·관리하고, 부하 관리를 지휘·감독한다.

제14조 　부장이 아닌 사무관은 상관의 명을 받아 도무(道務)를 담당한다.

제15조 　통역관은 상관의 명을 받아 통역을 담당한다.
　　　　기사는 상관의 명을 받아 기술을 담당한다.

제16조 　서기·기수 및 통역생은 상관의 지휘를 받아 서무·기술 및

통역에 종사한다.

제17조　각 도에 부(府)와 군(郡)을 둔다. 부와 군의 명칭·위치 및 관할 구역은 조선총독이 이를 정한다.

제18조　각 부·군에 아래의 직을 둔다.

부윤 또는 군수　　주임.

서기　　　　　　판임.

통역생　　　　　판임.

부에 사무관 및 통역관을 둘 수 있다.

부사무관 및 부통역관은 주임으로 한다.

제19조　각 부를 통하여 사무관 및 통역관은 전임 4인, 각 부·군을 통하여 서기 및 통역생은 전임 2,022인으로 한다.

제20조　각 부와 현(縣)에 있는 사무관, 통역관, 서기 및 통역생의 정원은 조선총독이 이를 정한다.

제21조　부윤 또는 군수는 도장관의 지휘·감독을 받아 법령을 집행하고, 관내의 행정 사무를 담당·관리하며 부하의 관리를 지휘·감독한다.

부사무관은 부윤의 명을 받아 부무(府務)를 담당한다.

부통역관은 상관의 명을 받아 통역을 담당한다.

제22조　서기·기수 및 통역생은 상관의 지휘를 받아 서무·기술 및 통역에 종사한다.

제23조　각 도 및 각 부·군에 참사(參事)를 둘 수 있다.

참사의 정원은 조선총독이 이를 정한다.

참사는 도·부·군 관할 내에 거주하는 학식과 명망이 있는 자에 한해서 조선총독의 인가를 받아 도장관이 이를 명한다.

제24조 참사는 명예직으로 한다. 도장관은 부윤·군수의 자문에 응하는 것으로 한다.

참사에게는 조선총독이 정한 바에 따라 수당을 지급할 수 있다.

제25조 각 부·군에 면(面)을 설치하고 면에 면장(面長)을 두며, 판임관(判任官)의 대우로 한다. 부윤 또는 군수의 지휘·감독을 받아 면내의 행정 사무를 보조하고 집행한다.

면 및 면장에 관한 규정은 조선총독이 이를 정한다.

제26조 각 도에 자혜의원(慈惠醫院)을 부속으로 설치한다.

자혜의원은 병원의 진료에 관한 일을 담당하고, 겸하여 총독의 지정에 따라 의사의 양성에 관한 일을 담당한다.

각 의원에는 아래의 직원을 둔다.

원장

의원　　　중임 또는 판임.

서기　　　판임.

조수　　　판임.

통역생　　판임.

각 의원을 통하여 의원은 전임 28인, 서기·조수 및 통역생은 전임 41인으로 한다.

각 의원에서의 의원, 서기, 조수 및 통역생의 정원은 조선총독이 이를 정한다.

제27조 원장은 의원에게 이를 맡기고, 도장관의 지휘·감독을 받아

원무(院務)를 담당·관리하며, 부하 직원을 감독한다.

제28조   의원은 원장의 지휘를 받아 의무 및 의료 교육을 담당한다.
서기·조수 및 통역생은 상관의 지휘를 받아 서무·의무 및
통역에 종사한다.

5. 경찰관서(警察官署) 관제

통감부 경찰관서 관제 중에서 아래와 같이 개정한다.

'통감'을 '조선총독'으로, '한국'을 '조선'으로 변경한다.

제3조 중에서 '황궁 및'을 삭제한다.

제5조 중에서 '2인'을 '3인'으로, '52인'을 '48'인으로, '3인'을 '8인'으
로 변경한다.

제8조에 아래의 1항을 추가한다.

경찰부장은 도장관의 명에 따라 도 행정의 집행을 도와주
거나 또는 지방경찰 사무에 관해 도장관의 명을 받아 필요
한 명령을 내리고, 또 처분을 행해야 한다.

제9조   경무총장(警務總長) 및 경무부장(警務部長)은 각기 직권 또는
위임의 범위 내에서 명령을 내릴 수 있다.

본 법령의 시행 때 현직의 통감부 경무청장, 경무관, 경무부장, 경시,
통역관, 기사, 경찰의(警察醫), 경부, 촉(屬), 기수(技手) 및 통역생의 직에

있는 자는 별도의 사령(辭令)을 내리지 않고, 조선총독부 경무총장, 경무관, 경무부장, 경시, 통역관, 기사, 경찰의, 경부, 촉, 기수 및 통역생으로 각기 같은 관등의 봉급으로써 임명한다.

6. 철도국(鐵道局) 관제

제1조   조선총독부 철도국은 조선총독의 관리에 속하고, 조선에서 철도의 건설과 개량, 보존·운수 및 부대 업무를 비롯해 경편철도(輕便鐵道) 및 궤도에 관한 사무를 담당한다.

제2조   철도국은 아래의 직원을 둔다.

장관(長官)		
기감(技監)	1인	칙임.
참사(參事)	전임 6인	주임.
부참사(副參事)	전임 4인	주임.
참사보(參事補)	전임 9인	주임.
기사(技師)	전임 38인	주임. 그중 2인 칙임 가.
통역관(通譯官)	전임 1인	주임.
서기(書記) ┐ 기수(技手) ┘	전임 409인	판임.

제3조   장관은 기감에게 맡기고, 조선총독의 지휘·감독을 받아 국무(局務)를 담당·관리하며, 부하 직원을 지휘·감독한다.

제4조　기감은 기술에 관한 사무를 담당·관리한다.

제5조　참사는 상관의 명을 받아 국무를 담당한다.

제6조　부참사 및 참사보는 상관의 명을 받아 국무를 도와준다.

제7조　기사는 상관의 명을 받아 기술을 담당한다.

제8조　통역관은 상관의 명을 받아 통역을 담당한다.

제9조　서기 및 기수는 상관의 명을 받아 서무 및 기술에 종사한다.

제10조　조선총독은 필요하다고 인정되는 지역에 출장소를 두고 사무를 분장시킬 수 있다.

본 법령의 시행 때 현직의 조선철도 관리국에 근무하는 철도원 기감, 참사, 부참사, 참사보, 기사, 통역, 서기 및 기수는 별도의 사령(辭令) 없이 조선총독부 철도국의 기감, 참사, 부참사, 참사보, 기사, 통역, 서기 및 기수로 각기 같은 관등의 봉급으로써 임명한다.

7. 통신관(通信官) 관제

제1조　조선총독부 통신관서는 조선총독의 관리에 속하고, 우편, 우편위체(郵便爲替[우편환]), 우편저금, 통신, 전화, 항로표식 및 기상에 관한 사무를 비롯해 전기사업의 감독에 관한 사무를 담당한다.

조선총독이 지정한 통신관서는 조선총독부 및 그 소속 관서가 취급하는 세입금·세출금 및 세입·세출 외에 현금 출

납에 관한 사무를 담당한다.

제2조 통신관서는 통신국, 항로표식관리소, 관측소, 우편위체저금 관리소(郵便爲替貯金管理所), 우편국 및 우편소로 한다.

제3조 통신국은 우편, 우편위체, 우편저금, 전신, 전화, 항로표식 및 기상에 관한 사무를 관리하고, 전기사업의 감독에 관한 사무를 담당한다.

제4조 항로표식관리소는 항로표식에 관한 사무를 담당한다.

제5조 관측소는 기상에 관한 사무를 담당한다.

제6조 우편위체저금관리소는 우편위체저금의 검사·계산에 관한 사무를 담당한다.

제7조 우편국 및 우편소는 우편, 우편위체 및 우편저금의 사무를 담당한다.

전신 또는 전화 사무는 우편국 또는 우편소로 하여금 이것 을 겸하여 담당시킬 수 있다.

제8조 조선총독은 우편국을 지정하고, 구역을 정해서 통신국의 관 장 사무를 분담하여 담당시킬 수 있다.

제9조 조선총독은 필요한 지역에 우편, 우편위체, 우편저금, 전신 또는 전화 취급소를 설치하고, 관측소에 부속 측후소를 둘 수 있다.

제10조 관측소, 측후소, 우편국 및 우편소의 명칭과 위치는 조선총 독이 이를 정한다.

제11조 통신관서에 아래의 직원을 둔다.

통신국 장관   칙임.

통신국 서기관	전임 2인	주임.
통신사무관	전임 8인	주임.
통신사무관보	전임 10인	주임.
통신기사	전임 15인	주임.
통신서기 통신기수 통신서기보 항로표식간수 우편소장	전임 745인	판임.

제12조 통신국 장관은 조선총독의 감독을 받아 국무를 담당·관리하고, 부하 직원을 감독한다.

제13조 통신국 서기관은 장관의 명을 받아 국무를 담당한다.

제14조 통신사무관보는 상관의 명을 받아 사무를 담당한다.

제15조 통신기사는 상관의 명을 받아 기술을 담당한다.

제16조 통신서기, 통신기수, 통신서기보 및 항로표식간수는 상관의 지휘를 받아 서무·기술 및 항로표식의 간수로 종사한다.

제17조 항로표식관리소장 및 관측소장은 통신기사에게 이를 맡기고, 통신국 장관의 명을 받아 소무를 담당·관리하며, 부하 직원을 감독한다.

제18조 우편위체저금관리소장은 통신사무관에게 이를 맡기고, 통신국 장관의 명을 받아 소무를 담당·관리하며, 부하 직원을 감독한다.

제19조 우편국장은 통신사무관, 통신사무관보 또는 통신서기에게

이를 맡기고 통신국 장관의 명을 받아 국무를 담당·관리하며 부하 직원을 감독한다.

제20조 측후소장은 통신기수에게 맡기고 관측소장의 지휘를 받아 소무를 담당한다.

제21조 우편소장은 상관의 명을 받아 소무를 담당한다.

본 법령의 시행 때 현직의 통감부 통신사무관, 통신사무관보, 통신기사, 통신촉(通信屬), 통신기수, 통신수 및 우편소장 직에 있는 자는 특별한 사령 없이 조선총독부 통신사무관, 통신사무관보, 통신기사, 통신촉, 통신기수, 통신수 및 우편소장으로 각기 같은 관등의 봉급으로써 임명되는 것으로 한다.

8. 임시토지조사국(臨時土地調査局) 관제

제1조 조선총독부 임시토지조사국은 조선총독의 관리에 속하고, 토지의 조사 및 측량에 관한 사무를 담당한다.

제2조 임시조사국에 아래의 직원을 둔다.

총재(摠裁)

부총재(副摠裁)	1인	칙임.
서기관	전임 3인	주임.
사무관	전임 2인	주임.
감사관	전임 1인	주임.

기사	전임 4인	주임.
서기		
	전임 50인	판임.
기수		

제3조   총재는 정무총감에게 맡기고, 조선총독의 지휘·감독을 받아 국무를 담당·관리하며, 부하 관리를 감독한다.

제4조   부총재는 총재를 보좌하여 총재에게 사고가 있을 시에는 그 직무를 대리한다.

제5조   서기관 및 사무관은 상관의 명을 받아 국무를 담당한다.

제6조   감사관은 상관의 명을 받아 실지(實地) 업무의 감독을 담당한다.

제7조   기사는 상관의 명을 받아 기술을 담당한다.

제8조   서기 및 기수는 상관의 지휘를 받아 서무 및 기술에 종사한다.

제9조   조선총독은 필요하다고 인정될 시에 임시토지조사국비, 사업비 예산의 범위 내에서 감사관·서기 및 기수의 인원을 늘려서 둘 수 있다.

제10조   조선총독은 필요하다고 인정되는 지역에 지국 또는 출장소를 설치할 수 있다. 지국 및 출장소의 명칭과 위치 및 관할 구역은 조선총독이 이를 정한다.

9. 세관(稅關) 관제

제1조   조선총독부 세관은 조선총독의 관리에 속하고, 아래의 사항
        을 담당한다.

　　一. 관세, 톤세(噸稅), 수출입세, 선세 및 세관의 여러 수입에
        관한 사항.

　　二. 보세창고와 그 외의 창고에 관한 사항.

　　三. 선박 및 화물의 단속에 관한 사항.

　　四. 관세, 톤세, 수출입 선세 등에 관한 사항.

　　五. 관세, 통로의 단속에 관한 사항.

　　六. 밀어선(密漁船)의 단속에 관한 사항.

　　七. 개항 검역에 관한 사항.

　　八. 개항의 항칙(港則)에 관한 사항.

　　九. 선박 검사에 관한 사항.

제2조   경기도　　　인천

        경상남도　　부산

        함경남도　　원산

        평안남도　　진남포

제3조   세관을 통하여 아래의 직원을 둔다.

        세관장(稅關長)　　　　　4인　　　　주임.

        사무관(事務官)　　　　　전임 3인　　주임.

        감시장(監視長)　　　　　전임 1인　　주임.

        감정장(鑑定長)　　　　　전임 2인　　주임.

항무관(港務官)	전임 1인	주임.
기사(技師)	전임 4인	주임.
서기(書記)		
감시(監視)		
감정관보(鑑定官補)		
항리(港吏)	전임 241인	판임.
항무의관보(港務醫官補)		
기수(技手)		
감리(監吏)		

제4조 세관장은 조선총독의 지휘·감독을 받아 세관에 관한 사무를 담당·관리하고, 부하 관리를 감독한다.

제5조 사무관은 세관장의 명을 받아 세관의 사무를 담당한다.

제6조 감시관은 상관의 명을 받아 경찰 및 범칙 처분에 관한 사무를 담당한다.

제7조 감정관은 상관의 명을 받아 화물의 검사와 감정에 관한 사무를 담당한다.

제8조 항무관은 상관의 명을 받아 항칙(港則)의 집행 및 개항 검역에 관한 사무를 담당한다.

제9조 기사는 상관의 명을 받아 기술을 담당한다.

제10조 항무의관(港務醫官)은 상관의 명을 받아 의무를 담당한다.

제11조 서기는 상관의 지휘를 받아 서무에 종사한다.

감시는 상관의 지휘를 받아 경찰 및 범칙 처분에 관한 사무에 종사한다.

감정관보는 상관의 지휘를 받아 화물의 검사와 감정(鑑定)에 종사한다.

항리(港吏)는 상관의 지휘를 받아 항칙의 집행 및 개항 검역에 종사한다.

항무의관보는 상관의 지휘를 받아 의무에 종사한다.

기수는 상관의 지휘를 받아 기술에 종사한다.

감리는 상관의 지휘를 받아 경찰 및 범칙 처분에 관한 사무에 종사한다.

제12조　세관의 관할 구역은 조선총독이 이를 정한다.

조선총독은 세관 구역 내에서 필요하다고 인정되는 지역에 세관지서 또는 세관감시서(稅關監視署)를 둘 수 있다.

세관지서 또는 세관감시서의 위치와 관할 구역은 조선총독이 이를 정한다.

제13조　지서에 지서장을 두고, 사무관은 서기에게 이를 맡긴다.

세관지서장의 명을 받아 그 관할 구역 내에서 세관 사무를 담당·관리하고 부하 관리를 감독한다.

제14조　세관감시서에 서장을 두고, 감시나 감리에게 이를 맡긴다.

세관감시서장은 세관장 또는 세관지서장의 지휘를 받아 경찰 및 범칙 처분에 관한 사무를 담당·관리한다.

제15조　조선총독은 필요하다고 인정되는 지역에 세관출장소를 두고, 세관 사무를 분장시킬 수 있다.

제16조　이출(移出)되는 소의 검역 사무를 담당시키기 위해 부산 세관에 이출우검역소(移出牛檢疫所)를 부속 설치한다.

이출우검역소에 아래의 직원을 둔다.

소장

검역관 전임 1인 주임.

서기

전임 3인 판임.

검역관보

제17조 소장은 세관장에게 이를 맡기고, 조선총독의 지휘·감독을 받아 소무를 담당·관리하며, 부하 관리를 감독한다.

검역관은 소장의 명을 받아 검역을 담당한다.

서기 및 검역관보는 상관의 지휘를 받아 서무 및 검역에 종사한다.

10. 전매국(專賣局) 관제

제1조 조선총독부 전매국은 조선총독의 관리에 속하며, 아래의 사항을 담당한다.

一. 홍삼의 전매 관한 사항.

二. 소금의 제조, 판매, 수출입, 시험, 감정 및 단속에 관한 사항.

제2조 전매국에 아래의 직원 둔다.

국장(局長)		주임.
사무관	전임 1인	주임.
기사	전임 3인	주임.

서기 ┐
　　　│　전임 41인　　　판임.
기수 ┘

제3조　국장은 조선총독의 지휘·감독을 받아 국(局) 안에서 일체의 사무를 담당·관리하며, 부하 직원을 감독한다.

제4조　기사는 상관의 명을 받아 기술을 담당한다.

제5조　서기 및 기수는 상관의 지휘를 받아 서무 및 기술에 종사한다.

11. 인쇄국(印刷局) 관제

제1조　조선총독부 인쇄국은 조선총독의 관리에 속하며, 아래의 사항을 담당한다.

一. 인쇄에 관한 사항.

二. 인쇄류와 제 증권류의 제조 및 초지(抄紙)에 관한 사항.

제2조　인쇄국에 아래의 직원을 둔다.

국장

사무관　　전임 2인　　　주임.

기사　　　전임 4인　　　주임.

서기 ┐
　　　│　전임 23인　　　판임.
기수 ┘

제3조　국장은 사무관에게 이를 맡기고, 조선총독의 지휘·감독을

받아 국무를 담당·관리하며, 부하 관리를 감독한다.

제4조   사무관은 국장의 명을 받아 국무를 담당한다.

제5조   기사는 상관의 명을 받아 기술을 담당한다.

제6조   서기 및 기수는 상관의 지휘를 받아 서무 및 기술에 종사한다.

12. 재판소(裁判所) 직원 정원령

조선총독부 재판소 및 검사국 직원의 정원은 각 재판소 및 검사국을 통틀어 아래와 같다.

판사(判事)   261인.

검사(檢事)   63인.

서기장   4인.

통역관   4인.

서기 ┐
      ├ 429인.
통역생 ┘

위의 직원들에 대한 각 재판소와 검사국에서의 정원은 조선총독이 이를 정한다.

본 법령의 시행 때 현직의 통감부 판사, 검사, 재판소 서기장, 재판소 통역관, 재판소 서기 및 재판소 통역생의 직에 있는 자는 특별한 사령 없이 조선총독부 판사, 검사, 재판소 서기장, 재판소 통역관, 재판소 서기 및 재판소 통역생으로 각기 같은 관등의 봉급으로써 임명한다.

13. 감옥(監獄) 관제

통감부(統監府)의 감옥 관제 중에서 일부를 다음과 같이 개정한다.

'통감(統監)'을 '조선총독(朝鮮總督)'으로 변경한다.

제3조   감옥(監獄)에 대해서는 아래의 직원을 둔다.

전옥(典獄)   전임 8인   주임.

간수장(看守長) ┐

　　　　　　　　　전임 61인   판임.

통역생(通譯生) ┘

제4조의 제2항을 삭제한다.

본 법령의 시행 때 현직의 통감부 전옥(典獄), 간수장과 통역생의 직에 있는 자는 특별한 사령 없이 조선총독부 전옥, 간수장과 통역생으로 각기 같은 관등의 봉급으로써 임명한다.

14. 영림창(營林廠) 관제

제1조 조선총독부 영림창은 조선총독의 관리에 속하며, 압록강과 두만강 연안에서 삼림경영에 관한 사무를 담당한다.

제2조 영림창에 아래의 직원 둔다.

창장(廠長)		칙임 또는 주임.
사무관	전임 2인	주임.
기사	전임 2인	주임
서기		
기수	전임 17인	판임.
통역생		

제3조 창장(廠長)은 조선총독의 명을 받아 창(廠)에서의 모든 사무를 담당·관리하고, 부하 관리를 감독한다.

제4조 사무관은 창장의 명을 받아 창(廠)과 관련된 사무를 담당한다.

제5조 기사는 상관을 명을 받아 기술을 담당한다.

제6조 서기와 기수 및 통역생은 상관의 명을 받아 서무·기술 및 통역에 종사한다.

제7조 조선총독은 필요하다고 인정되는 지역에 영림지창(營林支廠)을 둘 수 있다.

　　　기창장(技廠長)은 사무관, 기사 또는 기수에게 이를 맡긴다.

　　본 법령의 시행 때 현직의 통감부 영림창장(營林廠長), 사무관, 기사, 촉, 기수 및 통역생의 직에 있는 자는 특별한 사령 없이 조선총독부 영림창장(營林廠長), 사무관, 기사, 서기, 기수 및 통역생으로 각기 같은 관등의 급료로써 임명한다.

15. 평양광업소(平壤鑛業所) 관제

제1조　　조선총독부 평양광업소는 조선총독의 관리에 속하며, 석탄의 채굴과 연탄(煉炭)의 제조 및 그 판매에 관한 사무를 담당한다.

제2조　　평양광업소는 아래의 직원을 둔다.

소장		칙임 또는 주임.
사무관	전임 1인	주임.
기사	전임 2인	주임.
서기 ⎤ 기수 ⎦	전임 61인	판임.

제3조　　소장은 조선총독의 지휘·감독을 받아 소무를 담당·관리하고, 부하 관리를 감독한다.

제4조　　사무관은 소장의 명을 받아 소무를 담당한다.

제5조　　기사는 상관의 명을 받아 기술을 담당한다.

제6조　　서기 및 기수는 상관의 지휘를 받아 서무 및 기술에 종사한다.

16. 권업모범장(勸業模範場) 관제

제1조 조선총독부 권업모범장은 조선총독의 관리에 속하며, 아래
의 사항을 담당한다.

一. 산업의 발달 개량에 이바지하는 조사 및 시험.

二. 물산의 조사와 산업상 필요한 재료의 분석 및 감정.

三. 종자(宗子), 종묘(種苗), 잠종(蠶種),[88] 종금(種禽),[89] 및 종축
(種畜)[90]의 배부.

四. 산업상의 지도 강습 및 통신.

제2조 권업모범장에 아래의 직원을 둔다.

장장(場長)

기사   전임 10인   주임(그 중 1인 칙임 가).

서기 ┐

         전임 35인   판임.

기수 ┘

제3조 장장(場長)은 기사에게 이를 맡기고, 조선총독의 지휘·감독
을 받아 모범장 안의 모든 사무를 담당·관리하며 부하 직
원을 감독한다.

제4조 기사는 장장(場長)의 명을 받아 기술을 담당한다.

제5조 서기 및 기수는 상관의 지휘를 받아 서무 및 기술에 종사한다.

88   씨를 받을 누에의 알.
89   씨를 받기 위한 날짐승.
90   우수한 새끼를 낳기 위해 기르는 좋은 품종의 가축.

제6조 　조선총독은 필요하다고 인정되는 지역에 권업모범장의 지장(支場) 또는 출장소를 설치할 수 있다.

제7조 　권업모범장에 농림학교를 설치한다.

17. 토목회의(土木會議) 관제

제1조 　조선총독부 토목회의는 조선총독 하에서 하천, 도로, 항만, 항로 표식, 철도, 경편철도(輕便鐵道), 궤도전기사업 및 상하수도에 관한 제도, 계획, 설비 그밖에 토목에 관한 중요한 사항을 조사하고 심의한다.

제2조 　토목회의는 회장 및 위원으로 조직한다.

제3조 　회장은 조선총독부 정무총감, 위원은 조선총독부의 각부 장관, 경무총장, 철도국 장관, 통신국 장관 및 조선주차군(朝鮮駐箚軍) 참모장에게 이를 맡기고, 그밖에 위원은 조선총독부 고등관(高等官) 중에서 조선총독이 이를 임명한다.

제4조 　회장은 회무(會務)를 총괄한다.

　　　　회장에게 사고가 있을 시에는 조선총독이 지정한 위원이 그 사무를 대리한다.

제5조 　토목회의에 간사 2인을 두고 조선총독부 고등관 중에서 조선총독이 이를 임명한다.

　　　　간사는 회장의 지휘를 받아 서무를 담당·관리한다.

제6조 　토목회의에 서기를 두고, 조선총독부 농림학교는 농림업에

필요한 실무를 교습하는 곳으로 한다.

제7조 　농림학교에 아래의 직원을 둔다.

교장(敎長)

교유(敎諭)　　　　전임 4인　　　주임.

조교유(助敎諭)┐

　　　　　　　　전임 5인　　　판임.

서기　　　　　┘

제9조 　교장(敎長)은 권업모범장의 장장(場長)에게 이를 맡기고, 조선총독의 지휘·감독을 받아 교무를 담당·관리하고, 부하 직원을 감독한다.

제10조 　교유(敎諭) 및 조교유(助敎諭)는 교장의 명을 받아 교습을 담당한다.

제11조 　서기는 상관의 지휘를 받아 서무에 종사한다.

18. 명령(命令)과 벌칙(罰則)

조선총독부 경무총장(警務總長) 및 도장관(道長官)은 명령을 발하여 3개월 이하의 징역 또는 금고(禁錮), 구류, 100원 이하의 벌금 또는 과료(科料)의 벌칙을 부과할 수 있다.

조선 경무부장은 명령을 발하여 구류 또는 과료의 벌칙을 부과할 수 있다.

1910년 칙령 297호는 폐지한다.

19. 도장관(道長官) 이하의 임용

조선총독부 경무총장(警務總長)·도장관(道長官), 도참여관(道參與官)과 군수는 문관 임용령 및 고등관 관등 봉급령 제4조의 규정에 관계없이 학식과 경험이 있는 자들 중에서 문관 고등시험위원의 전형(銓衡)[91]을 거쳐 특별히 이를 임용할 수 있다.

20. 조선인의 주임(奏任)과 판임(判任)

조선총독부는 필요하다고 인정될 시에 조선총독부와 그 소속 관서에 각기 봉급의 예산 정액 내에서 조선인 주임관(奏任官) 또는 판임관(判任官)을 늘릴[92] 수 있다.

전항의 경우에 조선총독부는 주임관에 대해서 사전에 그 관명(官名) 및 인원을 갖추어 칙재(勅裁)를 받아야만 한다.

21. 조선인 관리 특별임용

제1조   조선인으로 본 법령 시행 시에 현직 고등관의 대우를 받고 있는 자는 특별히 이를 조선총독부와 그 소속 관서의 문관 으로 임용할 수 있다.

---

[91]   원문에는 '전형(詮衡)'.
[92]   원문에는 '증식(增殖)'.

제2조　조선인으로 구 한국정부의 고등문관의 직에 있는 자, 또는 구 한국정부의 고등문관과 동등의 자격을 가진 자는 당분간 문관 고등시험위원의 전형을 거쳐 특별히 이를 조선총독부와 그 소속 관서의 문관에 임용할 수 있다.

제3조　조선인으로 본 법령 시행 시에 현직 판임관의 대우를 받고 있는 자는 특별히 이를 조선총독부와 그 소속 관서의 판임문관에 임용할 수 있다.

제4조　조선인으로 구 한국정부의 판임관의 직에 있는 자, 또는 구 한국정부의 판임관과 동등한 자격을 가진 자는 당분간 문관 보통시험위원의 전형을 거쳐 특별히 이를 조선총독부와 그 소속 관서의 판임문관으로 임용할 수 있다.

제5조　조선인으로 조선총독이 정한 시험에 합격한 자는 이를 조선총독부와 그 소속 관서의 판임관으로 임용할 수 있다.

22. 조선 시행의 법률

아래에 게시한 법률은 이를 조선에서 시행한다.

一. 회계법

一. 우편법

一. 우편위체법(郵便爲替法[우편환법])

一. 철도선박우편법

一. 1900년(明治23) 법률 제21호

一. 전신법

一. 우편저금법

一. 도망범·죄인 인도(引渡) 조례

一. 외국선박 승조원의 체포·유치(留置)에 관한 원조법(援助法)

24. 각 도(道) 관할구역

조선총독부령 제6호

명 칭	위 치	관할 구역
경기도(京畿道)	경성(京城)	종래의 한성부와 경기도 일원
충청북도(忠淸北道)	청주(淸州)	종래와 마찬가지
충청남도(忠淸南道)	공주(公州)	〃
전라북도(全羅北道)	전주(全州)	〃
전라남도(全羅南道)	광주(光州)	〃
경상북도(慶尙北道)	대구(大邱)	〃
경상남도(慶尙南道)	진주(晉州)	〃
황해도(黃海道)	해주(海州)	〃
강원도(江原道)	춘천(春川)	〃
평안남도(平安南道)	평양(平壤)	〃
평안북도(平安北道)	의주(義州)	〃
함경남도(咸鏡南道)	함흥(咸興)	〃
함경북도(咸鏡北道)	경성(鏡城)	〃
경성부(京城府)	경성(京城)	종래의 한성부 일원
인천부(仁川府)	인천(仁川)	인천과 인천부 일원
군산부(群山府)	군산(群山)	군산과 옥구부(沃溝府) 일원
목포부(木浦府)	목포(木浦)	목포와 무안부(務安府) 일원
대구부(大邱府)	대구(大邱)	대구와 대구부 일원
부산부(釜山府)	부산(釜山)	부산과 동래부(東萊府) 일원
마산부(馬山府)	마산(馬山)	마산과 창원부(昌原府) 일원

평양부(平壤府)	평양(平壤)	평양과 평양군(平壤郡) 일원
진남포부(鎭南浦府)	진남포(鎭南浦)	진남포와 삼화부(三和府) 일원
의주부(義州府)	신의주(新義州)	신의주와 의주부 일원
원산부(元山府)	원산(元山)	원산과 덕원부(德源府) 일원
청진부(淸津府)	청진(淸津)	청진과 부령부(富寧府) 일원
성진군(城津郡)	성진(城津)	성진과 성진부(城津府) 일원
경흥군(慶興郡)	경흥(慶興)	경흥과 경흥부(慶興府) 일원
용천군(龍川郡)	용암포(龍岩浦)	용암포와 용천부(龍川府) 일원

25. 부군(府郡) 관할구역

이상 나열한 것 이외에 각부의 명칭·위치 및 관할 구역은 전부 종전대로 함.

제8장 조선의 구 사회조직

　1894년의 개혁[93]에 의해 모든 국민 계급을 파괴하고, 정치 법률상 만민평등의 권리를 향유할 수 있게 되었는데, 지금에 와서 특별히 조선의 사회계급에 대해서 논의해야할 필요는 없다. 그렇지만, 수세기 동안 답습해왔던 계급적 정신은 도저히 하루아침에 소탕(掃蕩)할 수 없다. 오늘에 이르러서도 여전히 전과 다름없이 양반, 중인, 상민 등의 구별이 있으며, 사회상으로 확실하게 차등이 설정되어 있는 상태이다. 그렇다면, 조선을 연구하는 데에는 더욱 이 계급제도가 변화해가는 형편을 알아두는 것이 필요하다.

　설사 이것을 현존하는 것으로 생각하지 않더라도 극히 최근까지 이렇게 묘한 제도가 단지 작은 물길이 갈라놓은 이 토지에서 행해지고 있었다는 것을 생각해보면 사회연구를 하는데 적지 않은 흥미를 느낄 수 있을 것이다. 특히, 조선 역대의 화란(禍亂)과 분요(紛擾)가 항상 이들 인민 계급의 알력에 원인이 있었다는 것을 염두에 둔다면, 이것을 역사상으로부터 인정하여 확실하게 연구 조사할 가치가 있다고 하지 않을 수 없다. 따라서 여기에 그 대요(大要)를 기술하여 훗날의 참고로 도움이 되고자 한다.

93　갑오개혁.

1. 양반(兩班)

 국민을 다섯 종류의 계급으로 나누어 양반을 그 최상위에 두기 시작한 것은 극히 근래에 정해진 제도로서 이성계의 창업 당시는 물론, 지금으로부터 수십 년 이전까지는 세 계급으로 구분된 것에 지나지 않았다.

 세 계급, 즉 귀족, 상민, 노예의 구별은 그 유래가 매우 오래되었고, 고려조 400년 사이에 이미 엄연하게 존재하고 있었던 것으로 이(李) 씨가 우연히 이것을 답습한 것에 지나지 않는다.

 당시의 귀족은 두 종류가 있었다. 하나를 서반(西班)이라고 하며, 또 하나를 동반(東班)이라고 부른다. 서반은 그 조상이 군주를 따라서 대업의 성취에 힘을 썼고, 군주로부터 일정의 토지를 받아 군주의 명에 의해 그 토지를 통치하며, 국가 유사시에 진력을 다할 필요가 있었기 때문에 평상시부터 약간의 병력을 소유하고 있는 자들이다. 동반은 어느 조정 때인가 오랫동안 세상이 태평스러워지기에 이르렀는데, 무인보다는 문관 세력이 강대해지면서 지방에서 무인들이 영유한 토지를 대신하여 지배하기 시작한 자들을 말한다. 따라서 이들은 그 일문일족을 열거하여 우월한 권력을 가지고 있으며, 보통 인민에 대해서는 거의 군신과 같은 관계를 맺고 있었다.

 후세에 토지 영유, 병력 사유 등의 권력은 소멸되었지만, 오랫동안 예전의 습성을 그대로 따랐기 때문에 여전히 지방에서 권문(權門)으로써 일임되어 방자하게 함부로 권력을 제 마음대로 다루고 인민에게 고통을 주었으며, 더욱이 조정 또한 다년간의 관례로써 개혁을 시행하려고도 하지 않았다. 오히려 그 세력을 조장하는 것으로 기울었던 결과 마침내 지금의 적폐를 빚어내기에 이르렀다.

2. 중인(中人)

양반과 상민의 중간에 있기에 붙여진 이름이다. 원래부터 양반과 같은 권세가 없다. 오히려 양반 때문에 거의 상민과 차이가 없을 정도로 깔보아 업신여김을 당하고 있었다. 그렇지만, 또한 과거에 응시하여 일정 부분 하급 관직을 담당할 수 있어서 상민과 다르다.

중인은 각종의 산업에 종사하는 것이 자유로워서 가령 관직을 얻지 못해도 양반과 같은 곤궁에 빠지지 않으며, 어느 누구나 모두 평화롭게 생활을 영위해 나간다. 생각건대 조선에서 경제적 세력은 주로 중인들 사이에 존재한다고 말하는 것도 불가한 것은 아니다. 고영희(高永喜)[94]와 같이 고려조의 유신(遺臣)으로 또는 중인의 족장(族長)으로서 경성의 조야(朝野)에는 놀랄만한 잠재된 세력들이 있다. 1894년 계급제도를 타파하게 됨에 따라 중인을 지향하는 자들이 매우 많았다.

---

94 고영희(高永喜, 1849~1916)는 일제강점기에 주일특명전권공사와 탁지부대신 등을 역임한 관료로서 정미칠적으로 일컬어지는 친일반민족행위자이다. 1907년 이완용 내각 때에 탁지부대신이 되어 통감 이토 히로부미(伊藤博文)가 헤이그 밀사사건을 구실로 고종의 양위를 강요할 때 적극적인 반대활동을 하였다. 그러나 한일신협약과 한국병합 조약체결에 주도적으로 협조하여 정미칠적, 경술국적에 포함되었다.

3. 상민(常民)

농상공민(農商工民)과 백정(白丁)을 말한다. 백정이라는 것은 우리나라의 히닌(非人)[95]·에타(穢多)[96]와 같고, 외국인으로 귀화한 자 또는 상민으로 생산의 길을 잃어버린 자들을 일컫는다. 이들은 절대로 관직에 취임할 수 없다. 만약에 막대한 자산을 가지고 있어서 한 번이라도 관리라는 영예를 얻으려고 한다면, 특별히 재산을 마련하여 양반의 신분을 사기위해 놀랄만한 거액의 자금을 투자하지 않으면 안 된다. 그런데 설혹 하나의 관직을 얻었다고 하더라도 어떠한 형태로든 훈공을 세우지 않는다면, 실상 정권에는 관계하고 있지 않으므로 그 이해득실을 보상받을 수 없다. 그 때문에 근대에 들어와서는 이러한 분에 넘치는 희망을 이루려고 하는 자도 없고, 모두 본래의 신분에 안주하여 일생동안 그 정권에서 어떤 사람인가를 이해하지 못하고 끝내는 형국이었다.

양반이 상민에게 대하는 태도는 불손하고 포악하여 실로 어이가 없어 말문이 막힌다. 경성과 같이 다소 문명적 공기가 혼입된 지역은 접어두고라도 전혀 외국인이 왕래하지 않는 지방에서는 상민을 거의 노예와

---

95 히닌(非人)은 일본 중세 때 특정 직능인과 예능인의 호칭이었으나, 점차적으로 피차별민이 되어갔다. 에도시대(江戸時代)에는 에타(穢多)와 함께 사농공상(士農工商) 밑에 있던 피차별 계층으로 형장의 잡역 등에 종사했다. 1871년 태정관(太政官) 포고로 평민이 되었지만, 사회적 차별은 계속 존속되고 있었다.

96 에타(穢多)는 일본 중근세 시기 천민 신분의 하나이다. 근세인 에도시대에는 히닌(非人)과 함께 사농공상 밑의 천민으로서 거주지도 제한 받는 등 부당한 차별을 받았다. 주로 피혁업에 종사하며, 범죄자의 체포와 죄인의 처형 등에 사역을 당하고 있었다. 1871년 태정관 포고로 평민이 되었지만, 이른바 '신평민(新平民)'이라고 불렸으며 사회적 파별은 지금도 잔존해있다.

같이 보고 있다. 금수(禽獸)와 같이 의식의 재료에서 노역의 힘에 이르기까지 모두 상민에게 공급시켜서 보살피지 않았고, 조금이라도 뜻을 거스른 점이 있다면 갑자기 감금하거나 그들을 구타함으로써 철저하게 복종시킨다. 그 잔학한 모습은 말로써 다할 수 없다. 지난해 '동학당(東學黨)의 난'과 같이 그것은 모두 반항을 목적으로 발생한 것이었다.

이와 같이 양자가 매우 현격한 차이가 있음에도 불구하고 정부는 여전히 상민에게 각종의 제재(制裁)를 부과하고 있으며, 상급자에 대해서는 언어까지도 일정한 경칭을 사용하게 하여 거의 일상생활 전부가 그 자유를 구속받고 있다. 그리고 만약에 그들이 제재를 면하려고 한다면 재산을 바쳐서 관직을 사거나, 아니면 대관(大官)에게 뇌물을 바쳐 동정을 청하는 수밖에 없었다. 따라서 부자는 이 수단에 의해 다소의 자유를 획득할 수 있어도 가난한 자는 도저히 이 포학(暴虐)함을 면할 수 없었다. 이리하여 일생을 다해 세상을 살아가면서 결코 하루라도 안도의 꿈을 꿀 수 없었다. 그 결과 많은 양반들이 살고 있는 도시에는 점차적으로 상민 거주자의 수가 줄어들었고, 조금이라도 생활의 평안을 유지할 수 있는 것을 바라며 앞 다투어 산간벽지의 지역으로 떠나기에 이르렀다. 해마다 두만강을 건너 러시아령으로 이주하는 자들의 수가 증가하고 있는데, 이것은 모두 그 때문이지 다른 이유는 없다.

지난 한 때 보부상(褓負商) 단체가 있었다. 상민 중에 마음이 곧은 사람이 양반의 전횡, 관헌의 포학을 방지하려고 정부의 허가를 받아 종횡으로 내지를 행상(行商)하였는데, 그 사업의 결과라는 측면에서는 불만한 것이 상당히 있었지만, 1894년 개혁과 함께 허가가 취소되었기 때문에 그 뒤에는 역시 단순한 상인으로서 그 어떤 것도 할 수 없기에 이르렀다.

지금은 병합이 이루어져 한결같은 모양으로 우리 제국의 국민이 되었기에 관리의 포악한 제도는 물론 양반의 강압도 역시 점차 감소하였지만, 이와 같이 다년간 관행으로 전해져온 신분상의 문제는 간단히 철거할 수 없다. 교육의 보급에 의거해 일반인의 지혜 발달을 기다려 비로소 제거[97]할 수 있을 뿐이다.

4. 노예

이것은 죄인 또는 죄인의 가족으로 몰수(沒收) 당했던 사람을 말한다. 돈과 곡식을 대여 받아 보상할 수 없는 경우에 그 대가로서 거두어들인 사람, 스스로 자진하여 몸을 파는 사람 등인데, 그 성격은 유럽의 여러 나라와 아무런 차이가 없어 일종의 재물로서 취급되며, 법률상으로도 사회상으로도 그 어떤 인격조차 인정되지 않는다.

노예제도는 극히 오래전부터 전해져왔는데, 고려조 당시 최고의 전성을 보였고, 일시적으로 공천(公賤. 관아에서 사역하는 자)이 60만 구(口), 사천(私賤, 사개[私家]에서 사역하는 자)이 26만 구(口)를 헤아린다.

조선왕조에 이르러 관비(官婢)의 수는 별로 증가하지 않았지만, 사노비(私奴婢)의 매매는 매우 번성하였고, 신분 있는 집에서는 앞 다투어 그들을 매입하였으며 서로 그 수가 많음을 가지고 자랑하기에 이르렀다. 이와 같이 사노비가 증가함에 따라 도망치는 자들이 얼마간 그 수가 증

97　원문에는 삼제(芟除).

가하였고, 정부가 여러 가지 제재를 부과해도 아무런 효과도 없이 해가 지날수록 도망자가 더 늘어났다. 그 [원인의] 하나는 소유주의 학대와 연관되어 있지만, 또 다른 하나는 한 번 도망쳐서 성공한 자에 대해서는 세간에서 이들을 상민의 예로 대해주었기 때문이다. 풍공(豊公)[98]의 정한(征韓) 이후에 조야(朝野)가 크게 곤궁하여 노비 지망자들이 상당히 많았기 때문에 그 가격이 소 한 마리와 노예를 교환할 정도로 저렴하게 되었다.

노예 입장에서는 상민에게 소유되는 것보다 귀족 또는 관리에게 팔리는 것을 행복으로 여겼다. 이는 전자의 노예는 힘을 다해 주인을 위해 노무에 복종해야 하고, 주인이 안온(安穩)의 경지에서 생활하도록 하지 않으면 안 되었다. 게다가 후자는 그 신분상 [귀족 또는 관리이기 때문에] 노예인 자에 대해서 이렇다 할 정도의 요무(要務)가 없었다. 또한 그 신체가 관리의 밑에 있었기 때문에 상민으로서 받아왔던 관헌 폭압의 고통이 없었다. 상민의 노예 지원자 중에는 관리의 잔학을 면하기 위해 노예가 되고자 특별히 양반에게 뇌물을 주려고 하는 자도 있었다. 그들에 대한 대우에서도 전자는 약간 가혹하지만, 후자는 대개 인자하여 보통의 고용인과 그 어떤 차등을 두지 않았는데, 이점은 유럽의 노예제도와 비교해서 오히려 상당히 진보한 것이다. 때문에 간혹 가다가 어떤 사람이 이를 해방시키려고 한 적도 있었지만, 주인집에 대해서 참된 마음가짐을 가지고 깊이 연모해 오랫동안 머물 것을 희망하여 [노예를] 그만두지 않는 자도 있었다. 그렇기 때문에 지금은 조선 상민들의 생활이 곤궁해진 것을 헤아려야만 한다.

98   도요토미 히데요시(豊臣秀吉)를 말한다.

제9장 조선인의 기질(氣質)

조선인에 대해서 상당히 퇴보한 인민처럼 말하는 것은 매우 사정에 어두운 것이다. 그들의 재능과 지혜 및 정력(精力)에 대해서는 다른 문명 인과 조금도 다를 바 없다. 가끔 연약하고 세상 물정에 어두워 어리석은 모습을 보이는 것은 다년간 관헌과 양반의 폭제(暴制)에 고통을 받아 자신도 모르는 사이에 여기까지 이르렀기 때문이지 원래부터 그들의 타고 난 성질이 아니다. 태장(笞杖)[99]과 고문의 형벌에 처해지면서도 신색자약 (神色自若)[100]으로서 그 고통을 잘 참았고, 또한 군대에 채용되어 마지막 까지 곤궁과 궁핍에 인내하였다. 한편에서는 정력을 왕성하게 행하고, 사람들과 교류하며 그들과의 거래에서 자유롭게 기선을 제압하여 이익 을 획득한다. 그리고 기능에 능숙하고, 시기를 생각하여 기묘하게 실패 를 사전에 방지하는데, 이것 역시 그들 모두가 재빠르고 영리한 성질을 행한 바이지 다른 이유는 없다.

호방(豪放)[101]한 기질, 날쌔고 용감한[102] 기력이 부족한 것 또한 다년간 사방이 둘러싸여 있었던 사정으로 제지를 당하고 있었기 때문인데, 조금 이라도 자유의 여지를 부여해야하지 않겠는가. 그 어떤 것도 내지인에

---

99 예전에 태형(笞刑)과 장형(杖刑)을 함께 이르던 용어로 태형은 태장으로 볼기를 때리는 형벌, 장형은 곤장으로 볼기를 때리는 형벌을 말한다.

100 큰일을 당하여도 침착하여 안색이 변하지 않는 일.

101 기개가 있고 작은 일에 거리낌이 없음.

102 원문에는 정한(精悍).

비해 손색이 있다고 할 수 없다. 그렇기에 조선인 중에서 일본으로 건너
왔던 어떤 한 사람과 대화를 해보았다. 한마디 한마디가 모두 풍상(風霜)
의 기운이 있고, 사람으로 하여금 스스로가 미우(眉宇)[103]를 들어 올릴 정
도로 기억나게 한다. 이것은 조선인 본래의 면목(面目)에서는 멀리하는
바인데, 그 고국에서 세상 물정에 어둡고 어리석어 게으른[104] 모습을 행
하는 것은 때 마침의 세태가 그렇게 만든 것과 다름없다. 생각건대 종래
그들의 경우에는 불쌍히 생각해야 하고, 관헌 당국의 조치는 미워해야
한다. 그렇지만 역시 결점과 나쁜 점이 여기에 없다고는 할 수 없다. 아
래에서 그 장단점에 대해 한마디 해보겠다.

1. 온량(溫良)

조선인은 하나같이 온순하다. 더욱이 자신을 해하지 않는 이상은 자국
민과 타국민의 구별이 없고, 한결같이 상당히 온후한 태도로써 접하며,
또한 신뢰하여 털끝만큼도 의심을 품지 않는다. 그렇기에 세계의 비문명
국 중에서 조선은 가장 순화(馴化)시키기 쉬운 체제라는 것을 다수의 선
교사 등이 주장하고 있는 것이다. 개항장 부근의 주민 중에는 간사한 꾀
에 뛰어나고 교활한 자가 적지 않지만, 조선인 전체라는 점에서 말하면
그들은 극히 소수의 일부분에 지나지 않는다. 시기와 의심[105] 및 허위가

---

103   이마와 눈썹 언저리.
104   원문에는 우우소라(迂愚疎懶).
105   원문에는 시의(猜疑).

심한 것은 그들 보통사람보다는 오히려 귀족과 관리들 사이에 더 많다.

2. 우애(友愛)

이것 역시 조선인의 큰 미풍의 하나로서 모든 혼례·장례식 등의 의식 또는 화재와 그 밖의 천재지변 때에는 단지 친척이나 혈육뿐만 아니라, 여력 있는 사람은 모두 그곳으로 가서 구조에 힘을 쏜다. 또한 어떤 한 사람이 가옥을 신축하려고 하면 가까운 주위 사람 모두가 와서 그것에 조력하고, 어떤 경우에는 석재의 운반이나 재목을 가져오기도 하며, 혹은 노력을 공급하는 등 친절이 미치지 않는 곳이 없다. 또한 한 마을의 노인 중에 매우 빈곤한 자가 있을 때에는 각자 의류와 식품을 증여하고, 병자가 있는 집에 대해서는 의사와 약물의 주선부터 전포(田圃)[106]의 처리까지 조력하며, 더욱이 조금이라도 보수를 받으려는 마음이 없다.

여행객을 환대하는 것도 또한 조선 이외에서 볼 수 없는 미풍으로 어떠한 빈곤자라고 하더라도 내일의 먹을 것만 충분하다면 여행객을 불러들여 음식과 숙박을 제공하는데, 풍우와 질병 등으로 수일을 그 집에서 지내더라도 결코 성가시게 느끼는 풍습은 없다. 이것은 단순히 그들이 객(客)을 좋아하는 특성에서 나온 것이 아니다. 객을 우대하는 것은 인류 상호의 극히 신성한 의무라는 믿음에서 나온 것으로 만약에 집에 여분의 음식[107]이 있으면서도 이에 대한 접대를 게을리 했을 때에는 마을의

---

106 채소를 심고 가꾸는 밭.
107 원문에는 '여축(餘蓄)'.

더없는 치욕으로 여긴다.

　어떤 사람의 집에 경사가 있어 주연(酒宴) 등이 열렸을 경우에 주변 사람은 초대받지 않았는데도 그 자리에 참석하여 왕성하게 음식을 먹는 것이 보통이다. 그들이 가까운 이웃집이나 이웃 사람들과 서로 친하게 지내는 정의(情誼)[108]를 돈독히 하는 것은 실로 높이 평가할 만하다.

3. 폭음(暴飮)과 폭식(暴食)

　이것은 그들 스스로가 매우 호쾌한 것으로 생각하고 있으며, 전혀 나쁜 일이라고 생각하여 행하는 것이 아니다. 그렇지만 분명히 그들이 가진 결점 중에서 가장 큰 것이라고 말하지 않을 수 없다. 그들의 평생은 대부분 음식을 위해 일하고, 먹기 위해 생활하는 자들로써 끊임없이 음식을 준비해두고, 그 음식을 먹는데 참으로 꽤 분주하다. 한마디도 하지 않고, 한 번의 대화도 섞지 않은 채 충분히 먹었는데도 멈추지 않는다. 그럼에도 불구하고, 식후에 또 그 어떤 곳에 식사할 일이 있는 곳에 참석하게 되면, 어떠한 경우라도 사양하는 일이 없이 열심히 그것을 먹는다. '우식마식(牛飮馬食)'[109]이라는 용어가 조선인에게는 형용사로 없기에 오히려 사실로 보인다. 과일의 경우, 다소 품위를 지키는 것인데도 역시 2·30개를 먹는 자가 적지 않다. 음주의 경우, 정말로 숙취한 지경에 이르러도 만족하지 않는다. 귀하고 높은 지위를 가진 사람으로서 아주 여

108　서로 사귀어 친해진 정.
109　폭음과 폭식을 말함.

러 번 만취[110]하여 지각(知覺)을 잃어버리기에 이르는 자도 드물지 않다.

4. 유일(遊逸)[111]

그들은 저축심이 부족함으로써 많이 얻을수록 더 많이 쓰고, 그 위에 저축할 마음도 없다. 따라서 남은 재물이 있다면, 느긋하게 유일(遊逸)을 편안히 즐기는 것이 일상이다. 특히, 조선인에게는 말이 많다는 버릇이 있다. 노상에서 두 세 사람이 회합하게 되면 이미 한바탕의 회화회(會話會)가 열려 일상의 사건 또는 한성과 그 밖에 대도시의 풍문담을 가지고 시간을 보내는 것이 일상이다.

5. 풍기(風紀)

조선에서 최대의 결점은 풍기의 퇴폐이다. 즉, 인륜과 절조(節操)[112] 등의 관념은 조선인들 사이에 거의 존재하지 않게 되었다. 술 두레박[113]을 손에 들고 길의 양쪽 옆에 서서 지나가는 행객에게 매음(賣淫)을 권유하는 자들이 많았고, 보통 민가의 부녀에 이르러서는 어떤 사람도 놀라하

110　원문에는 낙정(酪酊).
111　일은 안하고 제멋대로 노는 것.
112　절개와 지조를 아울러 이르는 말로 신념을 굳게 지켜 바꾸지 않는 것.
113　원문에는 주관(酒鑵).

지 않는다. 한편, 지방에서는 여행객 중에 여자가 있으면 반드시 붙잡아서 뜻에 따르게 하는 풍습이 있다. 그리고 최초로 발견한 자의 선점에 따라 첫 번째로 음욕(淫慾)을 즐기는데, 그로부터 촌민들은 점차적으로 자신의 집에 숙박시켜 침상 곁에 가까이 있게 하였다. 더욱이 그 부녀자는 이에 대해서 그 어떤 치욕이라고 생각하지 않고, 부끄러워서 남을 대할 낯이 없다고도 생각하지 않으며, 극히 태연하고 자연스럽게 임한다. 음예(淫穢)[114]를 말하는데도 참을 수 없는 것이 있다.

7세가 되면 남녀가 한자리에 같이 있지 말라는 공자의 가르침을 엄수하지만, 실제는 외형상뿐이다. 대가(大家)의 부녀자가 항상 별방에 기거하면서 남자의 왕래를 차단시킨 것을 이용해 정부(情夫)를 부녀의 손님으로 보이게 하고 교여(轎輿)[115]에 태워서 그대로 짊어지고 자신의 방으로 들여보낸 후 안에서 문을 잠그고 자신 마음대로 음욕을 채우는 것과 같은 일이 공공연한 비밀로서 도처에서 행해지고 있다.

---

114   음란하고 더러운 것, 또는 외설적인 것.
115   조선시대 왕실이나 고관, 지체 높은 부녀자들이 타던 수레나 가마.

제10장 부인의 지위

일본의 조선이 되어버린 오늘날에는 말할 것도 없이 부인의 지위에도 커다란 변화가 와야 하지만, 병합 후 일상에 엷게 드리워진 조선 내부의 생활 상태로서는 지금 당분간 옛 상태를 존속시켜 보는 것이 좋을 것 같다. 즉, 아래에 그 한 부분을 소개해 보겠다.

조선의 부인과 타국 부인의 생활상 가장 특수한 점은 별방(別房)에 칩거하여 다른 사람의 출입을 허가하지 않는 것에 있다. 이것은 조선 부인의 큰 권리 중의 하나인 동시에 큰 의무 중의 하나이다. 특히, 그 출입 금지에 대해서는 엄격한데 적어도 신분이 있는 자의 아내와 딸 중에는 일생을 자기의 남편 이외에 다른 남자의 면상을 보지 못하고 끝내는 것도 적지 않다. 이것과 동시에 또한 자신의 남편 이외에는 가령 관헌이라고 해도 자신의 방안에 한발자국도 들이는 것은 허락되지 않는다. 때문에 범죄자로서 일단 이 방안으로 달아나 숨어버릴 때에는 어떠한 경우라도 손을 쓸 방책이 없다. 이들 부인이 외출하려고 할 때에는 일일이 남편의 허가를 받지 않으면 안 된다. 그리고 방안에서부터 가마를 타던지 또는 헝겊 등으로 얼굴을 깊게 가리고,[116] 설령 귀부인 등이 외출을 하더라도 외부에서는 절대로 어떤 사람인지를 알 수 없다. 만약에 집에 있는데, 남자의 방문객이 있을 때는 당황하여 방안으로 피하여 숨고, 결코 모습을 드러내지 않는다. 따라서 그 어떠한 친한 사람이라고 해도 조선인의 가

116　원문에는 '복면(覆面)'.

정에서 그 주부되는 사람을 만나서 이야기하는 일은 없다.

이와 같은 사정이기에 조선의 부인은 일생동안 감옥에 갇힌 생활을 하게 되고, 거의 바깥 세계의 더러움에 물들지 않는다고 하지만, 실은 매우 그렇지 않다. 이들 부인 방의 사방 벽에는 간혹 작은 틈새의 구멍 같은 것이 보인다. 이것은 남자가 왔을 때 방안에서 살펴보는 곳으로 조금이라도 주인의 감독이 허술하다면, 곧바로 방안에 끌어들여 음행(淫行)[117]의 추한 모습을 드러내는 것을 꺼리지 않는다. 외견상으로는 엄격하게 보이는지만, 그만큼 내용에서는 매우 문란하다.

적법하게 결혼한 여자는 모두 남편에 속하는 신분과 지위를 향유하고, 가령 남자라고 해도 남편보다 연소의 사람이라면 그에 대해서 연장자[118]가 된다. 또한 남편이 사망하여 상속자가 없을 때에 남편의 자산은 모두 처(妻)의 소유로 돌아가며, 어떤 사람도 간섭하여 말참견하는 것이 허락되지 않는다. 이러한 것 등은 거의 문명국에서의 제도와 동일하다.

옛날에는 과부가 되었을 때 일생동안 재혼할 수 없는 풍습이 있었지만, 근대에 들어와서 이 풍습은 멈춘 것과 다름없다. 다만, 조선인들 스스로 허영을 자중하는 마음에서 재혼하는 것에 대해 억누르는 풍습이 있지만, 금일에 이르러서는 생활의 곤란 때문에 거의 독신으로 지내는 사람이 없으며, 젊은 부녀자들은 오히려 급하게 재혼하려고 하는 경향이 생기고 있다.

옛날에는 법률로서 과부에게 재혼을 금지했었는데 친척에게 소외당

---

117 음탕하고 난잡한 짓.
118 원문에는 '존장자(尊長者)'로 존장(尊長)은 일가친척이 아닌 사람으로서 자기보다 나이가 많은 것을 의미한다.

하고, 생활은 곤란하여 이른바 무미한 세월 속에서 홀로 살아갈 수밖에 없었던 결과, 결국에는 자살하는 사람도 생기게 되었다. 또한 간혹 가다가 과부의 고독이라는 상황을 이용하여 불령(不逞)한 무리들이 이들을 탈취하여 사라지기도 했다. 게다가 이 경우 나라의 습관으로 인해 이를 되돌리려고도 하지 않아 과부로서는 일생을 첩과 같은 신세로 살 수밖에 없었는데, 이에 대한 금지를 성종왕(成宗王) 시대에 없앴다고 한다.[119]

축첩(蓄妾)은 조선인에게 보통의 일인데, 여유의 재산이 적은 자가 첩을 두는 것은 거의 드물다. 남녀가 서로 몰래 정을 나눈 사통(私通)의 결과 자유롭게 [여성을] 인수하는 형태로 금전을 지불해 가난한 집의 여성을 매입하는 것이 있다. 지체 높은 사람이나 부호들은 대개 수명의 첩을 두고 밤낮을 황음(荒淫)[120]으로 일삼는다. 이 결과 표면적으로는 고요하고 평온하지만, 내면적 측면에서는 가정에 질투와 시의(猜疑)가 가득차 있어 참다운 부부간의 애정 등은 꿈에도 볼 수 없게 되었다. 그 정해진 법규에 따라 혼인한 딸이나 아내는 전술한 바와 같이 엄격한 감독 하에 있으면서 음예(淫穢)와 추행에 다다를 수밖에 없다는 것, 이것 또한 당연하다고밖에 말하지 않을 수 없다.

---

119   조선시대 성종 때에 『경국대전(經國大典)』에 재가하는 부인의 자손은 과거에 응시하지 못한다는 조문을 제시하여 과부의 공식적인 재혼을 금하였다.

120   함부로 음탕한 짓을 하는 행위, 또는 음탕한 짓을 어지러이 행하는 것.

제11장 친자관계

조선의 친자관계에 대해서는 주목할 만한 가치가 많다. 지난날까지 정부에서도 부모를 공경하는 것을 사람의 최고의 선행으로 여기는 방침을 취하였고, 부친을 잘 섬기는 사람에게는 상을 주었으며, 관문(關門)에 표시하였다. 또 때로는 전각을 세워 그것에 제사를 지내는데, 그 때문에 지금에 이르러서도 여전히 자식의 부친에 대한 언어와 태도의 은근하고 간절함은 실로 우리들 상상 밖의 일이다.

부친에 대해서는 첫 번째로 언어를 선택하지 않으면 안 되는데, 잠시라도 버릇없는 언어로 장난을 치면, 부친은 어떠한 처벌을 가해도 무방하다. 또한 부친 앞에서 앉아서 담배를 피우거나 즐겁게 장난치는 것[121]을 허락하지 않는다. 부친이 차려진 음식을 들면 삼가 그 곁에서 기다리고, 부친이 병에 걸리면 밤낮을 그 침상에서 떠나지 않는다. 부친이 만약에 범죄로 인해 감옥에 가게 된다면 재빨리 그 인근에 가서 물품을 공급하고, 그밖에 위안되는 일을 모색하지 않으면 안 된다. 우선 무엇보다도 죄과가 중하여 다른 지방으로 유배되는 경우에 이르러서는 반드시 멀리까지 그 길을 배웅하던가, 또는 뒤쫓아 따라가서 그 선도(先導)를 끝까지 지켜보지 않으면 안 된다.

그리고 이것은 이미 지나간 과거에 한국 조정이 수차례 장려한 바로써 어떠한 관직에 있더라도 부친이 타향에서 고향으로 돌아온다고 말하

---

121 원문에는 희희(嬉戱).

면 즉각 이를 듣고 받아들였으며, 또한 부친이 사망하여 상복(喪服)에 있는 사이에는 어떠한 집무(執務)도 강제하지 않는다.

따라서 부모가 자식을 사랑하는 것 역시 지나칠 정도인데, 이와 같이 자식의 자유를 속박하기 때문에 많은 집안에서는 별방을 만들어 자식에게 몸을 맡겨 독서하는 것도 누워 자는 것도 모두 자식의 뜻에 따르고 있다. 또한 [자식이] 질병 등에 걸렸을 때는 가령 위험한 전염병일지라도 몸소 간호하여 게으름을 피우지 않는다. 아무리 의식에 궁핍하여도 아이를 버리지 않으며, 많은 자녀를 얻으면 얻는 만큼 자식이 많아서 복이 많다고 하여 만족해서 기뻐하고 즐거워한다. 이러한 점들은 우리 내지인들이 보고 귀감으로 여겨야할 할 것이다. 그러나 그 자식을 너무나 과도하게 제제하여 속박하는 것은 그 자식의 발육적인 관심에서 본다면 상당히 참기 힘든 점이 있다. 이러한 것들은 병합과 함께 저절로 개선되어갈 것이라고 확신한다.

제12장 가옥 및 가정

　조선의 가옥이 불결하고 불완전하다는 것은 거의 상상 밖의 일이다. 어떤 사람은 집이 아니라 구덩이라고 말하고 싶은 정도인데, 실제 조선의 가옥을 볼 때 아주 옛날 미개시대(未開時代) 사람들의 생활 상황을 생각하게 한다. 매우 거칠게 만든 장벽(障壁) 위에는 갈대 또는 갈대를 덮은 모양으로 가까이에서 보면 회소옥(灰小屋)[122]의 약간 큰 형태인 것 같지만, 멀리서 보면 부들(茸)[123]이 한 곳에서 군생하는 모습과 비슷하다. 이 낮고 작은 집에서 여느 때와 같이 백의(白衣)에 검은 갓을 쓰고 느긋하게 나오는 모습은 어떻게 보아도 지금 세계의 모습이라고는 보이지 않는다.

　경성과 그 이외의 대도시에서 약간 큰 건축물을 보아도 대개 관아나 사원 또는 학교로서 보통 민가에서는 2층 건물 등의 훌륭한 저택을 볼 수 없다. 다만, 평양과 의주에서는 기와로 지붕을 이은[124] 집들이 많기 때문에 남방 가옥의 체재(體裁)와는 달리 어느 정도 정돈된 것 같이 보인다.

　건축은 극히 간단하여 그 어떤 시간을 들이지 않는다. 몇 개인가의 나무기둥을 세우고 여기에 대나무 부스러기와 그밖에 것을 묶어두고, 입구

122　일본에서 '하이고야(灰小屋)'라고 하며 재(灰)를 모아두는 작은 건물(小屋)을 말한다.

123　부들과에 속하는 여러해살이풀로 원산지는 한국·중국·일본·필리핀 등의 아시아이다. 한국에는 전국적으로 분포하며, '큰부들'과 '애기부들'이 있다. 열매 이삭은 긴 타원형이며 붉은 갈색이다.

124　원문에는 '와즙(瓦葺)'.

를 제외한 일면에 진흙을 발라 세우는데, 여러 곳에 작은 창을 설치해 공기를 유통시키고 집안에 광선을 들인다. 지붕은 갈대 또는 띠(茅)[125]를 이용해 1촌(寸) 정도의 두께로 지붕을 잇고, 그 위에 엉성한 짚대 같은 것을 덮는다. 집안의 높이는 사람의 키가 들어갈 정도에 지나지 않는데, 따라서 방의 입구는 남자가 몸을 굽히지 않으면 출입할 수 없다. 내부에는 지면으로부터 2척(尺) 정도 높은 곳에 바닥을 설치하고, 그 밑에는 몇 단인가의 작은 도랑을 뚫어서 그 한 끝 쪽에 불을 때는 곳을 마련하는데, 겨울철에는 [그곳에] 불을 붙여 불기를 도랑 안으로 들여보냄으로써 바닥 위가 따뜻해지도록 한다. 그리고 불을 붙이는 입구에 화덕을 설치해 취사에 이용한다. [방의] 바닥 위에는 기름종이를 깔아두지만, 대개는 갈대로 만든 자리를 깔아 그 위에서 생활한다. 집안의 벽은 한 면에 글씨 따위를 써서 못쓰게 된 종이나 오래된 신문 등을 붙여두고 있는데, 우리 내지에서 만든 미닫이문에 바르는 종이[126] 또는 색종이[127]를 이용하고 있는 사람도 있지만, 이것은 부유하지 않으면 할 수 없는 것이다. 가장 하등의 집은 그야말로 황야(荒野) 그 자체로 어떠한 설비도 없고, 거미와 파리, 그리고 기타 벌레들이 곳곳에 기어 돌아다니는데, 그 불결함은 정말로 구역질을 불러일으킨다. 요컨대 조선인의 가옥은 해석해보면, 단지 비와 이슬을 피할 수 있는 곳을 만든 것과 같아 도저히 상식적으로 판단할 수 없다.

---

125 지붕을 잇는데 이용하는 초본(草本)의 총칭.

126 원문에는 오지(襖紙). 일본어로 '후수마가미'라고 하며, 일본 미닫이문의 마무리 도배에 사용하는 종이를 말한다.

127 원문에는 천대지(千代紙). 일본어로 '치요가미'라고 하며, 일본의 색종이 또는 삼베의 잎사귀나 노루 문양 등 각종의 모양을 색판 인쇄한 수공용 종이를 말한다.

이와 같은 상태에서 가정은 남녀가 함께 섞여 들어가 있어 상당히 혼잡하지만, 그 점은 전술한 바와 같이 남녀 간의 거리가 엄격하기 때문에 거의 일가(一家)가 단란히 서로 즐겁게 생각하는 일이 없이 매우 조용하고 냉랭하다.

우선 남자는 아침에 일어나 세면이 끝나면 평소의 관모를 쓰고, 긴 담뱃대를 지니고 이곳저곳의 객실에 들어가 잡담을 즐기며 식사 때가 되면 집에 돌아갔다가 또 다시 나와서 하루를 담소하면서 보내는데, 태평함도 정말 여러 가지이다. 여기에서 객실이라고 칭하는 것은 내지에서 이른바 응접실 또는 구락부와 같은 곳으로서 대체로 집에 이것을 마련해두고, 그 어떤 사람도 말을 하지 않고 자유롭게 출입하며 즐길 수 있다. 그런데 이 장소는 남자 전용에 속하며 여자는 절대로 출입할 수 없다. 또한 조선의 가정에서는 차를 이용하는 일이 없어 손님에 대해서도 대단한 신분의 집이 아니면 차를 내오지 않는다. 담배를 권하는 것을 상례(常例)로 삼는다.

제13장 의복

가정이 정돈되지 않고 불결한 것에 비해 무슨 일인지 의복은 매우 우아하고 아름다운 동시에 청결하여 놀랄 만큼 발달·진보해 있음을 볼 수 있다. 따라서 조선 부인들의 재봉에 대한 수완은 아마 내지인보다도 솜씨와 재주가 뛰어나며, 예사롭지 않은 의복조차도 재봉틀의 바늘이 움직이는 것과 같이 정밀하다. 저고리(上衣)는 통소매로 남성용은 몸통이 길어 허리부분까지 늘어져 있고, 여성용은 몸통 부분이 짧아서 겨우 가슴을 가리는 정도에 지나지 않는다. 따라서 여자는 별도의 브래지어[128]와 같은 것을 입는다. 바지(下衣)는 양복바지 밑자락을 조인 것과 같은 것으로 가는 끈을 이용해 허리부분에 묶어두며, 두루마기(外衣)는 양복의 외투 그자체로서 약간 넓을 뿐이다.

또한 치마는 몸에 두르는 것으로 여자에 한하여 사용한다. 별도로 쾌자(戰袍)[129]로서 소매가 없고, 하오리(羽織)[130] 같은 것이 있는데 예장(禮

---

128 원문에는 흉의(胸衣).

129 조선시대 때 관복이나 군복으로 입었던 소매가 없는 조끼 형태의 한복으로 답호·배자·몽두리 등과 형태가 비슷하다. 조선 초에는 군신이 철릭 위에 입었으나, 후에는 하급 군속 및 조례의 제복(祭服), 무동(舞童)이 검기무(劍器舞)를 출 때 입는 무복(舞服)으로 착용하였다.

130 하오리(羽織)는 외출할 때 입는 골반이나 넓적다리까지 내려오는 일본의 전통 겉옷이다. 이것은 유카타(浴衣)처럼 깃을 여미지 않으며, 깃이 열린 상태로 입거나 끈으로 깃을 연결하여 입는다. 남성과 여성 모두 입을 수 있으나, 여성은 예장(禮裝)으로 입을 수 없다.

裝)[131] 때에 사용한다. 또한 처네(覆布)[132]는 여자가 외출할 때에 사용하는 것으로 얇은 직물로서 하오리와 같이 만들어져 있다. 유신(維新) 이전에 우리 내지의 부인들이 사용하는 가쓰기(被衣)[133]라고 본다면 틀림없다.

이상의 의복은 춘하추동 모두 대개는 백색의 무늬가 없는 것으로서 비단은 절대로 사용하지 않는다. 다만, 부녀자 중에 20살 안팎의 사람, 또는 이전의 관기(官妓) 등은 채색된 천(色物)을 사용하는 경우가 적지 않다. 물색, 노란색, 분홍색, 빨간색, 자주색 등 가장 그들의 기호에 잘 맞는 색상들이다. 중류 이하는 대개 무명옷이고, 중류 이상 또는 관직에 있는 사람들은 대부분 명주를 사용한다. 띠(帶)는 폭이 2촌(寸) 5장(丈) 5척(尺) 정도의 진전축(眞田紐)[134]으로 근래에는 오로지 일본 내지에서 만든 것을 사용한다.

요컨대 서양 복장에 비해서 거의 손색이 없다. 설혹, 아무리 달리더라도 내지인과 같이 정강이를 드러내는 추태는 없고, 관모와 겉에 입는 옷 등은 아름답게 조화를 이루어 품격이 높고, 언뜻 보면 예의의 국민이라고 생각하게 한다.

사람을 접할 때 의관을 바르게 하고, 남자는 평생 동안 의관을 바로 잡아야한다고 말하는 것에서 알 수 있듯이 이점은 조선인의 진면목으로

---

131 예복을 입고서 위엄 있고 엄숙한 태도나 차림새를 갖춤.

132 조선 후기 서민층 부녀자들이 방한을 겸하여 쓰던 내외용 쓰개로 장옷에서 파생된 것으로 보이며, 형태는 작은 치마와 같이 네모진 폭에 맞주름을 깊게 잡아 허리와 끈을 달았다. 또, 장옷보다 짧고 폭도 좁으며 소매가 없다.

133 헤이안시대(平安時代) 이후에 등장했으며, 여자가 외출할 때에 옷을 머리에서부터 뒤집어쓰는 풍습 때문에 만들어진 옷이다.

134 일본어로 '사나다히모(眞田紐)'라고 하며, 폭이 좁게 짠 비단이나 무명의 띠를 말한다.

서 삼가 지키려고 하며, 이를 실행하는데 예의(銳意)하여 계속 노력하고 힘쓰고 있음을 볼 수 있다. 이 점에서는 본다면 내지인은 무례하기 천만 없다. 외관을 화장하는 것은 도저히 내지인이 따라가고자 해도 이룰 수 없다.

그러나 그들이 객실 또는 길 한편에 웅크려서 긴 담뱃대를 물고, 쓸데없는 잡담으로 몸의 모습을 흩트리고 있는 것을 보면 약간 추악(醜惡)하다는 생각을 금할 수 없다. 무엇이든 사대주의와 형식주의의 국민으로 마음을 한 곳에 쏟아 의관을 바로 하는 것은 알면서도 그보다 진일보한 일신(一身)의 예법에는 개의치 않는다. 모순도 또한 그 정도가 심하다고 할 수 있다. 원래 각기 나라 사람들을 위해 존경의 마음을 가지고 맞아들이지 않더라도 참으로 어쩔 수가 없는 것이 있다. 즉, 조선인은 '의관(衣冠)의 인민'이지만 예절 바른 인민은 아니다.

제14장 관모(冠帽)·안경·반지

모(帽)는 보통 사람의 이른바 모자(帽子)의 의미로써 머리에 뒤집어쓰는 것이 아니다. 조선인의 '모'는 일종의 예식용으로서 또는 혼례 전과 혼례 후의 대표적인 상징과 같은 것이다. 때문에 내지인의 눈에는 단순히 흑색의 큰 모자를 쓴 것과 같이 보이더라도 자세히 살펴보면, 제일 밑에 쪽에 탕건(宕巾)[135]으로 모발이 흐트러지는 것을 방지하기 위한 것을 두르고, 그 다음에 망건(網巾)[136]으로 신분을 표시하는 것을 머리에 대며, 세 번째로 갓(笠) 즉, 예의 커다란 원형으로 된 검은 갓(烏笠)을 머리에 쓴다.

이 관모(冠帽)에는 상하의 여러 가지 품목이 있다. 통상적으로 깎은 대나무를 엮어서 골격으로 삼고, 이것을 베(絽)나 비단(絹) 또는 삼베(麻)를 붙여서 염색한다. 드물게는 말꼬리를 가지고 짜는 것도 있지만, 그 가격이 매우 높아서 보통 사람들 사이에서는 사용하지 않는다. 그러나 탕건과 망건은 모두 말의 털 또는 명주실을 가지고 만든다.

안경도 역시 조선인의 필수품으로서 남자는 대개 이것을 사용한다. 테두리는 자라의 등껍질(鼈甲)로 하고 안경알은 수정이 많다. 반지도 역시 장식품 중에서 귀중한 것으로 부자들은 큰돈을 투자해 제작한다. 형태는 대체로 거대하게 만들고 조각 등을 넣지 않는다. 한 손가락에 한 쌍을 끼우는데 이것을 관례로 삼는다.

---

135   예전에 벼슬아치가 갓 아래 받쳐 쓰던 관.
136   상투를 튼 사람이 머리카락이 흘러내려 오지 않도록 머리에 두르는 그물 모양의 물건.

제15장 음식

　　조선의 먹거리는 재료 측면에서 거의 내지와 상이한 점이 없고, 쌀과 보리를 주요한 것으로 삼으며 보리(大麥), 조(粟), 콩과 팥(大小豆), 피(稗) 등을 또한 섞어서 사용한다. 부식물은 육류로서 소·돼지·양 등을 가장 진기하고 귀중히 여기며, 드물게 개고기와 같은 것도 그 맛을 칭찬하면서 먹는다. 어육으로는 특히 명태를 가장 중요한 것으로 삼는다. 야채로서는 배추를 제일로 여기고 무청, 무, 콩나물 등 여러 가지가 있다. 그 요리법은 전혀 내지와 취향을 달리하는데, 소고기와 같은 것은 가끔 머리 그대로 통째로 삶아 고추를 뿌려서 그 국물을 마신다. 또한 오장육부를 찌어 식염을 뿌려서 먹는 것도 유행하고 있다. 명태와 그 이외의 어육은 대략 건어물로 만드는 경우가 많으며, 생고기는 고깃살도 벗겨내지 않고 통째로 삼키는 사람이 많다. 야채를 삶을 때에도 매운 맛을 추가하는 것을 좋아하고, 고추와 후추 및 생강과 같은 것을 반드시 이용한다. 따라서 [여기에] 길들여지지 내지인들은 거의 한 젓가락도 댈 수 없다. 특히, 부추 또는 달래를 푹 삶는 경우가 많은데, 냄새가 뒤섞여 집밖으로 새어나와 길거리의 행인들은 늘 코를 막고 지나가지 않으면 안 된다.

　　쌀과 보리는 우선 절구에 넣어 껍질을 제거하고 빻아서 희게 만들며, 물에 씻고 난 후에 밥을 짓는데, 대략 내지와 마찬가지이다. 단지, 수확할 때는 돗자리 또는 부엌의 딱딱한 바닥이나 시멘트 바닥 위에서 행하지 않고, 보통은 나락을 땅에 내려치기 때문에 모래와 작은 돌의 혼입이 많아 내지인은 먹을 수 없다. 때문에 내지인을 고객으로 하는 쌀 상인은

특히 모래와 작은 돌을 제거하고 나서 '돌 제거(이시누키[石ぬき])'라는 명칭으로 판매하고 있다.

식사의 횟수는 1일에 2회이다. 대체로 아침 9시에 조찬을 들고, 오후 5시에 저녁식사를 한다. 다만, 1회의 분량이 매우 많아서 양으로 치면 2회의 식사가 내지인의 2일분에 상당할 것이다. 특히 지방에 따라서는 반드시 간식을 먹는 풍습이 있다. 대부분은 과일과 소면 등의 종류인데, 때로는 경단과 같은 것을 만들기도 한다. 식후에 차를 마시지 않으며, 아무것도 넣지 않고 끓인 물을 마시거나, 또는 설탕이나 꿀 등을 즐긴다. 근래에 들어와 서서히 사치스러움에 기울어지는 풍습이 생겨 상류사회에서는 홍차, 녹차, 커피 같은 것도 상용(常用)하기에 이르렀다. 식후에 과일을 먹는 것은 조선의 가정에서는 드문 현상으로서 극히 진보한 것이다.

식기는 놋쇠 또는 도기로 하고 있으며, 목제품은 적다. 반찬은 모두 사각의 높은 상에 놓고, 여기에 젓가락과 숟가락을 함께 놓는다. 그리고 이 식기들은 매우 청결하게 하여 한 번의 식사 때마다 반드시 깨끗하게 청소해 놓는 것이 보통이다. 유일하게 있는 솥을 이용해 밥을 짓고, 국물은 따뜻하게 하며, 또한 의복도 삶아 입는데, 이에 대해서는 누구라도 입을 다물 수 없을 것이다. 요컨대, 조선의 먹거리는 가옥이 정리되지 않은 것에 비해서 의외로 진보해 있다.

제16장 결혼

　조선인은 결혼에 의해 사회상의 지위에 커다란 변화가 생기기 때문에 결혼을 매우 귀중하게 생각하는 풍습이 있다. 즉, 결혼한 사람은 연령에 관계없이 '지아비(大人)'[137]라고 불리며 크게 존경받지만, 미혼자는 '총각(總角)'[138]이라고 불리면서 거의 인격이 없다. 그런데 이러한 구별은 관모의 유무에 따라 나뉜다. 큰 관모를 쓴 12·3세의 작은 아이가 4·50세 정도의 노옹(老翁)에게 경칭을 생략하여 부르고 나서 거만하게 우쭐거리는 모양으로 뽐내고, 노옹(老翁)이 그 앞에서 시키는 대로 엎드려 절하는 극히 우스꽝스러운 모습[139]을 조선의 도처에서 직접 볼 수 있다는 것은 사실이다. 이 결과는 자연히 조혼이라는 폐단을 키웠고, 또한 어느 누구라도 빨리 아내를 거느려서 이 굴욕을 면하기를 간절히 바란다. 더욱이 조선의 결혼에는 상당한 자본이 들어가기 때문에 가난한 사람은 쉽게 결혼할 수 없다.

　중매자가 있어서 쌍방 사이를 잘 처리하여 [결혼이] 성립된 이후에 서로 결혼할 상대는 자기 마음대로 파혼할 수 없다. 만약에 계약이 성립하여 아직 그 식을 올리기 전에 남자가 사망한다면, 처가 될 여자는 사회로부터 과부로 취급되어 이후의 결혼은 재혼으로 평가받게 된다. 계약 성

137　원문에는 친가미(チンガミー)라고 되어 있으나, '지아비'라고 판단됨.
138　원문에는 총가(チョンガー).
139　원문에는 골계(滑稽).

립 후 길일을 택하여 '합금(合衾)[140]의 식(式)'을 거행하는데, '합금의 배(杯)'[141], 즉 세 잔을 세 번에 나누어 마시는 아홉 차례의 식이 끝나면, 부부가 서로 함께 자는 방으로 들어간다. 숙방에 들어가서도 절대 남녀가 한 이불 아래에서 같이 자지 않는다. 방의 중앙에 앉아만 있고, 새로운 부부는 한마디도 나누지 않은 채 날이 밝기를 기다린다. 이후부터 막역한 친구들 사이를 인사하러 다니거나 혹은 초대된 연회에 참석하는 등 대부분 매우 바쁘게 지낸다. 즉, 이때에 다액의 비용이 필요하게 되는 것이다.

또한 지방에 따라서는 처를 도둑질하는 일도 일어난다. 이것은 전부터 사통(私通)하고 있던 남녀가 부모의 허락이 없었기 때문에 지인 등에게 위촉하여 부녀를 약탈함으로써 강제적으로 결혼하는 것으로 그것이 물론 야만의 풍습이기는 하지만, 오늘날 조선에서는 오히려 당연한 것이라고 말할 수 있을지도 모르겠다.

140 남녀가 한 이불을 덮고 자는 것.

141 원문에는 '합금(合衾)의 배(杯)'라고 나와 있지만, 실제는 '합근례(合卺禮)'일 것으로 판단된다. '합금'은 '합근례'가 끝난 후에 행하게 되는데, '합근례' 때는 신랑 신부는 청실·홍실을 드리운 표주박의 술잔에 3번 술을 나누어 마신다. 그 첫째 잔은 지신에게 감사하는 뜻이며, 둘째 잔과 셋째 잔은 표주박에 담아 나누어 마심으로써 부부의 화합을 기원하는 잔이라고 한다.

제17장 여러 가지 습속

1. 혼례

혼례식 당일에 신랑의 막역한 친구들은 화려한 옷을 차려입은 후에 신랑의 집에 가서 남자를 끌어안고 신부의 집으로 간다. 이때 상류 집안의 신랑은 말을 타거나 마차를 타고, 그의 부친과 친척, 그리고 많은 수의 종자들이 여기에 따라간다. 이 행렬은 대단히 흥성하여 우리들이 보더라도 역시 볼만한 가치가 있다. 신부의 집에 도착하면, 먼저 간 일행 중에 한 사람이 오리를 들고 먼저 집안으로 달려 들어가서 이미 준비된 곳에 오리를 두고 간다.

문밖에서는 먼저 신랑의 부친이 마차에서 내리고 그의 종자들이 그 뒤를 따라 일동 모두가 신부의 집으로 들어간다. 이때 신부의 부친이 나와서 이를 맞이하고 제일 먼저 집안에 치장해둔 어떤 방으로 향한다. 그 방의 실내에는 결혼할 신부가 화려한 옷을 차려입고 수명의 하녀들에게 도움을 받고 있다. 여기에서 두 집안의 배우자들이 회견을 행한다.

식이 시작되면 신랑신부가 준비된 자리에 단좌하고 한 사람이 먼저 오리를 가지고 와서 두 사람 앞에 두는데, 두 사람은 이것을 증거로 결혼 승낙의 뜻을 표한다. 이것이 끝나고 신부가 먼저 시아버지에게 4배를 하고, 다음으로 신랑신부의 양친 또한 머리를 낮추어 4배 씩의 절을 교환한다. 이 식이 끝나면 남녀가 서로 합환의 잔, 즉 세 잔을 세 번에 나누어 마시는 아홉 차례의 잔을 든다. 여기에서 두 사람은 마침내 법률상의 결혼식을 완료한다. 그렇기에 훗날의 증거로 삼기 위해 남녀는 서로 결혼 계약서와 같은 것을 만들어둔다.

이와 같은 여러 의식들이 끝나면, 신부는 급히 별방(別房)으로 가고, 신랑은 머무르면서 손님과 함께 축하의 잔치를 펼친다. 이때 친구들이 와서 신랑을 집밖으로 끌어내 붙잡아두는데, 여자의 부친이 금전을 내어 그를 돌려달라고 요청하기에 이르러서 그만둔다. 잠시 있다가 신부의 모친과 도와주는 사람들은 신부를 데리고 방안으로 들어가서 직접 신랑의 손에 신부를 전해주고 간다.

식이 끝난 후 3일이 지나 새로운 부부는 남편 부친의 집에 들어간다. 이때 신부는 우선 남편의 조상에게 존경의 뜻을 가지고 절을 한다. 그러고 나서 친척과 지인들을 찾아가 인사를 도는데, 그 사이에 못된 장난질의 축하 행사가 있으며 4·5일이 경과된 후에 비로소 [결혼식이] 일단락된다. 이때부터 새로운 부부는 방을 따로 하여 서로 보는 일이 적다.

2. 궁술 기타

기타의 시가지나 촌락 등 그 어떤 곳을 가리지 않으며, 어떤 계급임을 논하지 않고, 궁술은 조선에서 일반적으로 유행하는 유희로서 쏘기 대회가 열린다. 명문이나 지체 높은 선비에서부터 중인과 상민 무리에 이르기까지 다투어 모여들어 기술의 교묘함과 졸렬함을 활발하게 겨룬다. 그 중에는 근육의 힘이 다른 사람보다 뛰어나 위력이 강한 화살[142]을 당겨 자유자재로 적중시키는 사람이 있지만, 대체로 연약한 사람들로서 활의 길이는 2척 5·6촌, 화살도 그에 따라 매우 작은 것을 사용한다.

조선인은 활 이외에 씨름과 권투 등의 유희를 좋아한다. 농한기 등에는 갑·을의 두 마을에서 수십 명의 씨름꾼[143]을 선정하고, 일정한 장소에서 승패를 다투는데, 승리자에게는 두 마을에서 정한 상품을 부여하기도 한다. 또한 권투도 각 시가들 사이 내지는 각 촌락들 사이에서 행해지는데, 한창 때에는 [권투에 참가하는] 투사(鬪士)가 수삼 백 명 이상에 이르렀다. 그렇지만, 이러한 유희는 대체로 최후에 싸움으로 끝나는데, 가끔 사상자 등이 발생하는 일이 있었기 때문에 근래에는 한동안 엄격하게 단속함에 따라 약간 퇴색하는 경향에 있다.

3. 음악

음악도 또한 조선인이 애호하는 것으로 대부분의 촌락에서 악기를 소유하지 않은 집이 없고, 제일(祭日)이나 축일(祝日) 등에는 서로 모여서 여러 가지 가곡(歌曲)을 연주하며 즐겁게 지낸다. 그렇지만 곡조가 매우 단일하여 변화가 없고, 좋아하여 즐기는 것은 아니며, 조선인 이외의 사람에게는 음악으로서 그 어떤 흥도 불러일으키지 않는다.

가곡은 태평곡(太平曲), 양덕곡(養德曲), 수곡(壽曲)과 기타 곡으로서 주

142　원문에는 강노(强弩).

143　원문에는 역사(力士).

요한 악기는 25현금(絃琴), 2현금, 5현금, 피리, 뿔피리(吸角) 등이며, 그 이외에 나무 채(槌)¹⁴⁴를 가지고 치는 동제(銅製)의 악기, 태고(太鼓) 등 여러 가지가 있다.

4. 무용

통상적으로 베풀어지는 것은 입무(立舞), 검무(劍舞), 남무(男舞), 구무(毬舞), 연무(蓮舞) 등인데 모두 동작이 매우 간단하고, 내지의 무용과 비교할 때 거의 기예(技藝)를 행하지 않는다.

입무(立舞)는 2명의 기생이 바로서서 손을 양쪽으로 늘어트리고, 서로 무대 위를 서서 도는 것뿐으로 다른 어떤 춤사위가 없기 때문에 내지인의 눈에는 참으로 어이없을 뿐이다. 검무(劍舞)도 역시 내지와 같이 용감하고 씩씩하지 않다. 2명의 기생이 각기 1척(尺) 정도의 목검을 가지고 나와 무턱대고 휘두르며 도는데 끝에는 공중에 글자를 쓰는 형태를 취하고 나서 한쪽 다리를 당기며 바닥 위를 두드린다. 그 모습이 참으로 유치하다. 남무(男舞)는 부부 이별의 춤인데 털끝만큼도 애수(哀愁)의 느낌은 보이지 않는다. 구무(毬舞)는 수 명의 기생이 공을 가지고 노는 것으로 우선 내지 여아의 유희라고 보면 될 것 같다. 연무(蓮舞)는 가장 흥미가 있는 것처럼 말해지고 있다. 무대의 중앙에 종이로 만든 연꽃을 두고 학으로 가장한 두 사람의 기생이 남쪽 방향에서 나와 꽃에 가까이 가서

144　북·징·꽹과리 등의 타악기를 치는 망치 모양의 도구.

몰래 그 꽃의 향기를 맡으려고 할 때 꽃잎이 사방으로 흩어져 퍼져나가며 꽃의 중심에서 한 사람의 미인이 나타난다. 학은 크게 울면서 허둥지둥하며 놀라 어찌할 바를 모르는 춤사위를 행한다. 이것에 연이어서 기묘한 음악이 시작되고, 서로 무대에서 춤을 추며 돈다. 보기에 아름답지 않은 것은 아니지만, 춤으로서는 그 어떤 가치가 있다는 것을 인정할 수 없다.

5. 이발

상하의 구별 없이 모두 한결같이 사방에서 머리카락을 잘라 올려 머리를 묶었기에 머리 위에는 한 덩어리의 머리카락 뭉치만 남아 있다. 머리를 묶는데 고귀한 사람은 산호(珊瑚) 또는 금으로 만든 핀(留針)을 사용한다. 끈은 대체로 비단 끈이다.

여자는 극히 농후한 기름을 사용하여 머리카락에 바른 후 중앙에서 두 갈래로 나누고 뒤쪽에서 머리를 묶는다. 머리를 묶는 것은 16Cm 내지 19Cm의 길이의 핀(비녀)과 고리를 가지고 결속하며, 그 전체의 길이를 가지고 자랑으로 여긴다.

수염은 대체로 처가 있는 남자들 사이에서 기르고, 동시에 매우 진중하게 여긴다. 입술 위의 수염(上髭)이 통상적인데 가끔 아래 수염(下髭)이 볼에 나거나 구레나룻 같이 나는 사람도 있다. 이들 풍속도 역시 모두 그들의 의관과 마찬가지로 애써서 외관 형식의 위용을 정돈하려는 것에서 나온 것이다.

6. 세탁

　세탁은 조선 부인에게 일생동안 주요한 일로서 어느 정도 청결을 원하는 집에서는 연중 세탁으로만 날을 보내고 있다. 따라서 가옥이나 그이외의 것이 정돈되지 못하고 청결하지 못한 것에 비해서 의복만은 비교적 맑고 깨끗한 것이 많다. 다만, 밥을 짓는 솥으로 의류를 삶거나 또는 아동들이 방뇨하는 도랑 안에서 태연하게 세탁하는 것과 같은 것 또한 조선식으로 보기에 참을 수 없을 정도이다.

　그렇지만, 하천이 있는 지방에서는 약간 멀더라도 하류에 가서 세탁을 함으로써 이러한 불결함은 없다. 대동강과 같은 부근 일대의 주민들은 매일 와서 옷을 세탁하는데 그 수가 몇 백 명이 되는지를 알 수 없다. 멀리서 이것을 바라보는 것 또한 하나의 큰 기이한 광경이기에 놓칠 수 없다.

7. 운반

　조선인은 물건을 이동하는데 모두 신체의 등을 이용한다. 행상과 물긷기 등에도 마찬가지이다. 만약에 큰 재목 등을 운반할 일이 있다면, 5인·10인 서로 모여서 일제히 등 쪽으로 이것을 짊어지고 발걸음을 맞추어 진행한다. 따라서 도로가 좁거나 또는 심한 요철(凹凸) 상태의 곳에 이르면 매우 곤란해진다. 간혹 가다가 한 사람이 넘어지게 되면, 다른 모두가 넘어져서 일어나지 못해 도움을 청하는 우스꽝스러운 모습을 연출할 때도 있다.

8. 침구와 속옷

침구(夜具)[145]는 대체로 얇은 4개의 포(布)와 포단(蒲團)[146]과 같은 것이 있는데, 특히 중류 이상이라면 사용하지 않는다. 중류 이하는 일상적으로 착용하는 잠방이[또는 곤의(褌衣)][147]를 끌어 올려 어깨 부분에 묶어서 그 위에 상의를 덮어 침구로 삼는다. 더군다나 바다 밑에는 온돌을 설치해두었기 때문에 한기가 침입하는 것 등에 걱정할 필요가 없다.

9. 휘파람

내지의 사용법과는 전혀 다르다. 조선에서는 노동, 또는 빨리 달리는 등으로 인해 매우 숨쉬기 힘들 때에 사용한다. 즉, 내지인이라면 호흡이 절박하여 도저히 휘파람 등으로서 길게 흉내 낼 수 없는데도 그러한 때에 사용한다. 습관이라고 하더라도 기이하고 괴상하다.

---

145 원문에는 야구(夜具)로 표기되어 있는데, 밤에 잘 때 사용하는 이부자리·담요·이불 등의 총칭.

146 포단(蒲團)은 부들로 짜서 만든 둥근 방석이나 잠잘 때 덮는 침구, 또는 누울 때 방바닥에 까는 침구의 한 종류를 말한다.

147 원문에는 일본어로 '모모히키(股引)'. 우리나라에서는 잠방이와 같은데, 잠방이는 가랑이가 무릎까지 내려오게 만든 짧은 '홑 고의'로 한자로는 곤의로 일컬어지며, 사발잠방이, 사발고의, 사발적방이, 쇠코잠방이 등이 있다.

10. 예식

언뜻 보면 중국풍과 일본풍을 혼합한 것과 같다. 사람을 만나서 이야기 할 때, 우선 주고받는 인사는 일본과 완전히 동일한데 어깨를 내려서 허리를 굽힌다. 때문에 내지인이 조선인을 방문했을 때 최초의 예식에는 어떠한 곤란함도 느낄 수 없다. 그런데 귀인이나 큰 부자들 앞으로 나갈 때에는 자리에 앉는 것을 허용하지 않는다. 시종 서서 자리에 앉으라는 지시를 기다리지 않으면 안 된다. 이것은 내지와 정반대로서 오히려 중국풍에 가까운 것이다. 요컨대 나이 많은 사람과 어린 사람, 그리고 남녀 사이의 예식은 외형적으로 극히 엄격하다.

11. 싸움

서로 심한 욕설이나 차갑게 비웃더라도 거의 한 두 시간이 지나가면 결코 구타나 격투 등에 이르지는 않는다. 그 욕설하는 언사도 극히 간접적인 의미의 것이 많은데 가령 "너는 내 자식이다."라고나 할까. 보통의 내지인의 머릿속에는 거의 노기(怒氣)를 느끼게 하지만, 조선인에게는 중대한 모욕처럼 이해되어 상대의 폭언에 대해 또 다시 폭언을 주고 받아[148] 곧바로 "말할 것도 없이 너는 내 손자다."라고 받아친다. 쌍방의 싸움이 여기까지에 이르면 쉽게 풀지 않는데 결국에는 자식의 자식, '개 자식' 등

---

148   원문에는 "賣言葉に買言葉"으로 되어 있으며, 상대의 폭언에 대응하여 그것에 상응하는 폭언을 주고받는 것을 말한다.

큰 소리를 내면서 소란을 피우다가 점차 주먹을 주고받기에 이른다.

이상은 미혼자들 사이 또는 기혼자 상호간의 싸움인데, 미혼자와 기혼자의 싸움은 승부의 수가 처음부터 정해져있어 미혼자는 절대로 승자가 될 수 없다. 특히, 미혼자가 손으로 기혼자 머리의 상투를 만지는 일이 있다면, 매우 무례한 일로써 적대자 이외의 사람들은 그 미혼자를 붙잡아서 둘러싸고 뭇매질을 하지 않고는 끝나지 않는다.

12. 도선(渡船)

조선에는 크고 작은 하천에 교량 같은 것이 없다. 작은 곳은 도보로 가지만, 큰 곳은 배를 타고 건넌다. 묘령의 부인 등이 물건을 머리에 이고, 치마를 높이 들어 올리고 건너가는 모습은 상당히 재미있다. 특히, 사방 주위의 산수(山水)와 어울려 일종의 말할 수 없는 경치를 보여주는 것은 승합선(乘合船)이다. 큰 배의 안에 세상에서 말하는 복숭아를 쌓아둔 것과 같은 하얀 옷, 붉은 옷, 파란 옷의 조선인을 가득 태우고, 유유하고 조용히 건너편 강가로 흘러가는 모습은 정말로 한 폭의 그림과 같다. 다만, 용무가 있는 사람의 입장에서 말한다면, 매우 불편하기가 천만으로 대동강의 폭이 넓은 곳에서는 2시간 이상을 소비하지 않으면 목적지까지 도달할 수 없다.

이러한 상태이기 때문에 완고한 노인 등에게는 가령 교량이 가설되어 있다고 하더라도 걱정이 되어 건널 수 없다. 그렇기 때문에 일부러 상류의 물이 얕은 곳을 택하여 물속으로 걸어가는 것이다. 예전부터 습관적으로 행해왔던 사람을 고칠 수 없다는 것 또한 중요하다고 말할 수 있다.

13. 그네

우리 내지의 학교나 공원에 있는 것과 마찬가지이고 완전한 것은 아니더라도 그 방법과 목적은 대체로 동일하다. 길고 둥근 봉을 사방에 세우고 중앙에 새끼줄을 걸어서 행한다. 단지 조선에서 그네는 대부분 여자아이들이 가지고 노는데 남자아이들 사이에서는 거의 행해지지 않는다.

14. 연극

무대의 중앙에 한 사람의 배우가 출현하여 능숙하게 여러 역(役)의 언어와 동작을 시도한다. 명수(名手)라고 칭해지는 사람이 되면 명성과 명예가 전국에 널리 알려지고 생계 또한 윤택해진다. 연극의 주제는 관리의 뇌물, 혼인의 상황, 신랑신부의 담화, 대관의 태도, 재판의 상황 등인데 원래부터 관람하기에는 부족한 기예이지만, 조선에서는 첫 번째 가는 큰 오락으로 여겨지고 있으며, 어찌되었든 연극이 열리면 성황을 보이지 않을 때가 없다. 때문에 조선에는 도처에 배우들이 사는 곳이 있으며, 특히 여자아이를 상대로 하는 곡예사[149]나 마술사[150] 등도 매우 많다.

149 원문에는 경업사(輕業師).
150 원문에는 수품사(手品師).

15. 도박

한가할 때마다 도박적인 유희에 몰두하는 것은 조선인의 특성이다. 골패(骨牌)[151]와 주사위(骰子)를 사용하는 것은 단순한 도박으로서 병합 이래로 금지되고 있음에도 쉽게 그치지 않는다. 장기나 바둑과 같은 것도 거의 여러 지역에서 행해지고 있으며, 여기에 금전을 거는 경우도 많다. 또한 전당포에 물건을 잡혀서 노는 것[152]이 있다. 한 사람을 뽑아서 다른 일행의 언어와 동작을 따라하게 하고, 만약에 틀렸을 때는 벌금을 징발하는 것이다. 이 또한 일종의 도박으로서 행해지고 있다.

16. 유희(遊戲)

종이 연을 날리는 놀이는 어느 곳에서도 마찬가지이지만 조선에서는 어른들도 가지고 노는데, 12월로 바뀔 때 매우 활발하다. 지팡이를 가지고 모래 속의 매장물을 찾아 맞추는 유희는 오로지 소아들 사이에 행해져서 크게 유행하고 있다. 연극의 흉내 또한 좋아하여 행해지고 있다.

151 골패(骨牌)는 놀이 또는 도박 도구의 하나로서 32개가 1개조를 이룬다. 상아나 짐승의 뼈를 대쪽에 붙여 만들며, 여러 가지 수를 새긴 크고 작은 구멍을 새겨 넣어 패를 만든다.

152 원문에는 전화희(典貨戲)라고 기재되어 있으나, 어떤 것인지는 불명확하다. 다만, 전화(典貨)는 전당포에 잡힌 물건을 말한다.

17. 완구(玩具)

가장 정묘(精妙)한 동시에 흥미 있는 것은 모조 원숭이이다. 종이로 만든 인형, 호랑이와 기타 동물 등은 내지와 같다. 혹은 가죽에 진짜 털을 입힌 것도 있다. 이들은 가격이 비싸서 보통 사람의 아이들은 손에 넣을 수 없다. 돌을 넣은 뱀의 방광(膀胱)도 역시 활발하게 사용된다.[153] 대략 조선의 완구는 다른 제작품에 비하여 약간 진보한 것임을 볼 수 있다.

18. 기도(祈禱)

조선에서는 질병에 걸렸을 때도 약을 먹지 않는다. 부인과 같은 사람은 어떠한 큰 병에 걸렸어도 절대로 의사의 진찰을 받는 일은 없다. 이러한 때에는 곧바로 무녀를 불러서 밤낮으로 기도와 저주에 힘을 쓴다. 이 풍습은 일반 백성들뿐만 아니라, 궁중에서도 역시 마찬가지로 온갖 길흉화복은 오로지 무녀의 기도에 따라 지배되는 것으로 믿고 있다. 따라서 무녀의 세력은 대단한 것으로써 지난날에는 궁중에서도 세력을 발휘했었다. 기도는 방울 또는 큰북을 사용하여 더할 나위없는 양기(陽氣)로서 떠들기 시작하는데, 통상의 환자라면 반대로 병세를 더욱 악화시킬 것임에도 역시 미신은 백성이기에 그 소동이 흥성한 만큼 병자의 심리 상태에

---

153 뱀은 원래부터 방광이 없어 콩팥의 배설물을 고체 상태인 요산으로 직접 배출한다. 따라서 뱀의 방광에 돌을 넣어 사용한다는 이 부분의 설명은 어떤 것을 의미하는 것인지 알 수 없다.

좋은 영향을 주어 다소의 효능을 보이는 경우도 있다고 말할 수 있겠다.

19. 장례식

병자가 죽으면 친척과 자신을 아는 사람들이 사방에서 모이는데, 죽은 사람의 침두(枕頭) 주위를 둘러싸고 한창 통곡한다. 매장 때에도 관의 주위에 서서 울면서 들판에서 떠나보내는 의식을 행한다. 그러나 이것은 정말로 슬퍼서 우는 것이 아니다. 그렇게 함으로써 죽은 사람에 대한 예로 삼아 일부러 가성(假聲)을 내는 것에 지나지 않는다. 따라서 종자가 많다는 것은 상주(喪主)가 자랑으로 여기는 부분으로 그중에는 특히 다수의 우는 사람을 준비해 두고 장례식을 성대하게 치르는 사람도 있다. 습속이라고 하지만, 우스꽝스러운 느낌이 없지 않다. 특히 관을 들어 올리는 것이 매우 난폭하고, 전후좌우로 행렬을 정돈하여 가는 모습은 우리 내지의 마쓰리(祭リ) 때 소란과 다르지 않다. 통곡을 예로 삼는 취지와 크게 모순됨을 볼 수 있다.

시체는 대개 토장(土葬)을 하며 화장으로 하는 경우는 거의 드물다. 그러나 토장도 내지와 같이 관과 함께 직접 흙 속에 매장하지는 않는다. 장례식장에 설치된 제단 앞에 시체를 수십일 방치하는데, 비바람에 드러나 백골이 되는 것을 기다려 개장(改葬)을 하게 된다. 묘는 흙으로 높게 쌓고, 그 위에 돌을 두는 것이 보통이다.

제18장 농업

농업은 조선 3대 사업의 제1위를 점하고 있으며, 조선의 부의 원천으로서 가장 유망한 것이다. 금일에 이르러서도 수리·관개 측면의 사업이 다소 미진하고, 도로와 교통에 대한 계획도 극히 나쁘기 때문에 개선을 행할 여지가 없는 것 같지만, 기후나 토질은 물론 도처에 거의 농산에 적합하지 않은 것이 없다. 특히, 내지 농산물의 대부분을 재배할 수 있는 토질을 가지고 있기 때문에 내지인이 가지고 있는 지금까지의 경험을 이용한다면, 그 진보와 발달을 꾀하기가 참으로 쉬울 것이다.

종래 내지인이 조선에서 농업을 경영했을 때 가끔 실패로 끝나는 것은 절대로 토질과 기후 등의 그 자체가 농업에 적합하지 않았기 때문이 아니다. 내지인의 특질로서 어떤 일을 계획하는데 조급하여 실패하는 것이다. 즉, 조선 농업에서도 우리에게 대변동을 가져올만한 많은 시설에 대해 시도하여 급속한 효과를 올리는데 적합한 것, 혹은 자세하게 조선 풍토의 특질과 수리, 그리고 이외의 것에 대해서 주변의 성질과 상태를 참작하여 원대한 계획을 도모함으로써 서서히 이것이 개선되는 길을 강구한다면 아마도 착착 새로운 효과를 얻을 수 있을 것이다.

특히 맥주의 원료인 보리, 설탕의 원료가 되는 사탕무(甜菜), 포도주의 원료가 되는 서양 포도와 같은 것은 일본 내지보다는 오히려 조선에서 발육의 상태가 양호하다. 담배와 뽕나무 등도 또한 내지 이상으로 적지 않은 좋은 작황을 볼 수 있다.

통감시대 때에도 이전부터 농사의 개량에 심혈을 기울였는데, 혹은 권농장(勸農場)과 원예모범장을 설치하거나, 혹은 농업학교를 세우고, 혹은 농사 시험을 일으키는 등 경영한 바가 적지 않았다. 그 외에 경지정리, 미개간지의 이용 방법 등 도처에서 시도되어 장차 조선 농업의 면목을 점점 일신하고 있는 중이다. 조선에 있는 우리 내지인 또한 조선 사정에 대해서 그 이해도가 점점 심오해지고 착실해지고 있다. 농사에 관한 여러 가지 시설에 대해 재래와 같은 무모한 계획을 시행하지 않고, 극히 평정한 태도를 가지고 종사하게 된 것은 실로 기뻐할만한 현상이라고 말할 수 있다. 금후에 이루어낸 업적을 크게 볼 수 있을 것이다.

1. 경지면적

1) 경상도(慶尙道)

총면적은 약 1,888방리(方里)[154]로서 경지 면적은 46만 1,000정보(町步),[155] 즉 총면적에 대해서 16%에 해당된다. 그 중에서 논(田地)의 총면적은 32만 9,767정(町) 정도이고, 밭(畑地)의 면적은 13만 1,233정 정도이다. 그런데, 논은 경상북도에 많고, 밭은 경상남도에 많다.

2) 전라도(全羅道)

조선의 모든 토지 중에서 가장 농작에 적합한 지방이다. 확실히 경상

---

154 가로세로 1리가 되는 면적으로 1,555.2정(町)이며, 약 15.423km².

155 전답이나 산림 등의 면적을 정(町)을 단위로 하는 용어로 1정보(町步)는 1정(町) 길이의 가로세로로 토지의 면적으로 3,000보(步), 약 9,917m².

도에 접한 쪽에는 높은 산봉우리와 깊은 골짜기가 적지 않지만, 서남쪽 황해에 면한 쪽에는 평탄한 땅이 많다. 그리고 땅의 위치가 조선의 남단에 있고, 흑조(黑潮)[156]의 영향도 있기 때문에 대체적으로 기후가 온난함으로써 어떠한 작물의 재배에도 적합하다. 총면적 1,190여 방리(方里), 경지 총면적 약 38만 2,258정(町) 4반(反)[157] 정도인데, 그 중에서 논의 면적은 33만 3,080정 5반 정도이고 밭의 면적은 7만 9,177정(町) 9반 정도이다. 경상도의 총면적은 5,258방리로서 경상남도의 총면적은 6,717방리이다. 따라서 북도의 경지 면적은 남도의 경지 면적에 비해 매우 적다.

3) 경기도(京畿道)

본도의 총면적은 580방리(方里)로서 전 경지 면적은 23만 533정(町) 정도인데, 즉 1방리 중에 2만 8,243정보(町步)의 경지를 포함하고 있다. 이 중에서 논의 면적은 14만 7,038정보이고 밭의 면적은 7만 3,495정보 정도이다.

4) 강원도(江原道)

본도는 경지가 매우 적고, 8도 중에서 최하위를 차지하고 있다. 전 토지의 면적이 1,692방리(方里)로서 경지면적은 21만 4,458정보(町步), 즉 총면적에 대해 8%가 조금 넘는 것에 지나지 않는다. 이 중에서 수전(水田)은 4만 2,712정(町), 밭은 17만 1,745정보이다.

---

156 북태평양의 서부, 일본 열도 남안을 흐르는 해류의 총칭.
157 1반(反)은 1정(町)의 1/10로 300평 정도이며, 약 992m².

5) 충청도(忠淸道)

본도의 동부는 산악이 중첩해 있어 거의 평지가 없다. 때문에 경지라고 칭할 만한 것은 대개 서부에서 볼 수 있다. 충청남도의 총면적은 526만 방리(方里) 정도로서 경지 면적은 17만 8,348정보(町步), 그 중에서 수전(水田)은 12만 4,853정(町), 밭은 5만 3,497정보이다. 북도의 총면적은 473만 방리정도인데, 경지 총면적은 8만 7,130정보 정도이고, 그 중에서 수전(水田)은 5만 9,487정보, 밭이 2만 7,283정보 정도이다.

6) 평안도(平安道)

내지 동북지방의 총면적에 필적한다. 즉, 경지 총면적 51만 6,019정(町) 3반(反) 3묘(畝)[158]로서 본도 총면적의 약 10.11%를 조금 넘는다. 그 중에서 논은 6만 8,623정보(町步) 정도이고, 밭은 44만 7,396정 2반 6묘이며, 수전(水田)이 적고 밭이 극히 많은 지역이다.

7) 황해도(黃海道)

총면적 중에서 경지 면적의 비율이 극히 많고, 전라도에 버금가는 좋은 땅이다. 즉, 경지 면적 28만 6,301정(町) 8반(反) 1묘(畝)로서 전 면적의 10.8% 정도에 해당된다. 그 중에서 논은 6만 4,864정 5반 정도이며, 밭은 22만 1,437정 3반이다.

158　묘(畝)는 척관법(尺貫法)에 따른 토지 면적의 단위이다. 다만, 한국·중국과 일본에서는 같은 용어를 사용하지만, 그 단위의 크기는 다르다. 일본에서 묘는 30보(步)를 의미하며, 10묘를 1반(反)으로 삼는다. 메이지시대에 1척(尺)은 약 0.303m로 정해졌기 때문에 1칸(間)은 6척=약 1.818m, 1보는 약 3.305m², 1묘는 약 99.173m²가 된다.

8) 함경도(咸鏡道)

경지가 꼭 적다고는 할 수 없지만, 대부분은 밭으로서 정말로 수전(水田)이라고 인정할만한 곳은 매우 적다. 전 경지 면적은 55만 4,898정보(町步)인 것에 비해 수전지(水田地)의 면적은 4만 100여 정보에 지나지 않는다. 이것은 함경도가 높고 험한 산악 가운데에 있기 때문인데 무엇을 하더라도 용이하지 않은 곳이다.

2. 평야

1) 대구(大邱) 방면

대구는 경상도 중의 여러 평야 중에 제일 큰 평야로서 동서 약 13리(里), 남북 23리, 경지 면적 약 4만 4,100정보(町步)에 이른다. 특히, 밭이 적고 수전이 많기 때문에 쌀의 산출이 매우 많아 이 지방 일대에서 이곳이 부의 원천인 동시에 조선에서 가장 주요한 농업지이다.

농업에 필요한 물을 대는 관개(灌漑)는 낙동강(洛東江)[159]이 [대구를] 통과해 흐르고 있어 대부분 이것에 의존하고 있으며, 강 중류에서 떨어진 지방에서는 인공 연못을 설치해 한발에 준비하고 있지만, 구조가 불완전하기 때문에 충분하게 사용할 수 없다. 우선은 관계가 불완전하다고 말하는 것이 온당하겠다.

대구에는 시장이 있다. 그 어떠한 산물도 광범위하게 팔 수 있으며, 또

159　원문에는 '대동강(大同江)'으로 되어 있지만, 이것은 '낙동강'의 오기.

한 운수의 편리함도 상당히 갖추어져 있다.

2) 김해(金海) 방면

부산을 지나서 5리(里), 낙동강 연안의 평지로서 동서 4리, 남북 3·4리이고, 경지 면적은 1만 4,600정보(町步)에 해당된다. 강에 근접하고 있는 방면은 토질이 순량(純良)하다고 말할 수 없지만, 다른 방면은 대체적으로 비옥하여 쌀·보리·콩 등이 제일 왕성하게 발육한다. 주위의 토지는 관개에 편리하지만, 중앙의 토지는 급수의 길이 통하지 않아 가끔 [작물의] 고사를 초래할 때도 있다.

3) 상주(尙州) 방면

낙동강의 상류에 있는 동부 약 2리(里)의 평야로서 경지 면적은 약 9,625정(町) 1반보(反步=[反])이고, 밭은 극히 적어 겨우 300정 내외에 지나지 않는다. 따라서 산물은 주로 쌀과 보리 등이다. 콩과 면화 등이 있지만, 셀 수 있는 정도는 아니다.

관개는 경지가 있는 곳에는 가느다란 하류가 종횡으로 통과하여 흐르고 있기 때문에 매우 편리하지만, 방수의 설비가 완전하지 못하여 조금이나마 장마라도 오게 되면 하천의 물이 곧바로 범람하여 작물에 피해를 준다. 이 역시 내지인을 기다려 개선해야만할 사업이다.

4) 진주(晉州) 방면

마산포 서쪽으로 약 13리(里)에 위치해 있고, 낙동강의 지류로서 큰 영강(令江)의 유역에 연해있다. 경지 면적은 2,175정보(町步)이고 쌀·보리·콩 등을 주요한 산물로 삼는다. 매년 7·8월 때에는 비가 많이 와서 강이나 개천에 크게 물이 불어나 작물의 침수를 면할 수 없다는 점은 유감이다.

5) 경주군(慶州郡) 상부조(上扶助) 방면

동서 3리 정도, 남북 2리(里) 정도의 면적으로 경지 면적은 4,500정보(町步), 그 중에서 수전(水田)은 3,400정(町) 정도이다. 대체로 진흙질의 양토(壤土)가 많기에 땅의 성질이 매우 비옥하다. 가늘게 흐르는 시냇물이 많아서 농사에 필요한 물을 논밭에 대는데 편리하다. 다만, 역시 비가 내릴 때에는 침수를 면하기 어려운 결점이 있다.

6) 전주(全州) 방면

전라도 제일의 대평야로서 고산(高山)·익산(益山)·전주(全州)·옥구(沃溝) 등 기타 10군(郡)들 중에서 뛰어난데, 6만 5,500여 정보(町步)의 광활하고 넓은 경지를 가지고 있다.

본래의 평야는 두 종류로 분별된다. 즉 하나는 만경강(萬頃江)의 관개 구역에 속하는 것이고, 또 하나는 부안강(扶安江)의 관개 구역에 속하는 것이다. 그리고 전자는 수전(水田)이 많은데 밭이 적고, 후자는 밭은 많은데 수전(水田)이 적다. 이 부안강은 강의 폭이 매우 좁고, 수량 또한 크게 풍부하지 않기 때문에 수전(水田)을 위한 관개가 충분하지 않다. 원래부터 전주 지방에서의 관개는 강의 흐름에 따른 것이었기 때문에 인공 연못을 이용하는 경우가 많다.

토질은 극히 양호하다. 작물은 쌀·보리 등 기타 어떤 것이라 하더라도 적당하지 않은 것이 없다. 수륙을 통한 운수의 편리와 더불어서 매년 발달되는 상황을 보여주고 있다.

7) 담양군(潭陽郡) 방면

동서 약 3리(里), 남북 약 4리로 영산강(榮山江)이 그 사이를 흘러 통과한다. 경지 면적은 1만 7,016정(町)으로 그 안에 수전(水田) 1만 2,807정보(町步), 밭은 3,208정보(町步)이다.

강 쪽에 근접한 방면은 땅 표면의 흙이 얕고, 또한 하층에는 자갈이 혼재되어 있어 땅의 성질이 좋지 않지만, 강에서 멀리 떨어질수록 진흙질의 흙이 깊고 두껍게 더 많아져서 땅의 성질 또한 매우 비옥하다. 관개사업은 주로 영산강 쪽이 우선시 된다. 7·8월로 바뀔 때 가끔 침수를 입게 되는 경우도 있지만, 앞에서 언급한 여러 지역에 비해서 피해는 대략 경미하다. 주요한 산물로는 쌀·보리·콩·면화 등이 있다.

8) 광주(光州)·나주(羅州) 방면

영산강 중류 연안의 저지대, 그리고 그 방면 일대의 산과 계곡 지역을 총칭한다. 경지 면적은 약 1만 7,330정보(町步)이고, 동서는 4리(里), 남북 5리의 넓이를 가지고 있다. 땅의 성질은 대략 비옥하다. 나주(羅州)와 남평(南平)의 경사지는 면화를 키우기에 좋은 곳이라고 칭해진다.

본래의 경지는 매년 1회의 작은 침수를 입고, 또한 7·8년 마다 대개 한 번 정도로 대홍수의 피해를 입는다. 그러나 항상 곧바로 물이 빠져버리기에 작물에는 [피해가] 미치지 않아 영향이 반드시 많다고 할 수 없다.

9) 금강(錦江) 연안 지역

동서 약 4리(里), 남북 2리 정도이고, 경지 면적은 5,800정보(町步)로서 거의 대부분이 수전(水田)이다. 하나같이 전부 토층이 매우 깊고, 땅의 성질이 대단히 기름지다. 특히, 작은 하천이 곳곳에 흘러 농사를 짓기 위해 필요한 물을 대는데 매우 자유롭고, 더욱이 비교적 침수의 걱정이 적기 때문에 농작지로서는 정말로 조선의 모든 토지 중에서 상위에 있다.

10) 남원(南原)·곡성(谷城) 방면

섬진강(蟾津江)의 유역에 있다. 경지는 약 5,000정보(町步)로 지질은 대개 화강암이 분해되어 이루어졌는데, 지력은 그다지 풍성하지 않지만, 양질의 토양을 가지고 있어 스스로의 농산력은 크다고 볼 수 있다. 이 지역 또한 우기에 침수가 걱정된다.

11) 구례군(求禮郡) 방면

동서 약 1리(里), 남북 2리 정도이다. 경지 면적은 약 3,250정보(町步)이고, 저지대는 매우 비옥하지만, 경사지는 모래알이 혼재되어 있어 땅의 성질이 약간 뒤떨어지는 것 같다. 골짜기로 흐르는 하천이 많아서 농사를 짓기 위해 필요한 물을 대는데 자유롭고, 더욱이 수해의 두려움이 거의 없다. 이것은 본래 평야의 큰 특색 중의 하나이다. 주요한 산물은 쌀·보리와 마(麻) 등이다.

12) 춘천 방면

해주(海州) 방면, 평양(平壤) 방면 모두 유명한 조선의 평지로서 농산물은 매우 풍부하다. 특히, 대동강 연안의 큰 평야에 이르러서는 20리(里) 30리를 한눈에 바라보아도 매우 넓어서 거의 그 한계가 없다. 볏과 종류의 곡물이 잘 무르익어 지금까지 충만하고, 정말로 사람으로 하여금 조선에게 커다란 부의 원천이라는 것을 느끼게 한다. 아직 수리(水利)의 편리함과 운수의 길이 충분하지 않기 때문에 원하는 만큼 천연의 보고(寶庫)를 개발할 수 없을 뿐이다. 몇 년의 시간을 두고 우리 내지인으로 하여금 적당한 설비 및 경영을 시행하게 한다면 의외로 훗날에 발달이 있을 것이다.

3. 전답의 종류

한국은 여러 종류의 토지를 구분하거나 표시하는 명칭[160]이 있는데, 다음과 같다.

- 정전(正田) : 항상 경작하는 숙지(熟地)[161]를 말한다. 지세를 부과하는 땅이다.
- 속전(續田) : 혹은 경작하거나, 혹은 휴작(休作)하는 곳으로서 번갈아 가며 경작하는 밭과 마찬가지이다.
- 강등전(降等田) : 오랫동안 경작을 하지 않은 결과로 인해 결국에는 등급이 내려가 세금이 줄어든 곳을 말한다.
- 속강등전(續降等田) : 강등하였지만, 여전히 경작하지 않았기 때문에 더욱

---

160 원문에는 지목(地目).
161 다년간 경작한 땅.

강등된 곳을 말한다.

- 진전(陳田) : 황폐해서 경작으로 사용하지 않았기 때문에 지세를 면제받은 곳을 말한다.

속전·강등전·속강등전과 같은 것들은 정전(正田)의 상대되는 것에 속한다.

- 가경전(加耕田) : 새로운 개간지를 말한다.
- 화전(火田) : 더부룩하게 난 초목을 태워서 낱알을 심는 것을 말한다. 삼작(三作)을 거두고 나서 다시 원래의 산지(山地)에서 행한다. 25일경(日耕)[162]을 가지고 1결(結)로 삼는다.

또한 보통의 지종(地種)에는 아래와 같은 것들이 있다.

- 수전(水田) : 수전의 속칭으로서 도작지(稻作地)라는 것이 있는데, 우리나라[일본]의 논(田)을 말한다.
- 전(田) : 한전(旱田)의 속칭으로서 우리나라[일본]의 밭(畑)을 말한다.
- 노전(蘆前) : 하천의 범람 때문에 경작할 수 없고, 갈대가 군생하는 지역을 말한다.
- 대전(垈田) : 택지(宅地) 중의 경지(耕地)를 말한다.
- 포락(浦落) : 호수(湖水)에 의한 침수로 황폐해진 토지를 말한다.

---

162 사람 1명과 소 1마리가 하루 동안 경작하는 면적.

- 천반(川反) : 강의 흐름에 의해 변경되어 유실된 곳, 혹은 토사를 그대로 두었기에 경작을 관둔[163] 토지를 말한다.
- 은결(隱結) : 은전(隱田)의 의미로서 지세를 포탈(逋脫)한 곳을 말한다.

4. 소작제도

때로는 자작농이 많은 촌락이 없지는 않다고 하지만 매우 드물고, 일반적으로 소작을 하는 아주 가난한 농가가 많으며, 때로는 완전히 소작농만의 촌락을 볼 수 있다. 그리고 그 지주가 해당 부락에 살고 있는 사람도 상당수 있지만, 한편에서는 멀리 다른 지역에 있는 사람도 있다. 이들은 지방 호족 또는 경성에서의 귀족·명문의 무리들로서 특히 큰 면적을 가진 자들이 적지 않다고 한다.

소작 계약에 대해서는 문서로 이루어지지 않으며 기한도 없다. 단지 습관에 따라 자기 뜻대로 이것을 행할 뿐이다. 그리고 소작료를 금전으로 지불하는 것은 매우 드문 일이고, 거의 대부분은 모두 수확물을 가지고 이루어진다. 소작의 방법은 아래의 세 종류로 나누어져 있다.

1) 도조삼분법(賭租三分法)
수확량의 1/3을 지주에서 바치고, 조세(租稅)·종자(鍾子)·경작비 등 소작인에게 부담시킨다(또한 변화시킨 방법도 있음).

163   원문에는 폐경(廢耕).

2) 병작(幷作)

병작(幷作)은 타작(打作, 절반법[折半法])이라고도 한다. 종자와 조세에 대해 지주의 소작에서 절반을 부담하는 것으로 하고 수확량(벼와 볏짚 모두)을 절반으로 한다(또한 변화시킨 방법도 있음).

3) 정액법(定額法)

소작료가 풍흉(豐凶)에 관계없이 일정하다.

실제 넓게 행해지는 것은 분익법(分益法), 즉 도조(賭租)와 병작(幷作)이다. 그 가운데에서도 특히 도조(賭租)는 간편하기 때문에 대지주의 소유지에서 많이 이용되고 있는데, 멀리 떨어진 지역에 있는 지주는 대부분 이 법에 따르고 있지만, 그 소득액은 매년 그 실제 지역에 가서 상호 협력하는 것으로 한다. 그렇지만, 많은 지주들에게는 「추수기(秋收記)」라고 칭하는 전년까지의 수확량과 수익을 나눈 액수를 기입한 정밀한 장부를 준비해두고 있어 대략 그 양을 알 수 있기 때문에 이것에 의해 협의하는 것을 예로 삼는다. 그런데, 이 법에서 소작료는 그 경지에서 곧바로 벼를 베어낸 묶음으로 분배하기 때문에 지주가 이것을 조제하여 운반하지 않으면 안 된다. 그렇기에 여기에 또 하나의 법이 있다. 즉, 지주가 씨벼와 지조(地租)의 전부를 부담하고 수확은 벼의 절반과 볏짚의 전부를 받는 것이다. 이 법에서는 소작인이 지주의 집 앞까지 [벼와 볏짚을] 지참하여 이것을 조제함과 동시에 볏짚을 정리하고, 또한 그 볏짚으로 가마니를 만들어서 벼를 여기에 넣은 후에 그 벼의 절반을 받아가지고 돌아온다. 그 조제 때에 날아 흩어지는 벼는 지주의 호의에 따라 소작인에게 주는 것을 예로 삼았다고 한다.

이와 같이 병작에서는 수확할 때 감독을 필요로 하기 때문에 먼 거리의 지역에 살고 있는 지주는 도조에 의지하지 않을 수 없다. 정액법은 드물다고 한다. 왜냐하면 가뭄과 홍수의 피해를 수차례 입게 되어 수확량을 예측하기 어려운 지방이 많기 때문이다.

5. 농산물

1) 쌀(米)

조선에서 가장 중요한 산물로서 쌀농사의 풍흉은 조선경제의 생명을 지배하고 있다. 따라서 통감부시대 때부터 일찍이 이것에 대한 개선·발달의 길이 강구되어 지금은 각 도(道)의 도처에 시험장과 모범장 등 농사에 관한 제반 설비가 없는 곳이 없기에 이르렀다.

쌀농사는 전토에서 행해진다. 그 가운데에서도 특히, 충청도·전라도·경상도 등이 가장 중요한 지역이고, 경기도·황해도·평안남도 등이 뒤를 잇고 있으며, 강원도·평안북도·함경도 등은 쌀농사보다도 기타의 작물 쪽이 더 성행한다.

수전(水田)을 단계별로 나눌 때 원래부터 남방은 북방에 비해서 수십단계 위에 있는데, 그 단계별 생산력에 대해서도 역시 상당한 차이가 있다. 즉, 남방에서는 우리 내지의 1반(反)에 대해 보통 1석(石) 7·8두(斗)부터 2석 2두를 수확하고, 또 장소에 따라서는 2모작을 행하는데, 북방에서는 가장 좋은 논이라고 칭해지는 곳에서도 1반에 1석 2·3두 밖에 산출되지 않는다. 조금 메마른 논에서는 7·8두를 얻는데 그친다. 이것은 전부 기후에 관계되는 것으로서 인공적으로 어떠한 것도 할 수 없다. 따라서 조선의 쌀농사는 남방의 3도에 있다고 말하는 것도 불가한 것은 아니다.

수년 전의 조사에 의하면, 조선 전토에서 쌀의 총생산액은 약 700만 석으로서 1석의 시가가 8원(圓)으로 간주하면 그 전체 가격은 5,600만원이었다. 그리고 이 금액 중에서 수출 총액이 400만원으로 조선 전체 수출 금액의 약 60%를 점하고 있었다. 이 점으로 볼 때 쌀농사가 조선경제에서 갖는 지위를 알 수 있다.

2) 보리

보리는 크거나 작게 도처에서 재배한다. 그렇지만, 대체적으로 동부는 보리(大麥)가 많고, 북부는 밀(小麥)이 많다. 전라도·충청도 방면에서는 쌀농사 사이에 보리를 심는 경우가 적지 않다.

재배법은 대체로 여러 가지 농작물을 해마다 바꾸어 심는데, 호밀(裸麥)·조·수수·밀 등을 섞어서 재배한다. 비료는 소와 돼지의 분뇨를 흡수시킨 토양에서 온돌 아궁이의 재를 혼합한 것을 이용하고, 거름을 주는 양은 우리의 1반보(反步)에 대해서 130관 내지는 150관 내외로 한다.

3) 조

조 역시 각 도(道)의 도처에서 재배되고 있는데, 성행하는 곳은 북부이다. 비료는 보리와 동일하지만, 장소에 따라서 전혀 비료를 사용하지 않고 경작하는 곳도 있다. 그렇지만 결과는 원래부터 양호하지 않다.

4) 수수(蜀黍)

평안남도와 북도를 주산지로 하고 있으며, 다른 각 도(道)에서 재배되고 있지만, 대체로 북부에서는 그 재배를 많이 볼 수 없다. 비료는 온돌 아궁이의 재와 마른 풀, 소와 돼지의 분뇨를 흡수시켜서 진흙으로 만들어 1반보(反步)에 100문(匁)[164] 내지는 200문을 사용한다.

5) 옥수수

평안도 특히, 북도가 주요 산지이다. 그렇지만, 북부의 각 도(道)에서는 대체로 재배되고 있지 않다. 9월 하순 또는 10월 초순에 수확하고, 옥수수 열매만을 손으로 따서 외피를 제거한 후 도리깨(連枷)로 때려 털어내서 식료로 이용한다. 저장하고자 할 때는 높이 1칸, 지름 4척의 수수 볏짚으로 만든 원통 안에 껍질을 제거한 옥수수 낱알을 채워 넣는데, 돗자리로 말아서 실내에 둔다.

6) 콩

가장 많이 생산하는 지방은 함경도·황해도·평안도 등이지만, 다른 각 도(道)에서도 가능하여 왕성하게 재배하고 있다. 조·팥(小豆)·옥수수를 비롯해 드물게는 담배 등도 경작하는 것이 보통이다. 비료는 가끔 온돌 아궁이의 재를 사용하기도 하지만, 대체로 논밭에 거름을 주지 않는다. 이상이 보통 작물의 주요한 품종이다.

164　일본어로 '몽매(匁)'라고 하며, 일본 척관법에서 중량의 단위 중의 하나로서 관의 1/1,000 또는 1냥(兩)의 1/60 정도이다.

7) 면화(棉花)

면화 경작은 조선의 농업 중에서 하나의 큰 특산물로서 우리 내지의 면화 경작이 쇠퇴한 지금 특히 진중하게 여겨야만할 부분이다. 8도 대부분에서 이것을 경작하고 있다. 그 가운데에서 특히 경상도·전라도·평안도는 가장 주요한 지방이다. 경상도의 진주(晉州)·밀양(密陽) 등은 매우 저명한 산지인데, 또한 대구(大邱)·칠곡(漆谷)·청도(清道)·현풍(玄風)·성주(星州)·금산(金山)·개령(開寧)·인동(仁同)·의흥(義興)·선산(善山) 등 도(道) 전체에서 이것을 재배하지 않는 곳이 없을 정도이다. 전라도 역시 그에 못지않은 대산지로서 현안(縣安)·나주(羅州)·해동(海東)·진도(珍島) 등이 왕성하게 심고 있으며, 서풍이 불기 시작하면 하얀 꽃이 들판에 가득 차서 아름답다고 말하지 않을 수 없다. 정말로 사람들로 하여금 면화의 나라라고 생각하게 한다.

이들 면의 종류는 통상 초면(草綿)이라고 부르고 있으며 우리 내지에서 이른바 조선면(朝鮮綿)이라고 부르는 것과 같은 계열의 것이다. 그 수확량은 우리[일본]의 1반보(反步)에 대한 보통의 작황(中作)으로서 씨를 빼지 않은 솜(實綿)으로 20관[165] 내외이고, 매우 좋은 작황(上作)일 때가 30관 내외이다. 그러나 조선에서는 관행적으로 주위에 반드시 다른 작물과 함께 경작을 시도함으로써 단순한 면작(棉作)의 실력을 다소 삭감시키고 있다. 동시에 만약 내지와 같이 면의 경작만을 행한다면 확실히 20% 내외의 증산을 볼 수 있을 것이라는 설도 있다.

품질은 대체로 우량한 것이 많으며, 경험상 인도의 면과 비교해 뛰어나

165　'관(貫)'은 무게의 단위로 1관=1,000돈=3.75kg이다.

서 뒤떨어지지 않는다. 종래의 조선면이 간혹 악명을 듣고 있는 것은 면화 그 자체의 품질이 떨어지기 때문이 아니라, 수확 후에 조제법이 난잡하여 이물질이 뒤섞이는 일이 많기 때문이다. 따라서 이것을 개선할 길이 만들어진다면 족히 외국 면과 그 품위를 경쟁할 수 있다. 내지의 방적업자와 같은 사람들은 그에 따라 실로 대단한 이익을 얻을 수 있을 것으로 판단된다.

조선인은 견포를 거의 빨아서 사용하지 않고 면포를 사용하기 때문에 당연히 면화의 재배도 오늘날과 같이 발달한 것이고, 더군다나 또한 이 때문에 국내용으로 소비되는 것이 상당히 많다. 1인 사용액으로 솜(繰綿)을 400문(匁)으로 보고 있으며, 이것을 1,200만 명으로 환산할 때 조선 모든 인민의 총 사용액은 실로 480만관이나 된다. 그러나 조선의 총생산은 씨를 빼지 않은 솜(實綿)이 1,179만 여근, 이것을 솜(繰綿)으로 환산하면 295만근에 지나지 않아 이외의 것은 조면과 본면(本綿)을 대상으로 외국으로부터 수입을 원하기 시작했다. 이것이 가장 유감스러운 부분이지만, 토질과 품질은 말할 것도 없고, 기후와 관개시설 또한 매우 양호한데도 단순히 국내 사용을 위해 면의 공급을 타국에 바라는 것은 이 자체가 재배법의 불완전에 의한 것이라고 말할 수 있겠다. 교통과 운수의 편리를 모색하여 재배와 수확의 개선을 행하고, 경제기관을 완전하게 설비하여 거래의 민활함과 안전을 도모한다면, 어찌 이러한 추태를 보여주기에 이르겠는가. 과대한 희망을 기대하는 것은 불가하겠지만, 이러한 문제점의 해결과 같은 것은 극히 용이한 사업일 것이다.

8) 담배(煙草)

조선인이 담배를 좋아하는 것은 우리들 모두가 알고 있는 바이다. 따라서 담배의 재배가 매우 왕성하며, 지방에서는 자신들 집안에서 사용하기 위해 거의 대부분은 조금씩 담배 재배를 행하고 있다. 어떤 사람의 조사에 의거하여 최근의 산지와 생산액을 대략 제시해보면 아래와 같다.

- 평안도   511,500(貫, 이하 동)   2,5075(圓, 이하 동)
- 황해도   533,400   2,6670
- 경기도   400,000   2,0000
- 강원도   550,000   2,7500
- 충청도   445,100   2,2255
- 전라도   1,570,000   7,8500
- 합계   4000,000   20,0000

위의 지역 가운데 가장 유명한 산지는 아래의 여러 지방이다.

- 평안도 : 양덕군(陽德郡)·성천군(成川郡)
- 황해도 : 곡산군(谷山郡)
- 경기도 : 개성부(開城府)·과천부(果川府)
- 강원도 : 금성군(金城郡)·춘천군(春川郡)·홍천군(洪川郡)·낭천군(狼川郡)
- 충청도 : 온양군(溫陽郡)·청양군(靑陽郡)·예산군(禮山郡)·목천군(木川郡)·미안군(美安郡)·전의군(全義郡)·제천군(堤川郡)·정산군(定山郡)
- 전라도 : 고산군(高山郡)·전주군(全州郡)·임실군(任實郡)·남원군(南原郡)·장수군(長水郡)·금산군(錦山郡)·용담군(龍潭郡)·진안군(鎭安郡)·진산군(珍山郡)

조선인 1인이 하루에 소비하는 담배의 양은 담뱃잎(葉煙草)으로 평균 4·5문(匁), 썰어놓은 담배(刻煙草)로 평균 10문이고 이 양자 평균의 가격이 5·6전(錢)이다. 그리고 조선인 남자뿐만 아니라, 여자 또한 왕성하게 담배를 피우고 있기에 5·6인 가족이 있는 집에서는 담배 소비량의 가격이 결코 적지 않아 가족이 많은 집에서는 5~7반(反)에서 1정(町) 정도를 자작(自作)한다. 품질은 좋은 담뱃잎(上葉)이 우리 내지의 보통의 담뱃잎(中葉) 이하이다. 그러나 한 묶음에 평균 30전(錢)의 가격을 유지하고 있는 것은 전적으로 조선인의 사용이 왕성하기 때문인지도 모르겠다.

9) 대마(大麻)

폭넓게 재배되고 있지만, 많이 재배하지는 않는다. 1반보(半步) 이상에 미치는 것은 극히 드물고, 대체로 1묘(畝) 또는 2묘 정도에 그친다. 생산지는 함경도의 행영(行營)·경성(鏡城)·명천(明川)·길주(吉州)·문천(文川), 강원도(江原道)[166]의 춘천·평강(平康) 등으로서 그 생산액은 아직 매우 상세하지 않지만, 강원도에서 경성으로 모이는 양은 1년에 약 6만근(斤)부터 8만근 내외인데, 그 가격은 대체로 보아 1만 8·9천원이 된다고 한다. 품질은 극히 조잡하고 제법(製法)역시 매우 유치하다.

10) 인삼(人蔘)

약용 인삼은 한의(韓醫)에서 가장 귀중한 약제로 삼고 있는데, 우리 내지에서도 메이지(明治) 초년 무렵까지는 사용하고 있었던 것이다. 오늘

---

166   원문에는 평원도(平原道)로 오기.

날에는 주로 청국인(淸國人)이 사용하고 있다. 즉, 청국(淸國)은 조선 인삼의 가장 중요한 단골 나라이다. 주요 용도는 물론 질병에 사용하는 것인데, 청국인은 보혈제와 흥분제로서 보통은 자양의 재료적인 측면에서 상용한다. 다만, 그 가격이 높기 때문에 중류 이하에서는 병의 치료 이외에는 거의 사용하는 일이 없다.

산지는 경기도의 송도(松都)와 용인(龍仁), 평안도의 강계(江界), 전라도의 금산(錦山), 충청도의 충주(忠州)인데, 그 가운데에서 특히 개성부(開城府)는 가장 좋은 품질을 많이 생산하여 그 명성이 높고, 구한국에서는 관립의 홍삼 제조장까지도 설립하고 있다.

가격은 품종에 따라서 매우 차이가 있다. 표준은 인삼의 수에 따르는데, 1근에 대한 인삼 개수가 적은만큼 고가이다. [인삼] 15뿌리가 1근이 될 때 5·60원의 가치가 있다고 말해진다. 그렇지만, 이와 같은 것은 드물게 있으며, 통상은 4·50뿌리 정도를 많은 것으로 본다. 백삼(白蔘)은 홍삼(紅蔘)과 비교하여 그 가격이 매우 낮고, 1근에 보통 4원부터 6·7원 정도한다. 전토의 총생산액을 자세하게 알 수는 없지만, 대략 150만원 내외가 될 것이라고 듣고 있다. 왕성하다고 말할 수 있다.

11) 쪽(藍)

전라도가 주요 산지이다. 그렇지만, 그 생산이 반드시 많다고는 할 수 없다. 생각건대 조선인은 쪽빛으로 물들이는 의복을 거의 착용하지 않기 때문에 자연히 이에 대한 재배의 필요성을 느끼지 못했기 때문이다. 지금은 내지인들의 수가 상당히 증가하였고, 또한 금후에도 속속 건너온다면 '쪽'의 재배는 지금부터 정말로 기대가 되는 좋은 농산물의 하나가 될 수 있을 것이다.

12) 원예식물

과실로는 배·감·복숭아·밤·포도·대추·종려[167] 등이 도처에서 생산되고 있는데, 나물(蔬菜)로서는 배추·무가 가장 성하다. 이상이 주요한 특용 생산물이다.

6. 농구(農具)

조선의 농업에서 가장 진보하지 못한 것은 농구이다. 특히, 곡실을 손질하고 정리하는데 그 어떠한 기구도 사용하지 않는다. 매우 난잡하게 다룸으로써 모래와 자갈, 그리고 티끌과 먼지가 심하게 섞여있고, 또한 항상 다량의 쓰레기를 생성한다. 요 근래에 내지로부터 접구(摺臼)[168]가 유입되었고, 또한 일부분에서는 내지와 마찬가지의 곡물을 산출하고 있기는 하지만, 역시 대부분은 그대로 모래와 자갈이 섞여있기 때문에 조선 이외에서는 거의 사용하지 않고 있다.

내지의 도급기(稻扱器),[169] 인접구(籾摺臼),[170] 당기(唐箕),[171] 천석(千石),[172]

---

167 원문에는 '종로(棕櫨)'로 되어 있으나, 일반적으로는 '종려(棕櫚·棕梠·椶櫚)'라고 사용한다.

168 위아래 2개의 원통형 맷돌로 위쪽을 회전시켜 두 맷돌 사이에서 벼를 갈아서 겨를 제거하는 기구이다.

169 수확 한 벼의 이삭에서 벼를 훑어내는 기구.

170 겨를 제거하고 현미를 만드는데 사용하는 맷돌.

171 '풍구'를 말하며, 곡물에 섞인 쭉정이·겨·먼지 등을 날리는데 사용하는 기구.

172 경사진 망을 이용해 쌀과 겨를 선별하는 장치로서 일본에서 발명된 기구이다.

만석(萬石),[173] 상부(床敷) 등은 조선의 곡물을 손질하고 정리하는데 가장 필요한 도구이기 때문에 금후에는 수요가 매우 많을 것이다.

조선 고유의 농구의 명칭을 표기하면 다음과 같다.

- 쟁기(一頭犁)[174]

- 보연장(二頭犁)[175]

- 괭이(鍬)

- 쇠스랑(三又鍬)

- 가래류(鋤數種) : 큰 것은 도구에 있는 이(齒)의 양 끝에 새끼줄을 묶어 2인이 이것을 앞으로 끌어당기고, 한 사람은 붙잡아 누른다.

- 낫(鎌)

- 사겸(鉈鎌)[176]

- 토기(土寄)[177] : 주로 수전에 사용된다.

- 써레(馬鍬)

---

173 '천석(千石)과 거의 같은 용도이지만, 특히 '만석'은 현미 중에 쌀가루(屑米)나 쌀부스러기(碎米)를 제거하는데 이용하는 기구.

174 소 1마리가 끄는 쟁기.

175 소 2마리가 끄는 쟁기인데, '보연장(ボエジャン)'으로 표기되어 있으나 이것은 쟁기의 방언이다.

176 '사겸(鉈鎌)'과 '토기(土寄)'는 한국어 발음이 기입되어 있지 않아 한자 발음으로 대치한다. 한편, '사겸(鉈鎌)'이라는 것은 낫보다 완만하게 휘어져서 풀이나 잡초 같은 것을 베는데 사용하는 농구의 일종.

177 농작물 성숙기 중간쯤에 쓰러지거나 넘어지는 것을 방지하거나, 수확을 많이 내기 위해 흙을 그루터기에 긁어모아 북돋우는데 쓰는 도구.

- 쇠스랑(熊手)[178]

- 오줌장군(비료 보관 도구)

- 바가지(杓) : 조선의 표주박을 반으로 쪼갠 것.[179]

- 삼태기(비료 뿌리는 도구) : 우리의 쓰레받기와 같은 모양으로 초목의 재 등을 흩뿌릴 때 사용한다.

- 지게(운반도구) : 여러 종류가 있는데 길이는 5척(尺) 정도이며, 2척 정도의 사다리 같은 것에 걸치는 모서리 2개가 있어서 이 위에 물건을 얹는다.

- 발구(橇)[180] : 목재와 마른 풀, 기타 작물을 싣고 소를 이용해 견인시킨다.

- 나무칼 : 우리의 큰 목도(木刀)와 같은 것으로 조와 수수 등의 곡식을 털어내는 도구.

- 홀태[181] : 대나무와 철편 등으로 만들어졌으며 벼의 이삭을 터는 도구.

- 도리깨(連枷)

- 넉가래 : 벼의 겨를 2·3칸 높게 쳐올리는 것, 즉 그렇게 하여 겨를 멀리 떨어트려 놓는다.

- 고무래(柄振)[182] : 벼의 겨를 자리 위에서 말리거나 또는 비료를 혼합할

---

178 원문에는 '소시랑(ソシラン)'으로 되어 있어 '쇠스랑'으로 수정하였는데, 일본어로 '구마데(熊手)'는 우리나라의 갈고랑이, 갈퀴, 복갈퀴 등을 말한다.

179 원문에는 '표(杓)'라고만 되어 있으며 '바가지'는 역자가 삽입한 것임. 원문에는 '표(杓)'라고만 되어 있으며 '바가지'는 역자가 삽입한 것임.

180 눈과 얼음을 이용한 썰매의 일종이다. 미끄럼을 이용한 운반수단으로서 계곡의 농산물 운반과 목재, 숯 등을 운반하는 데 주로 사용한다.

181 곡식의 알곡을 터는 농기구로서 벼 등을 쇠의 갈라진 틈 사이에 넣고 잡아당겨 훑음으로서 곡식의 알갱이를 떨어뜨리는 기구.

182 농기구의 일종으로 곡물의 열매 등을 긁어모으거나, 또는 논을 고르게 하는데 사용한다.

때 사용한다.

- 풍구[풍선차](颺扇)

- 연자매(礱)[183]

- 매 : 나락을 가는 절구.

- 절구(杵石鐵杵) : 공이는 현미와 고추를 찧을 때 사용하며, 작은 콩을 분쇄
  하는데 사용할 때는 돌로 된 절구통과 쇠로 된 공이를 사용한다.

- 석구(石臼)[184]

- 조리 : 백미를 물에서 선별하는 도구.

- 팔방아 : 쌀을 절구에 넣어 찧는 도구.

- 작두(刻草器) : 담뱃잎을 잘라 각초로 만드는 도구.

- 도르래(水揚器) : 3개의 통나무를 세워 중앙에 새끼줄을 매달아 여기에
  물을 뜨는 물건을 연결한다.

이상이 주요한 도구들로써 그 형태와 용법은 내지의 옛날 것과 대동소이하다. 지금 내지에서 사용되고 있는 기계적 농구들은 단 한 개도 사용되고 있지 않다.

183　알곡 및 가루를 내는 도구로 연자방아라고도 부른다. 연자매는 윗돌과 밑돌에 쓰이는 커다란 돌을 구해야 하고, 축력에 의존하는 부담이 있어 소가 귀한 농촌에서는 실치하기가 쉽지 않았지만, 작업량이 많기 때문에 널리 보급되어 개인이나 마을의 공동 소유로 이용했다.

184　돌을 파서 만든 절구로서 원문에는 한글 명칭이 기재되어 있지 않으나, '돌확'으로 여겨진다.

7. 내지인의 특수 이익

수리관개 시설의 불비, 교통 운반의 불편 등 내지에 비해서 곤란한 점이 원래부터 많다고 하더라도 역시 내지에서 볼 수 없는 특수한 이익이 없는 것은 아니다. 첫째는 토지의 구매 가격이 저렴하다는 것이다. 후일에는 모르겠지만, 지금 시점에서 전지(田地)는 7·8원에서 40원 정도를 주면 조금 양호한 것을 얻을 수 있다. 둘째는 노동력 임금이 저렴하다. 일반의 생활 정도가 내지에 비해 상당히 낮기 때문에 그 임금이 저렴한 것에 대해 깊게 설명할 필요도 없다. 셋째는 특수 농작물에 대한 이익이 있다는 것이다. 가령, 인삼과 면화와 같은 것은 이것을 내지에서 재배하려고 해도 도저히 불가능하다. 넷째는 농업상의 부담이 경미하다는 것이다. 향후 역시 한동안은 여러 종의 [조세] 부과물(賦課物)이 극히 단조로워질 것이므로 내지와 병행하는 것은 확실히 수십 년 후가 될 것이다. 다섯째, 여러 가지 방면에서 개선·개량의 여지가 매우 많다는 점이다. 이것은 일면에서는 불이익이 되는 조항일수도 있지만 실은 상당한 이익이 되는 것으로 경영자의 수완 여하에 따라서 원하는 대로 이익을 찾을 수 있을 것이다.

8. 가축(家畜)

주요한 가축으로는 소·말·돼지·양계·나귀·노새·산양·개·꿀벌 등인데, 그 중에서 가장 성한 것은 소이다. 그 타고난 성품이 선량하고, 농경과 교통의 일부를 담당하고 있을 뿐만 아니라, 고기는 식용으로서 제일

귀하고 중요하게 여겨지고 있으며, 가죽은 말려서 제조하여 여러 곳의 용도로 이용한다. 효용성이 넓고 경제 가치가 커서 놀랄만하다. 소 다음으로는 말과 돼지 등이 있는데, 말은 단순히 교통상의 용도로 이용될 뿐으로 돼지의 폭넓은 효용성 보다는 뒤떨어진다. 돼지의 뒤를 이어 개와 양 등이 있고 모두 다소의 용도를 가지고 있으며, 매매는 매우 왕성하다. 수년 전에 조선의 생우(生牛)·소가죽·소뼈(牛骨) 등의 총 수출액은 773만원 정도로서 일본 내지에 수출한 것만 해도 약 80만원에 이른다. 다른 축산물과 같은 것들은 무역적인 가치면에서 거의 소의 1/100에도 못 미친다.

1) 소

위와 같은 이유로써 소의 사육은 8도의 도처에서 행해지고 있는데, 그 중에서도 가장 왕성하게 행하는 곳은 들판이 많이 존재하는 함경도이며, 그 다음은 강원도·평안도·황해도·경기도 등이다. 전라도와 경상도 등은 비교적 소수이다. 생각건대 농업이 진보한 지방에는 들판이 적고 노동 임금이 비싸며, 사료가 고가라는 등의 원인으로 자연히 축산에는 편리하지 않기 때문인 것에 기인한다.

함경도에서는 한 농가에 1·2두를 사육하는 것이 아니라, 많게는 30두 내지 50두를 사육한다. 종류는 모두 천연종으로서 인공적으로 개선된 것은 거의 없는데, 색은 연한 적색·적갈색·흑색 등이 제일 많고, 골격은 대부분 건장하며 성질이 유순한 동시에 영리하다.

봄·여름·가을의 세 계절에는 들판이 많은 곳에 방목하여 오래된 풀을 먹이고, 겨울철에는 외양간에 들여보내 콩·피·조 등의 줄기를 삶아서 먹인다. 가장 묘한 것은 방목하는데 특별한 목장을 설치하지 않고, 들판이나 강변, 또는 늪이나 연못 등 적당한 장소에 방사하고 있으며, 더군다나 도망칠 염려는 물론 다른 집의 소와 뒤섞여 지내더라도 결코 분쟁이 일어나지 않는다는 점이다.

가격은 물론 품종에 따라서 다르지만, 대체로 염가는 아니다. 이것은 번식법이 유치하다는 것과 소의 전염병 예방이 시행되고 있지 않기 때문에 중도에 폐사하는 일도 적지 않다는 것에 기인한다. 아래에 생우(生牛)와 소가죽 및 그 외의 일반 가격을 제시해본다.

축우 가격

지역	암수 구분	연령	체구	가격(圓)
경성 부근	수컷 소	-	역우(役牛)	70원
동	암컷 소	-	동	50원
동	동	-	젓소(乳牛)	30원
강원도 원토(院土)	수컷 소	7·8세	역우	60원
동	암컷 소	동	동	50원
동 남강군(南康軍)	새끼 소	1세	-	10원
동 낭천(狼川)	수컷 소	-	-	50원
황해도 여운교(如雲橋)	수컷 소	7세	비대	60원
동	암컷 소	-	최고 우수(最良)	7·80원
동	송아지	1세	-	10원
동 신패(信牌)	수컷 소	-	비대	90원
평안도 오석교(五石橋)	수컷 소	5세	-	50원
동 장수교(長水橋)	암컷 소	5세	-	70원
동 중화(中和)	동	-	비대	100원

제피(製皮), 우골(牛骨)의 가격

소가죽	100근 당(대소 구별 없음)	57원 50전부터 58·9원
우골	100근 당	1원 10전
지방	100근 당	11원 50전 내지는 12원

위의 도표는 수년전의 가격으로 지금은 다소의 차이가 있을 수 있기에 보장할 수 없지만, 그래도 대체적으로 큰 차이는 없을 것이라고 보아도 무방할 것이다.

2) 말(馬)

말은 산출이 상당히 큰 액수이지만, 개선되지 않으면 커다란 가치를 보존할 수 없다. 오늘날에 보면 거의 미완성품인 것 같이 보인다. 체구는 거의 단소한데 내지의 쓰시마(對島)나 오키(隱岐) 등에서 출산된 말과 서로 비슷하다.

산지는 소와 마찬가지로 조선의 북쪽이 주요한 지방이며, 그 외에 도처에서 다소 산출된다. 그렇지만 이를 소에 비교할 때 거의 그 1/10에도 미치지 못한다. 형상은 매우 왜소하고, 높이는 3척(尺) 5촌(寸)이 보통이다. 다만, 신체 각 부분의 발육이 극히 완전하여 사용하는 데에는 의외로 효력이 있다. 주된 용도는 타거나 농경에 이용한다.

3) 양돈(養豚)

돼지의 사육도 매우 왕성하다. 경기도·황해도·평안도 등 집들마다 수 마리를 사육하고 있다. 가장 비만한 것은 생육 50근[원문 그대로임]을 얻을 수 있고, 그리고 1근의 가격이 10전 내지는 15전이기 때문에 1마리의 가격이 싸지 않다.

4) 양계(養鷄)

닭은 품종이 매우 선량하지 않다. 계란은 소형으로서 게다가 산출이 많지 않고, 고기는 맛이 없으며 또한 소량이다. 경기도·충청도·전라도 등에서 왕성하게 사육하고 있지만, 가격이 극히 저렴하여 자기 집에서 사용할 용도 이외에는 사육하는 사람이 없다.

5) 축견(畜犬)

육용과 모피용으로 개의 사육도 상당히 행해지고 있다. 다만, 일반 경제상의 가치에서 논의할 정도는 아니다.

6) 양봉(養蜂)

양봉은 조선의 축산물 중에서 장래에 유망한 사업 중의 하나이다. 그렇기에 옛날부터 이것을 왕성하게 행해왔으며, 강원도·함경도·전라도 등에서는 집집마다 거의 다소의 양봉을 시도하지 않는 집이 드물 정도이다.

산출액은 명확하지 않지만, 매년 자기 집에서 사용하는 용도, 또는 외국으로의 수출 등 결코 적은 양이 아니다. 평안남도의 후창(厚昌)·자성(慈城)·초산(楚山), 평안북도의 단산(段山)·강동(江東)·맹산(孟山)·상원(祥原), 강원도의 평강(平康)·낭천(狼川)·춘천(春川)·이천(伊川), 함경도의 갑산(甲山)·장진(長津)·문천(文川)·안변(安邊), 황해도의 평산(平山)·백산(白山)·개성(開城)·부산(釜山) 등은 제일 유명한 양봉지역인데, 사육하는 대부분의 집에서는 1년에 2·300원의 수익을 올리고 있다는 말을 자주 듣는다.

사육하는 곳은 대체로 높고 험한 산악에 둘러싸여 있는 계곡의 한적한 마을로서 집 부근의 햇빛 좋은 곳에 돌을 놓아두고, 그 위에 봉통(蜂

桶)을 두거나 또는 산꼭대기나 산허리 부근에 암굴을 설치하여 그 사이에 봉통을 안치한다.

이른 봄부터 이른 가을에 걸쳐 꿀을 제조하는데, 적당한 날씨를 보아 통 안의 피복물을 제거하고, 중앙에 설치된 십자(十字) 형태의 나무에서 상부의 꿀을 채취한다. 8월 초순에 첫 번째의 꿀을 채취하며, 이후 15일의 간격을 두고 두 번째, 세 번째의 꿀을 채취한다. 1통 당 1회의 채취량은 거의 5합들이 차완(茶碗)의 3잔이 된다. 이것 1잔의 가격은 대략 60·70전으로써 3회의 채취에 대한 가격은 약 6원 내외가 된다. 판매는 대체로 매입 상인의 손을 거쳐 운영되고 있으며, 드물게는 부근의 도회지에 가지고 가서 직접 거래를 하는 사람도 있다. 양봉에 대해서 언급해야할 부분은 상당히 많다. 여기에서는 단지 그 일단을 제시하는데 그친다.

7) 양잠(養蠶)

양잠 또한 기후와 땅의 성질에 관계하고 있어 매우 유리한 사업이지만, 요즘에 들어와서는 방법이 매우 유치하여 거의 보잘 것 없다. 주요 지역은 경상도의 안동 지방이고, 마산·목포·경성·인천 등에서도 행하는데, 근래에 들어와서 미약하나마 활발하게 경영되고 있다. 기후가 건조하든 강우량이 소량이든 땅의 성질이 양잠농장에 적절한 것은 조선에서 이 업종이 크게 편리하다는 것이며, 특히 양잠농장의 경영에 가장 두려운 서리 피해가 전혀 없다는 것은 실로 하늘의 도움으로 경사라고 할 만하다. 적어도 개선의 방법을 강구해 앞으로의 발전에 노력을 한다면 그 효과는 확실히 크게 나타날 것이다. 참으로 우리 양잠가(養蠶家)들이 분기(奮起)할 때이다.

제19장 상업

1. 무역

수입은 러일전쟁 때보다 급격한 발달을 보이고 있으며, 지난 1905년에는 3,300만원, 1906년에는 3,000만원, 1907년에는 4,100만원 정도, 1908년에는 비슷하게 4,000만원 정도의 거액에 이르고 있다. 이것은 단순히 조선인의 구매력 증가에 따른 것이 아니라, 러일전쟁 이후 우리 내지인들이 조선으로 이주하는 사람이 매우 많이 증가하여 철도·통신 및 기타 공사기업의 발흥, 군대·관아의 증설 등의 결과로서 자연히 수요가 급증한 것에 기인한다. 1907년에 수출액이 갑자기 늘어난 것도 역시 순전히 조선에 살고 있는 내지인의 각종 사업이 그 계기가 되어 이루어진 결과이다.

주요한 수출품은 쌀과 콩 등이며, 그 이외에 가축·소가죽·인삼·잡곡과 같이 모두 조잡하게 만든 농산물과 목축의 생산물뿐이다. 이에 반해 수입품은 면포(綿布)·면사(綿絲)를 시작으로 여러 공사의 재료와 견면(絹綿)·석유·설탕·담배·잡화 등 모두 정성을 들여 정밀하게 만든 제품이다. 이상의 무역 상황은 주로 우리 내지와의 사이에서 행해지는 것으로 타국과의 사이에서 행해지는 것은 극히 미미하다. 게다가 직접 조선인이 무역의 중요 부분을 담당한 적은 아직까지도 없었으며, 모두 우리 내지인의 손에 의해 영위되기 시작한 것이다. 다만, 근래에 들어와 청국 상인의 활동에 대해서는 매우 주의해둘 필요가 있다. 러일전쟁 이후 우리 상인들이 노력해왔고, 또 대체적으로는 원래부터 우리의 상인들이 우세하다는 것을 인정하지만, 청국인이 거래를 엄중하게 하여 약속 기간을 준수하고 있다는 점에서 일본 상인은 물론 조선의 상인들까지 청국 상인을 신뢰하여 지금은 대단한 세력을 가지고 발전하기 시작했다.

여기에서 청과 일본 상인의 활동 전반을 비교하기 위해 최근의 1개월간 양국 상인이 취급했던 물자액을 제시해본다.

품 명	일본(엔[円])	청국
밀가루(小麥粉)	8,460	-
식염(食鹽)	-	5,059
반쯤 말린 과실(生乾果實)	749	220
병에 채운 식음료(壜詰)	2,786	1,450
모피(毛皮)	-	1,333
설탕(沙糖)	26,100	416
맥주	11,084	326
여러 가지 약(諸藥)	7,154	2,222
아닐린 염료[185]	1,681	1,632
시팅[186]과 표백하지 않은 옥양목(生金巾)[187]	7,742[188]	4,092
햇빛에 말린 옥양목(晒金巾)	-	54,107
마포(麻布)	-	275,413
모직물(毛織物)	461	3,065
견포(絹布)	38	52,663
종이	8,103	1,332
문구류	4,103	414

185 아닐린(aniline)은 합성염료의 원료.

186 시팅(sheeting)은 시트용으로 침대 폭에 맞춘 평직(平織)의 면포인데, 양복의 가봉용 천이나 옷깃 속에 넣은 빳빳한 천, 또는 커튼 천 등에 사용한다.

187 옥양목은 생목보다 발이 고운 무명의 한 종류.

188 원문에는 '77,42'로 오기로 보인다.

담배	7,133	6,586
석탄	49,755	-

위의 자료는 원래 병합 이전의 통계인데, 청과 일본 상인이 영업상 동일한 입장에서 서로 다툰 결과이기 때문에 병합 후인 금일에 이르러서는 조선인에게 우리 상인과 상품에 대한 신뢰를 매우 두텁게 해나가야 한다. 그렇게 한다면 저절로 상거래 측면에도 영향을 가져와 이제는 청국 상인 때문에 우리 상권이 유린되는 것과 같은 걱정은 없게 될 것이다. 결국은 단지 철저하게 성실한 태도로 조선인의 신뢰를 두텁게 하며, 나아가서는 조선 물산의 개선을 도모하여 국제적 무역에서 진면목을 보일 수 있는 진보와 발달을 이루는데 노력하지 않으면 안 된다.

훗날은 어찌되었던 지금 조선의 국제무역은 청국과의 관계 이외에 거의 수익을 올릴 수 있는 것이 없으므로 본 절에서는 여기에서 잠시 각필(擱筆)하고, 이하 조선에서의 상거래 관습과 특수 설비 및 조항들에 대해서 설명해보고자 한다.

2. 객주업(客主業)

[객주는] 우리 내지에서 위탁 판매와 도매상을 업으로 삼고 있는 사람으로서 가주(家主)라고 칭한다. 취급하는 곳의 물품과 재화는 주로 곡물·소가죽·담배 등으로 물건의 소유자와 손님과의 사이에는 끊임없이 시장의 성황 및 화물의 상황 등에 대한 연락이 이루어지고 있는데, 소유자

는 시기를 봐서 화물을 객주(客主)에게 보내고, 객주[189]로부터 보관증을
교부받아 위탁 계약을 체결하여 판매에 착수한다. 그리고 소유자로부터
물건을 송부할 때는 가격을 지정하는 것이 통상이다. 지정된 가격으로
판매하는 객주는 관례의 구전(口錢)[190]과 비용을 공제하고, 잔액을 소유
자에게 돌려주는 것으로 한다.

객주는 또한 도매상 영업을 행한다. 그러나 내지의 이른바 도매상(問
屋)[191]과는 그 취지를 크게 달리하고 있는데, 말하자면 일종의 대리매매
이다. 즉, 손님과 상인과의 중간에서 거래의 매개를 행하는 것이다. 가장
특색이라고 할 수 있는 것은 잘 알지 못하는 지역에서 상품을 팔거나, 또
는 물건을 사들이려고 스스로 앞장서서 자신에게 불리한 객주를 통해
거래하려는 경우가 바로 그것이다. 이때 객주는 자신의 이름을 가지고
상대방을 구하는데, 일정한 구전을 받아 매개의 대가를 받는다. 그렇게
한다면, 지방인으로서 도회지의 시장에서 거래를 영위하려고 하는 사람
은 대체로 객주의 손을 빌리지 않으면 안 되고, 구전을 징수당하는 손실

189　객주는 다른 상인의 물건을 위탁받아 팔아주거나 매매를 거간하며, 여러 가지 부
수 기능을 담당한 상인으로서 현재의 '상법'에서는 주선 행위에 속하는 '위탁매매
인(委託賣買人)'에 해당한다. 한편, 객주는 중간 매매상으로서 유통경제를 활성
화 시켰을 뿐만 아니라, 개항장에서의 이들의 활동은 외국 문물과의 접촉을 통하
여 새로운 문화를 형성하는 역할도 하였다.

190　흥정을 붙여 주고 그 대가로 받는 돈.

191　돈야(問屋)는 일본 에도시대(江戶時代)의 도매업자 또는 도매상에 대한 총칭이
다. 가마쿠라(鎌倉)와 무로마치(室町) 시대에는 도이마루(問丸)라고 불렸다. 에
도시대에 들어와 운송과 숙박을 전문으로 하는 업자가 생겨났기 때문에 돈야의 영
업내용은 상품 취급에만 한정되었다. 돈야도 여러 부류가 있는데, 물건 주인의 위
탁을 받아 일정한 구전(口錢)을 받고 중매인에게 팔아넘기는 니우케(荷受) 돈야
나 특정상품을 취급하는 전문 돈야가 있었다. 덴포개혁(天保改革) 후 폐지되었
다가 나중에 부활하였고, 메이지 이후에는 도매상인의 일반적인 호칭이 되었다.

등과 같은 것을 막을 수 있으며, 확실한 물품을 명확한 대가로서 얻을 수 있는데, 거의 그 지역에 살고 있는 재주 상인과 다를 바 없이 편리하다. 분명히 유익한 거래기관이라고 말할 수 있다.

객주가 대금을 지불하는 것은 두 가지 방법이 있다. 하나는 위탁물을 갑자기 판매하기가 어려운 경우, 위탁자의 필요에 부응하여 해당 화물의 금액을 견적한 후에 과부족을 계산하기로 약속하고 일정의 금액을 빌려준다. 또 하나는 어떤 상인이 지방의 산물을 사들이기 위해 자금을 필요로 할 경우, 뒷날에 반드시 그 화물을 객주의 손을 거쳐 판매한다는 계약 하에 적당한 자금을 빌려주는 것이 바로 그것이다. 그리고 이들 객주와 화물 주인과의 관계는 극히 엄격한데, 옛날부터 지금까지 단 한 번의 분쟁도 발생하는 일이 없다. 그 양자 행동의 엄격함, 거래의 성실함은 실로 감탄할 만하다.

3. 거간(居間)

거간은 내지에서 중립인(仲立人)[192]과 동일한 성격을 가지고 있는데, 모두 거래자 쌍방 사이에 있으면서 구전(口錢)을 얻으려는 것을 목적으로 하는 자들이다. 많은 객주들 사이를 출입하며 매매자를 소개하고, 매매

---

192 중립인(나카다치닌, 仲立人)이라고 하는 것은 타인 간의 법률행위, 즉 기본적으로는 계약의 성립을 매개하는 사람으로서 '브로커(broker)'라고도 말한다. 매개대리상(媒介代理商)이 특정의 상인을 위해 계속적으로 진력하는 것에 대해서 중립인은 불특정 사람을 위해 진력한다는 점이 다르다.

의 성립에 진력하여 구전을 받고 있는데, 흡사 작은 객주와 비슷하다. 그렇지만 객주는 자기의 계산을 가지고 거래의 중요한 역할을 맡고 있는 것에 반해 거간(居間)은 단지 거래를 도와주는 것에 그치고 있기 때문에 그 성격으로 볼 때, 원래부터 판연히 구별해야한다는 것은 논할 필요도 없는 것이다. 그 시장의 상황을 보고하고, 상대방의 신용을 조사하여 객주로 하여금 손해를 보지 않도록 기하는 것이 거간의 도덕상의 의무로 삼는다.

4. 전당(典當)

전당업자가 취급하는 전물(典物)[193]은 주로 금은세공품 및 각 집안의 도구와 생활용품인데, 상대방의 신용에 따라 실제 가격의 30% 내지는 50%의 자금을 빌려준다.[194] 이자는 지방에 따라서 높고 낮음이 있으며, 또 여러 종류가 있기 때문에 도저히 일정의 표준을 제시하기 어렵지만, 간추려 말하면 1개월에 3%에서 10%가 통상적이며, [전물을] 유치하는 기간은 물건에 따라 다르지만, 1개월 이상 3개월을 1단계의 기간으로 삼고 있는데, 어떤 특수한 물품에 대해서는 5일간의 단기에 한정되는 것도 있

193　돈을 빌리기 위하여 담보로 맡긴 물건.

194　'전당'이란 재화의 유통에서 채권의 담보로 채무자가 유가물을 채권자에게 유치시키는 것을 말하는 것이다. 전당이라는 용어는 『고려사(高麗史)』 식화편 차대조(借貸條)에서 처음으로 나타난다. 우리나라에서는 전당포라고 불리며, 일본에서는 '시치야(質屋)'라고 하는데 1876년 개항과 더불어 이주해온 일본인이 사용하면서 전당포와 함께 '질옥(質屋)'이라는 용어도 사용되었다.

다. 금액이 커질수록 그에 따라 이율이 낮은데, 이자를 지불하는 것에 따라서 유치 기간을 연장할 수 있는 것 등은 모두 내지와 마찬가지이다.

경제 조직이 극히 유치한 조선에서 전당업과 같은 것은 비교적 흥성하지 않을 수 없음에도 사실은 전부 폐산하였고, 그 영업을 운영하는 사람도 대부분은 보통의 대부업자가 일종의 부업으로 행하는 것에 지나지 않는다.

5. 소매업(小賣業)

조선에서는 내지와 같이 상설 점포를 준비해두고 소매업을 행하는 사람은 거의 없는데, 경성에 육의전(六矣廛)이라는 것이 있어 소매업을 운영하고 있지만, 이것은 지난날 왕실의 어용상인으로서 일종의 격식과 특권을 가지고 있다. 따라서 무제한으로 개점할 수는 없다. 억지로 점포를 세우려고 한다면, 다액의 자금을 지출하여 [조합원이 독점하고 있는] 주(株)를 구매하지 않으면 안 되기 때문에 이른바 상점의 입장에서는 많은 돈을 빌리게 되어 그 이자를 지불하게 된다. 금일에 이르러서는 이미 그 어떠한 우월적인 권한과 능력 없이 주(株)를 구입하지 않은 채 누구라도 자유롭게 개점할 수 있게 되었지만, 오랫동안의 인습이었고, 병합이 이루어진지도 얼마 지나지 않았기 때문에 아직 조선인 중에서 소매 점포를 열려고 생각하는 사람은 매우 적다.

6. 노점(露店)

　상설의 소매 점포를 대신해서 일반적인 물건들은 노점에서 구할 수 있다. 내지의 도쿄(東京)·오사카(大阪)·교토(京都) 등에서는 상당히 노점이 흥성해있음을 볼 수 있지만 대체로 밤중에 개점하는데, 조선과 같이 백주대낮에 더욱이 번화한 큰 거리에서 운영하는 사람은 드물다.

　소매점이 없었던 결과, 자연히 도처에서 노점의 필요성이 생겼고, 조선에서는 유독 도시뿐만 아니라, 시골 지방에 가서도 변변치 않은 노점이 운영되기 시작한 것을 볼 수 있다. 노점에서 매매하는 물품은 식료품·가구류, 그밖에 대부분 일상생활에 필요한 모든 것으로 그 가격도 육의전(六矣廛)에서 구하는 것보다 상당히 싸기 때문에 노점의 번창은 상당하다.

　특히, 노점의 성질이 내지와 같이 자력(自力)이 없는 사람들이 일시적인 생활을 견디기 위해 운영하는 것과는 그 취지를 달리한 결과, 상품에 대해서 거짓으로 속인 물건 등은 절대로 없으며, 모두 충분한 신뢰 하에 거래하는 형태로서 참으로 칭송하여 높이 평가할만하다.

7. 시장(市場)

　소매점이 전무하기 때문에 노점이 왕성하게 행해지는 것은 앞에서 언급한 바인데, 가령 노점이 아무리 왕성하다고 하더라도 노점은 노점이기에 눈앞의 필수품을 구할 수 있는 것에 지나지 않아 조금 정리된 물품을 매입하거나 또는 자신이 소유한 물건을 팔려고 할 때는 또 다른 별도의 기관에 의지하지 않으면 안 된다. 그 때문인지 조선에는 옛날부터 도처에 시일을 정해놓은 장날이 개최된다.

더욱이 장날은 조선에서 지방 물자의 큰 집산일이며 또한 유일한 조직이라고 할 수 있다. 구입자는 모두 지방의 주민들로서 앞으로 열릴 장날까지의 생활에 필요한 물건에서부터 그 어떠한 물건에 이르기까지 관계없이 전부 이 시장에서 구입한다. 판매자는 장날을 목적으로 다른 일을 겸하여 지방을 순회하는 보부상 같은 사람도 있는데, 같은 날 사방에서 모여와 하나의 물건이라도 많이 판매하려고 누구나 모두 앞을 다투어 고객을 부른다. 큰 시장에서는 모이는 수가 10만, 거래액은 8·90만원에 이르는 경우도 적지 않다. 광활한 시장에 연일 고객이 운집하여 입추의 여지가 없을 정도로 성황을 보이고 있다. 현재 가장 성황을 이루고 있는 것은 대구에서 개최되는 봄·가을 두 차례의 장날인데, 매매 금액이 100만원 이상에 이른다고 한다.

여기에서 시장의 조직에 대해서 약간 언급해보겠는데, 개최의 횟수는 일반적으로 월 6회로서 장소는 지역의 상황에 따라 혹은 시가지에서 혹은 야외에서 편의적으로 개설된다. 출품자는 대체로 3·4리를 한계로 하지만, 드물게는 8·9리의 먼 곳에서 올 때도 있으며, 출품의 수속 등은 지방에 따라 다소의 차이가 있다. 울산 지방에서는 목면부(木綿部)·견물부(絹物部)·어부(魚部)·우부(牛部)·잡부(雜部)의 5부로 나누어 구별하고, 잡부 이외의 부에는 각기 유사(有司)[195]와 같은 직책을 두고 그를 지휘 감독 하에 세워 시장의 질서를 유지한다. 그리고 각 출품자는 1년에 수차례

195   단체의 업무를 맡아보는 직무.

일정한 갹금(醵金)을 내서 이것을 유사에 맡겨 다른 방면에서 운용하고, 이자는 유사의 이득으로 한다. 원금은 적립해두고 시장의 설치, 또는 부원(部員)이 시장에서의 예측 불가능한 재난을 당했을 때 구제하는데 이용한다. 또한 밀양 지방에서는 시장의 구획을 각 주막에서 분별하고, 출품자는 각자 원하는 주막에 가서 출품 장소를 선택하는데, 의무로서 음식은 반드시 그 주막에서 먹는 것이 관례이다. 어떤 지방에서는 주막에서 출품자가 출품하는 물건에 대해 그 양을 측정하여 매각하고, 그 대가로서 출품자가 예정했던 이상의 금액을 내는 경우에는 그 나머지를 자신의 소득으로 하는 등의 일도 있다. 이들 시장에 대해서는 종래 관가에서 다소의 재물을 강제로 빼앗는 경우도 있었는데, 병합 후에는 말할 것도 없이 사라진 소행으로 있을 수 없는 일이 되었다. 아래에 유명한 도시의 장날과 집산되는 물품 및 재화의 일단을 제시한다.

1) 경기도

개시(開市) 지명	개시일(음력)	상품명
용산진(龍山津)	매일	야채류
개성부(開城府)	1·6 포함일	목면, 짚신, 꿀, 잡곡, 잡화(방물)
장단군(長湍郡) 장단	3·8 포함일	콩, 잡곡류
동 고랑포(皐浪浦)	2·7 포함일	상동
동 구화장(九華場)	1·6 포함일	상동
풍덕군(豊德郡)	10일, 18일	실, 잡곡, 소가죽, 옥양목(金巾), 면포(綿布), 종이 두루마기(紙袋), 담배, 석유, 설탕, 성냥(燐寸), 도기, 밀가루, 탄산소다(曹達), 염분(染粉), 납촉(蠟燭), 약품, 잡화 등
동군 사천장(沙川場)	4·9 포함일	백미, 소금, 어류, 짚신, 잡화
동	9 포함일	석유, 어류 토막, 옥양목, 마포(麻布), 도기, 명태어, 담배, 생우(生牛)

안성군(安城郡) 안읍(安邑)	2·7 포함일	석유, 성냥, 옥양목, 마포, 도기, 명태어, 담배, 생우(生牛)
인천군(仁川郡) 사천장(蛇川場)	1·6 포함일	쌀, 잡곡, 소가죽, 옥양목, 면포, 면사, 종이 두루마기, 담배, 석유, 설탕, 성냥, 도기, 밀가루, 탄산소다, 염분(染粉), 납촉, 약품, 잡화 등

2) 충청북도

개시(開市) 지명	개시일(음력)	상품명
옥천군(沃川郡) 옥천	2·7 포함일	쌀, 콩, 생우, 땔감과 숯, 옥양목, 목면, 마포, 약, 담배, 명태어, 다시마, 김, 잡화

3) 충청남도

개시(開市) 지명	개시일(음력)	상품명
아산군(牙山郡) 둔포(屯捕)	2·7 포함일	소금, 석유, 성냥, 옥양목, 마포, 도기, 살, 잡곡, 담배
전의군(全義郡) 전의	2·7 포함일	쌀, 콩, 잡곡, 담배, 성냥, 옥양목, 석유, 소금, 명태어, 해산물, 잡화
목천군(木川郡) 목천	1·6 포함일	쌀, 콩, 소가죽, 옥양목, 석유, 명태어, 성냥, 권련초, 잡화
공주(公州) 태전(太田)	1·6 포함일	콩, 쌀, 벼와 보리, 마포, 종이, 담배, 소가죽, 짐승가죽, 면포, 명태어, 석유, 잡화, 술, 성냥, 소금, 어류, 설탕, 간장, 가마니, 새끼줄, 도기
전주군(全州郡) 남문(南門) 외	2 포함일	백저포(白苧布), 백목면(白木綿), 옥양목, 마포, 담뱃잎, 소금, 쌀, 보리, 콩, 종이
금양(金陽) 양소면(良所面) 인천(仁川)	2·7 포함일	백저(白苧), 생목면(生木棉), 옥양목, 마포, 담뱃잎, 소금, 쌀, 보리, 콩, 팥, 종이

4) 전라남도

개시(開市) 지명	개시일(음력)	상품명
남원군읍(南原郡邑)	4·9 포함일	저포(苧布), 옥양목, 백목면, 마포, 담뱃잎
무안군읍(務安郡邑)	4·9 포함일	목면, 해산물
동 무안항(務安港)	2·7 포함일	목면, 담배, 해산물, 종이
영광군읍(靈光郡邑)	1·6 포함일	종이, 모시, 담배, 돗자리
나주군읍(羅州郡邑)	4·9 포함일	각종 목면, 칠기, 부채, 렴(簾), 어류

남평군읍(南平郡邑)	1·6 포함일	목면, 소와 말, 돗자리, 미곡, 면화, 마포, 철기
영암군읍(靈巖郡邑)	5·10 포함일	목면, 빗, 가는 실, 망건, 미곡
해남군읍(海南郡邑)	5·10 포함일	목면, 소, 면화, 가는 실, 미곡
장흥군읍(長興郡邑)	2·7 포함일	저포, 춘사(春紗),**196** 돗자리, 담배, 해산물, 미곡
진도군읍(珍島郡邑)	2·7 포함일	목면, 소, 면화, 해산물, 미곡

5) 경상북도

개시(開市) 지명	개시일(음력)	상품명
대구(大邱) 동문(同門) 외	4 포함일	쌀, 보리, 나물과 채소류, 옥양목, 목면, 비단, 직물, 방적, 실, 소와 말, 석유, 성냥, 잡화(방물), 어류, 음식물, 광물 등
경산(慶山)	5 포함일	
삼랑진(三浪津)	1·8 포함일	
양산(梁山)	1·6 포함일	쌀, 보리, 나물과 채소류, 옥양목, 목면, 면, 직물, 방적, 소와 말, 석유, 성냥, 잡화(방물), 어류, 음식물, 광물 등
밀양(密陽)	2·7 포함일	
약목(若木)	3·8 포함일	
진남(鎭南)	2·7 포함일	양대(凉臺),**197** 반찬류, 부채, 칠기

6) 황해도

개시(開市) 지명	개시일(음력)	상품명
평산군(平山郡) 평산	1·6 포함일	가는 실, 잡곡류
백천군(白川郡) 백천	1·6 포함일	미곡류
금천군(金川郡) 조포(助浦)	1·6 포함일	생우, 콩류, 쌀과 잡곡, 소가죽, 면포, 면사, 종이 두루마기, 담배, 석유, 설탕, 성냥, 도기, 보릿가루, 탄산소다, 염분(染粉), 납촉, 약품, 잡화 등
추야장(秋野場)	3·8 포함일	설탕, 성냥, 도기, 밀가루, 탄산소다, 염분(染粉), 납촉, 공예품, 잡화 등

196 엷고 가는 견직물의 한 종류로 여름 옷감 등에 사용된다.

197 양대(凉臺)는 절풍건(折風巾)이라고도 하며, 대를 짜서 만든 고갈모양의 모자를 말한다.

황주(黃州)	1·6 포함일	쌀, 잡곡, 직물, 금물(金物), 면사, 옥양목, 사금(砂金), 마포, 소, 말린 생선, 저린 생선, 해산물, 석유, 소가죽, 재화(財貨), 동(銅), 가죽류, 명주류
풍천군(豊川郡) 천동(泉洞)	2·7 포함일	쌀, 조, 팥, 어류, 백목면
안악군 (安岳郡)	대원소 (大元所)	5·10 포함일	쌀, 조, 콩, 보리, 담뱃잎
	신환포 (新換浦)		
장연군(長淵郡) 우교(右橋)	1·6 포함일	쌀, 조, 잡곡, 마포, 옥양목, 면 소매, 명주와 비단
문화군(文化郡) 유천(柳川)	3·8 포함일	쌀, 조, 잡곡, 담뱃잎, 누룩, 종이, 미역류, 어류
재령군(載寧郡) 신원(新元)	5·10 포함일	쌀, 조, 콩, 보리, 기장, 편지지, 모시 소매

7) 평안남도

개시(開市) 지명	개시일(음력)	상품명
평양(平壤)	1·6 포함일	쌀, 보리, 곡식류, 직물, 금물, 면사, 옥양목, 사금, 마포, 소, 말린 생선, 저린 생선, 해산물, 석유, 소가죽, 잡화
안주(安州)	1·6 포함일	상동
용강군(龍岡郡) 성현(城峴)	5·10 포함일	쌀, 조, 면화, 보리
증산군읍(甑山郡邑)	4·9 포함일	쌀, 조, 잡곡, 백목면, 담뱃잎, 어류, 소금, 소, 미역류
함종군읍(咸從郡邑)	1·6 포함일	쌀, 조
동 마산(馬山)	3·8 포함일	쌀, 조
의주(義州)	1·6 포함일	쌀
영변(寧邊)	2·7 포함일	쌀
선천(宣川)	4·9 포함일	동(銅), 가죽류
박천(博川)	–	명주류, 기타

8) 강원도

개시(開市) 지명	개시일(음력)	상품명
김화(金化)	1·6 포함일	쌀, 조, 피, 기장, 콩, 팥, 곡류, 옥양면, 목면, 면, 비단실, 견직류, 저린 생선, 미역류, 조개류, 해산물, 놋쇠 그릇, 도기, 석유, 성냥, 집화 등
안협(安峽)	1·6 포함일	
이천(伊川)	2·7 포함일	
강릉(江陵)	2·7 포함일	
김성(金城)	2·7 포함일	
통천(通川)	2·7 포함일	
춘천(春川)	3·8 포함일	
고성(高城)	4·9 포함일	
양양(襄陽)	5·10 포함일	
평강(平康)	5·10 포함일	

9) 함경남도

개시(開市) 지명	개시일(음력)	상품명
문천(文川)	1·6 포함일	쌀, 조, 피, 기장, 콩, 팥, 곡류, 옥양면, 목면, 면, 비단실, 견직류, 저린 생선, 미역류, 조개류, 해산물, 놋쇠 그릇, 도기, 석유, 성냥, 집화 등
정평(定平)	1·6 포함일	
이원(利原)	1·6 포함일	
함흥(咸興)	2·7 포함일	
안변(安邊)	3·8 포함일	
갑산(甲山)	4·9 포함일	
원산(元山)	5·10 포함일	〃
북청(北靑)	매일	

10) 함경북도

개시(開市) 지명	개시일(음력)	상품명
성진군(城津郡) 명장(溟場)	2·7 포함일	백미, 콩, 팥, 어류, 마포
길주군(吉州郡) 길천(吉川)	1·6 포함일	마포, 임목(林木), 소
명천군(明川郡) 명천	4·9 포함일	마포, 소
경성군(鏡城郡) 경성	1·6 포함일	마포, 콩
동 주촌장(朱村場)	4·9 포함일	수레, 마포, 목기
동 지경장(地鏡場)	1·6 포함일	-

무산군(茂山郡) 무산	매일	조, 가죽류, 녹각, 마포, 사향, 웅담
종성군(鍾城郡) 종성	매일	세포(細布)[198]
경흥군(慶興郡) 경흥	매일	마포, 콩

이상은 8도 중에서 가장 주요한 시장만 소개한 것으로 그 이외의 작은 것들은 전국에 수백여 곳에 이른다. 그리고 이들 지역은 모두 내지에서 상업이 번성하고 흥성한 지역으로서 주목할 만한 곳들이다.

8. 은행(銀行)

조선인이 설립한 은행에는 한성은행(漢城銀行), 천일은행(天一銀行), 한일은행(韓一銀行) 등이 있다. 모두 자금이 부족하여 충분하게 영업할 수 없었기 때문에 한성은행과 천일은행은 중도에 정부의 보조를 바라게 되었다. 그리고 이들 3개 은행이 지불하고 납입할 수 있는 합계 금액은 16만 4,000원에 불과하다. 매우 미미한 상태이지만 그럼에도 불구하고 경성 지방 상인에게 일종의 금융기관으로서 노력해왔던 공적은 결코 적지 않다. 매년 예금액 7·80만원에 달하고, 대체로 10%에서 14·15%의 배당을 부여하고 있다. 내지인이 경영에 관계한 은행으로는 첫 번째로 제일은행(第一銀行)을 시작으로 십팔은행(十八銀行), 제오십팔은행(第五十八銀行), 일본흥업은행(日本興業銀行) 등 모두 상당한 활동을 하고 있다. 여기

198　가는 삼실로 곱게 짠 베를 말함.

에서 그 지점 및 출장소의 소재지를 제시하면 다음과 같다.

- 제일은행 : 경성(京城) · 인천 · 부산 · 원산 · 평양 · 진남포 · 목포 · 군산 · 마산 · 대구 · 개성 · 성진 · 함흥 · 경성(鏡城) · 나주 · 용산
- 십팔은행 : 경성(京城) · 인천 · 부산 · 원산 · 목포 · 군산 · 나주 · 용산
- 제오십팔은행 : 경성(京城) · 인천 · 부산 · 진남포 · 평양
- 일본흥업은행 : 경성(京城)

위의 은행 이외에 농공은행(農工銀行)은 경성을 시작으로 평양 · 대구 · 전주 등 거의 8도 도처에 설립되어 지금은 약 30곳에 이르고 있다. 또한, 조선의 금융기관으로 지난 40년 공포되었던 「지방금융조합규칙」에 의해 설립된 특별주식(特株)의 조합이 있다. 이것은 지방에서 소규모의 자금 융통을 모색하기 위한 목적으로 만든 것으로서 지방 농공상에게 매우 편리함이 많은 기관이다.

9. 상업회의소(商業會議所)

내지인이 설립한 상업회의소는 경성과 인천을 시작으로 대략 10곳이 있다. 의원의 합계는 188명이며, 1909년도 경비는 4만 9,000원 정도를 계상(計上)하고 있다. 아래에 그 상세를 제시한다.

명 칭	의원수(인)	특별의원	선거권자
경성상업회의소	24	–	2,094
인천상업회의소	22	4	1,285
부산상업회의소	20	4	430
원산상업회의소	20	–	332
진남포상업회의소	18	–	318
목포상업회의소	3	–	155
군산상업회의소	12	–	323
평양상업회의소	16	2	545
대구상업회의소	12	2	262
마산상업회의소	20	–	258

제20장 공업(工業)

조선의 공업은 고려왕조 때에 약간의 진면목을 보여 발달을 이루기는 했지만, 조선왕조에 이르러 갑자기 쇠퇴하였고, 특히 중세 이후 거의 퇴폐의 지경에 달하였다. 금일에는 모든 방면에서 말할 것도 없다. 종류는 면포(綿布)와 마포(麻布)의 제직, 염색, 제지, 도자, 목죽제품, 금속품, 편물, 양조품 등 상당한 수준이지만, 그 생산량과 기술적인 측면은 실로 매우 투박하여 미술적인 제품 같은 것은 거의 하나도 존재하지 않는다. 우선은 4·5세기 무렵의 공업 상황과 비교해보면 다를 바가 없는 것과 마찬가지이다. 실로 개탄스러운 느낌을 참을 수 없다.

1. 공업품(工業品)

1) 면포(綿布)

면포의 주산지는 전라도로서 통상은 목포를 경유하여 조선의 내지로 판매된다. 그 액수는 대체로 보아 1년에 50만원 정도에 이르는 것으로 말해지고 있다. 또한 품질이 양호한 것은 경상도 진주의 목면이다. 이외에 경상도·경기도의 각지에서 제직(製織)되고 잇는데, 역시 매우 적지 않은 양이다. 게다가 매년 외국으로부터 조선으로 수입되는 면포는 400만원에서 500만원에 달하며, 또한 해가 갈수록 그 액수가 증가하는 경향을 보이고 있다.

2) 견포(絹布)

조선이 양잠의 최적지라는 것은 앞에서 상술했는데, 그 중에서도 평안도의 평양, 강원도, 경상도의 안동·상주, 전라도의 광주·남원·나주·능주(綾州) 지방과 같은 곳은 지금도 그 업에 종사하는 사람이 상당히 많다. 특히, 근래에 들어와 잠업박습소(蠶業博習所)가 설립되어 구식을 버리고 점차 새로운 양잠법으로 변하고 있기 때문에 금후 이 방면의 발달은 아마도 괄목할만한 발전을 기대할 수 있을 것이다. 제직품은 대체로 평견(平絹)과 명주류로서 평안도의 성천(成川)·진천(秦川)·영변(寧邊)·희천(熙川)·덕천(德川)의 명주, 전라도에서 재배한 생견(生絹), 강원도 철원(鐵原)의 명주, 평안도 덕천의 원료로 만든 얇은 천(羅) 등은 그 명성이 높아 우리 내지에서도 수요자가 매우 많다.

3) 저마포(苧麻布)

저마포도 역시 조선에서 유망한 산물이다. 현재 함경도의 북관(北關) 지방이 가장 저명하다. 기타 지역으로 평안, 충청, 전라의 삼도 등이 또한 모두 다산지로서 알려져 있다. 특히 금강 유역에는 수십 리에 걸친 산지가 있다. 또한 품질이 우량하기 때문에 환대를 받는다. 마포를 만들 때에는 마(麻)에 물을 뿌려 햇빛에 말리고, 겨울철에는 서리와 햇빛에 따라서 자연히 표백되기를 기다린 후에 손으로 섬유를 찢고, 손가락으로 비틀어서 가는 실을 만들며, 우리나라에서의 기계와 마찬가지의 기계가 있어서 이를 이용하여 천을 만든다. [여기에서 산출된] 조잡한 것들은 작은 낟알을 넣는 주머니나 잡용으로 이용하고, 중등품 이상의 것은 상복(喪服) 또는 하복의 재료로 이용한다.

4) 화문석(花筵)

전라도의 보성(寶城)과 경기도의 강화도(江華島)는 화문석의 특산지로서 유명하다. 제품은 그 해당 지역에서 주로 짜는데, 그 때에 '복(福)' 자와 '희(囍)' 자를 많이 짜서 넣는다. 내지와 같이 화려한 꽃이 피는 식물을 짜 넣는 것은 거의 볼 수 없다.

5) 염색(染色)

염색업이 왕성한 곳은 전주이다. 바둑판무늬, 잎사귀무늬, 쪽빛 무지[199] 등이 산출된다. 그리고 쪽(藍)을 가장 많이 심고 있는 곳은 전라남도 영산(榮山)·강남(江南)·평동(平同)·보성(寶城)·장흥(長興), 전라북도의 전주(全州) 등이다.

염색포의 용도는 의복, 담요 시트, 보자기, 장제(葬祭) 용구 등으로 내지와 같이 많은 방면에 사용되지 않는다. 따라서 그 염색도 대체적으로 단조로워 화조(花鳥)·산수(山水) 등의 아름답고 우아한 동시에 정교한 것은 하나도 존재하지 않는다. 근래에 들어와서 약간 진보한 흔적이 있다고 하더라도 이것을 내지의 염색업과 비교해보면 거의 발밑에도 미치지 못한다고 할 수 있다.

6) 목죽제품(木竹製品)

상당히 많은 수량을 생산하지만, 기술이 너무나 졸렬하기 때문에 조

---

199 원문에는 '남무지(藍無地)'로 표기되어 있으며, 일본어로는 '아이무지(あいむじ)'로 읽는데, 목면이나 마, 명주 등의 직물에 '쪽(藍)'의 염료를 이용해 물들인 무늬가 없는 천을 말한다.

선의 목죽제품을 언급하는 사람은 없다. 칠기와 같은 것도 역시 매우 유치하여 내지의 제품과 원래부터 전혀 비교되지 않는다. 한편으로 죽제품 중에는 다소 볼만한 것이 있다. 전라도 담양(潭陽)과 나주의 발(簾)은 옛 날부터 유명하다.

7) 편세공(編細工)

편세공은 다른 공작품에 비해 조금 완전하다고 할 수 있다. 특히 모자, 신발, 돗자리, 풀줄기로 짠 돗자리(莫蓙)[200] 등의 제작은 옛날부터 경험에 의해 만들어진 우량품으로 평가할 만한 것이 많다. 재료인 대나무는 남 해의 여러 섬에서 산출되는 것으로 양질이라고 말해지고 있으며, 말의 털(馬毛)은 함경도와 그 이외의 북부 여러 지방에서 산출된다고 한다.

8) 금속제품(金屬製品)

농공구가 그 주요한 제품이다. 솥과 냄비에는 약간 면목을 보일만한 작품이 있으며, 식기·변기·대야·화로 등의 놋쇠제품 역시 다소 볼만한 것이 있다. 그렇지만, 그 산출액은 매우 적어서 내지에서 매년 다량의 수 입을 받아들이고 있어 점점 수요가 늘어나고 있는 상황이다. 그 외에 금 은동철 등의 세공이 있기는 하지만 모두 서투른 기술이고, 또한 일부 나 열하여 언급할 정도의 가치가 있다고 판단되지 않는다.

200 원문에는 '오좌(莫蓙)'로 표기되어 있는데, 풀줄기(草莖)로 짠 돗자리를 말한다.

9) 제지(製紙)

가장 크고 왕성하게 이루어지는 것이 제지로서 경상도·전라도·충청도·평안도 등 도처에 제작하는 곳이 있다. 전주성(全州城) 안에는 조선과 일본 공동의 큰 제지공장이 있다. 그렇기에 보조비를 얻어서 일본의 직공을 사역시킴으로서 왕성하게 제조에 종사하고 있다. 원래 조선의 제지는 고려시대 때부터 매우 유명한데, 청국의 화지(畫紙)로 이용되어 매년 관세 통과만으로도 10만원 이상에 달할 정도의 상태이기에 밀수출과 내지용을 합산할 때에는 그 액수가 수십만 원의 거액에 이를 것이라는 것은 분명하다. 당국자들도 조선의 제지업에 대해서는 충분히 고려하기 시작했다고 듣고 있다.

10) 도자기(陶磁器)

현재의 제품은 보기에 충분치 않지만, 도기와 자기의 원료인 와목(蛙目)[201]과 규석(硅石) 등의 산출이 상당이 많기 때문에 조선에서 이 업종은 매우 유용한 것으로 인정받고 있다. 경상도·전라도·충청도·경기도 등은 도처에 도자기용의 흙이 존재하며, 또한 품질이 극히 우수하다고 말해지고 있다. 와목은 경기도에 가장 많다. 도자기에 그림을 그려 넣거나 유약의 조합용으로 사용해야하는 규석과 장석(長石) 역시 경기도에서 산출되지만, 원래부터 도자기 흙 또는 와목에 비해서는 산출이 적다.

지금 조선에서 제작하는 곳은 40여 곳에 이른다. 외관상 침체의 기운이 짙은 것은 아니지만, 한 번이라도 그 제품을 목도한다면 전부 제작이

---

201 '와목점토(蛙目粘土)'의 준말로 화강암질의 암석이 풍화되고 분해되어 이루어진 진흙으로서 도기나 자기를 제작할 대 중요한 재료이다.

조잡하기가 더없는 것들임을 알 수 있고, 미술적인 공예품으로서 인정할 만한 것은 하나도 존재하지 않는다. 모두 조상 전래의 제작법을 고수하여 점점 그 기술이 숙련치 못한 쪽으로 기울기 시작하고 있을 뿐이다.

그렇지만, 앞에서도 언급했던 바와 같이 원료의 산출에 상당한 거액이 들어가기 때문에 우리 내지인으로 하여금 한 번 착수를 시도하도록 하여 점차 개선의 길로 나아가야 한다. 원래부터 그 어떤 비관도 가질 필요가 없다. 지난해 기후현(岐阜縣) 도키군립도기학교(土岐郡立陶器學校)에서 조선의 도자에 필요한 토석(土石)을 시험했는데, 그 성질이 조금 강견하여 용해하기 어려운 성질을 가지고 있다고 전해진다. 그러나 강한 것을 연하게 만드는 것은 쉬운 작업이기 때문에 이것으로 인해 추호도 나쁜 상황을 초래하지 않는다는 것은 말할 필요도 없다.

11) 양조업(釀造業)

양조업은 조선인 자신들을 위해 사용하는 것이 많기 때문에 제조가 왕성한 것에 비해 품질은 우수하지 않다. 그 중에는 조선인 이외의 사람이 도저히 마실 수 없는 것도 있다. 가장 많이 양조되는 것은 탁주(濁酒)·소주(燒酒)·청주(淸酒)·약주(藥酒) 등인데, 과하주(過夏酒)·홍주(紅酒)·감로주(甘露酒)·백감(白甘),[202] 합주(合酒),[203] 이강주(梨薑酒)[204] 등 또한

---

202 술지게미.
203 찹쌀로 빚어서 담근 막걸리.
204 황해도와 전라도 지방의 술로 현재는 전라북도 무형문화재로 지정되어 있다. 누룩과 멥쌀로 빚은 약주를 증류시켜서 만든 30도의 소주에 배즙과 생강, 계피, 울금(鬱金) 등의 추출액을 첨가하고, 최종적으로 꿀을 넣어 1개월 이상 숙성시켜서 약 25도 정도의 이강주를 만든다.

상응하여 만들어내고 있다.

- 탁주 : 하급민이 마시는 용도로 만들어지는데, 주정분(酒精分)[205]의 함량이 3도 내지는 8도이며, 산취(酸臭)와 산미(酸味)가 매우 강하여 내지인이 마실 수 없는 것이다.

- 소주 : 28도 내지 38도의 주정(酒精)을 함유하는 것으로 벌꿀 또는 설탕을 섞어서 마신다.

- 약주 : 조선에서 가장 귀중하게 여기는 것으로서 다른 향료를 가미하여 마신다. 연회나 제삿날 등에 많이 이용한다.

- 과하주 : 우리 내지의 '미린(味淋)'[206]과 유사하다.

- 청주 : 약주(藥酒)의 한 종류로서 더 맑게 만든 술을 말한다.

- 홍주 : 보통의 술로서 설탕 또는 꿀을 혼합하고, 홍국(紅麴)[207]을 이용하여 착색한 것을 말한다.

- 감홍로(甘紅露) : 소주를 증류할 때 홍국을 약간 정도 추가하고, 그 소주에 벌꿀을 가미한 것으로 이것 또한 조선인이 특별히 즐기는 음료이다.

---

205 알코올 성분을 말한다.

206 '미린(味醂, 味淋)'은 찐 찹쌀과 누룩을 소주 또는 알코올에 혼합 양조하여 그 찌꺼기를 짜낸 술로서 단맛이 강하며 주로 조미용으로 사용하는데, 알코올음료로서 식용의 '미린'도 있다.

207 홍국(紅麴)은 쌀을 누룩곰팡이(monascus purpureus)로 발효시켜 만든 붉은색 쌀이다. 즉, 멥쌀로 밥을 지어 누룩가루를 넣고 따뜻하게 띄운 다음에 더운 기운을 빼고 볕에 말린 것으로 약주나 곡주(穀酒)를 담그는 데 사용한다.

2. 외국인들의 공업

지난날에는 여러 가지 방면에서 외국인이 공업 경영을 행해왔지만, 근년에 들어와서 점차 내지인의 수중으로 들어왔다. 유일하게 한미전기회사(韓美電氣會社)가 미국인의 손에 의해 지배되고 있지만, 이 또한 최근에 용산에서 시작된 '일선와사회사(日鮮瓦斯會社)'가 매수하여 지금 조선에서 외국인이 경영하는 것은 거의 그 흔적만 남아있을 뿐이다.

3. 내지인 제공장(諸工場)

명 칭	소재지	자본금(원)
부산연초주식회사(釜山煙草株式會社)	부산	100,000
조선대염판매합자회사(朝鮮臺鹽販賣合資會社)	〃	60,000
부산정미장(釜山精米場)	〃	70,000
에구치상회(江口商會)	〃	50,000
노구치철공장(野口鐵工場)	〃	1,500
다시로제분소(田代製粉所)	〃	–
아와모리상회(淡盛商曾)	〃	100,000
스에마쓰와제조장(末松瓦製造場)	군산	4,500
이시다구보타정미소(石田窪田精米所)	〃	15,000
조선면화주식회사(朝鮮棉花株式會社)	목포	200,000
면조공장(綿繰工場)	〃	51,000
시라야마제유소(白山製油所)	〃	30,000
목포철공합명회사(木浦鐵工合名會社)	〃	10,000
기무라정미소(木村精米所)	〃	50,000
다케우치정미소(武內精米所)	〃	80,000
야마토상회인쇄부(大和商會印刷部)	경성	20,000

일한인쇄주식회사(日韓印刷株式會社)	〃	500,000
와제조소하마모토도라기치(瓦製造所濱本虎吉)	〃	12,000
연초제조소(煙草製造所)	〃	30,000
마스다정미소(益田精米所)	〃	20,000
나가시마와공장(長島瓦工場)	〃	10,000
시흥동산(始興銅山)	〃	20,000
이시카와철공장(石川鐵工場)	인천	30,000
초자제조소구노기타로(硝子製造所久野喜太郎)	〃	4,000
택합명회사인천지점(宅合名會社 仁川支店)	〃	500,000
일본장유제조주식회사(日本醬油製造株式會社)	〃	200,000
인천전기주식회사(仁川電氣株式會社)	〃	125,000
수이공장고다마헤이지로(水飴工場兒玉平次郎)	〃	600
인천라무네제조소(仁川ラムネ製造所)**208**	〃	3,600
마쓰오정미소(松尾精米所)	〃	8,000
리키타케정미소(力武精米所)	〃	15,000
후쿠다정미소(福田精米所)	〃	5,000
이나바연와공장(稻葉煉瓦工場)	평양	50,000
하시모토연와공장(橋本煉瓦工場)	〃	30,000
바바정미소(馬場精米所)	진남포	50,000
사토정미소(佐藤精米所)	〃	100,000
원산철공합자회사(元山鐵工合資會社)	원산	10,000
원산연와제조소(元山煉瓦製造所)	〃	10,000
원산주조소(元山鑄造所)	〃	6,000
오바야시구미제재공장(大林粗製材工場)	신의주	100,000
오쿠라구미목재공장(大倉粗木材工場)	용엄포(龍嚴浦)	-
평북상회(平北商會)	정주(定州) 남문 밖	5,000

위에 게재한 것 이외에 관설(官設)로 이루어진 여러 공업에 이르러서는 전부 조직이나 규모가 매우 광대한데 여기서는 모두 생략토록 한다.

208 '라무네(ラムネ)'는 구슬 뚜껑으로 막은 병에 든 일본의 탄산음료로 '라무네'라는 명칭은 '레몬에이드(lemonade)'에서 일본 음가로 전화된 것이다.

4. 보수(勞銀)

경성과 주요 도시에서의 보수에 대한 일반을 제시하면 다음과 같다.

주요 도시의 공업 관련직의 보수표(단위는 원[圓])

종별		경성	인천	평양	부산	원산
목공(木工)	내지인	1,500	1,319	1,529	1,250	1,500
	한국인	1,121	1,131	0,938	0,711	0,700
좌관(佐官)	내지인	1,542	1,440	1,825	1,250	1,625
석공(石工)	내지인	1,863	1,511	2,125	1,383	1,658
	한국인	1,316	1,105	0,992	0,775	0,700
나무꾼(木挽)	내지인	1,521	1,508	1,617	1,475	1,633
	한국인	1,092	1,004	0,975	0,766	0,763
기와 기술자(瓦葺)	내지인	1,541	1,418	1,739	1,258	1,508
연와직(煉瓦職)	내지인	1,746	1,496	2,500	1,408	1,715
	한국인	1,250	1,010	0,917	1,200	0,732
페인트직	내지인	1,508	1,563	1,911	1,300	1,797
양철공(鐵力職)	내지인	1,529	1,471	1,375	1,335	1,715
단야직(鍛冶職)	내지인	1,497	1,498	1,133	1,150	1,348
다타미직(疊職)	내지인	1,541	1,365	1,600	1,250	1,175
우물파기(井戸堀)	내지인	1,638	1,825	1,158	1,341	1,200

제21장 임업 (林業)

앞장에서 언급한 바와 같이 조선은 산악이 풍부하지만, 산림정책상의 설비를 태만하게 하였기 때문에 도처에 민둥산과 나무 없는 붉은 산이 우뚝 솟아있고, 수목이 번성하여 우거진 곳이 극히 적어서 실로 대단히 황량하다. 따라서 임업이라고 칭할 정도의 것은 없고, 단지 압록강과 그 이외 두세 곳의 지방에서 조금 볼만한 삼림을 가지고 있는 것에 불과하다. 금후 우리 당국자의 노력에 의해 다행히도 산림정책의 효과를 거두어 비로소 조선 임업의 면목을 인정할 수 있게 되었다. 잠시 그 전망에 대해서는 후일로 남겨두고 여기에서는 단지 그 일반을 서술해보겠다.

1. 구획 (區劃)

산림정책상의 적절하지 못한 계획이 위와 같아 임야의 구획 면적에 대해서도 대단히 명료하지 못하다. 우리 내지의 기사들도 이것에 큰 곤란을 느끼게 되어 각자가 일정의 표준을 세워 추론하고 있지만, 모두가 정확한 것인지 아직은 곧바로 단정할 수 없다. 그 가운데 가장 유력한 두 가지의 설이 있다. 하나는 조선 전토의 총면적에서 농경지와 택지, 염전, 광천지(礦泉地),[209] 못과 늪, 목장 및 그 이외의 잡지(雜地)와 같은 것을

---

209 땅이나 돌 틈 속에서 솟아나는 샘이 있는 지역.

제외하고, 그 나머지를 삼림 면적으로 계상하는 것이다. 이 설에 의하면 1,512만 4,560정보(町步)가 되는데, 농경지와 기타의 면적이 명확하지 않은 오늘날에 이 계산식으로 합산해보면, 그 결과가 결코 정확하다고 말할 수 없다. 또 다른 하나는 조선의 임야 분포 상태를 우리의 히로시마(廣島)와 오카야마(岡山), 효고(兵庫)의 여러 현(縣)과 대략 동일한 것으로 간주하고, 이 세 현을 토대로 산출하는 방법이다. 이 계산에 의하면, 임야 면적이 770만 정보가 되는데, 소식통이 말한 바에 의하면 이 계산법이 근사치라고 한다.

2. 현재의 삼림(森林)

조선은 지난날 훌륭한 삼림이 무성했던 곳으로서 현재 경성의 배후에 용립(聳立)해 있는 해발 2천여 척(尺)의 북한산과 같이 지금으로부터 100년 이전까지는 온 산에 거목들이 울창하여 경성은 그 녹영(綠影) 속에 둘러싸여 있는 상태였는데, 청국이 조선을 속국시하기에 이르러 왕성하게 날뛰면서 [수목들을] 남벌(濫伐)하여 결국에는 오늘날의 민둥산과 같이 되어버렸다. 경성의 산조차 이와 같은 상황인 것을 보면, 다른 지방의 산림이 얼마나 수목으로 풍부했었는지 상상하는 것은 어렵지 않다.

현재로서는 삼림으로 볼만한 것이 거의 존재하지 않는다. 우리의 보호국이 된 이후에 벌채가 금지된 지역에 이름을 붙여 삼림지라고 일컬을 뿐이다. 게다가 여전히 아래와 같은 10수개의 산림 구역에 지나지 않는다.

산림지	위치	면적(町步)
인제산(麟蹄山)	강원도 인제군(麟蹄郡)	약 18,000
한라산(漢拏山)[210]	전라도 제주도	약 15,000
완도(莞島)	전라도 완도군(莞島郡)	3,000
변산(邊山)	전라도 부안군(扶安郡)	미상
지리산(智異山)	경상도 안의군(安義郡)	45,000
도령(島嶺)	경상도 문경군(聞慶郡)	40,670
안면도(安眠島)	충청도 공주군(公州郡)	미상
울릉도(鬱陵島)	강원도 울릉도	3,000
화산(花山)	경기도 수원부(水原府)	1,300
악창(樂倉) 직동(直洞) 외 몇 곳	평안도 영원군(寧遠郡)	미상
낭림산(狼林山)	평안도 희천산(熙川山)	미상
백마산(白馬山)	평안도 백마산	미상
압록강(鴨綠江)	평안북도	292,340
두만강(豆滿江)	함경북도	185,045

3. 목재의 품질과 종류

위와 같이 삼림의 수가 매우 적지만, 목재의 품질은 대체적으로 우량하여 동량(東涼)의 재료로서 부족하지 않다. 지난해 대원군이 경복궁을 새롭게 조영할 때와 같이 진재(珍材) 거목의 전부를 모두 압록강의 삼림으로 청한 것을 보더라도 대략 그 일반을 알 수 있다.

수종(樹種)은 지방에 따라 차이가 있다. 대체로 소나무·종가시나무·낙엽교목류·상수리나무·졸참나무·상록침엽수[211]·분비나무·해송·적

210 원문에는 '한라산(漢羅山)'.
211 소나뭇과의 상록침엽수이며 가문비나무(에조마츠[エゾマツ])의 변종이다.

송·느티나무·가문비나무·분비나무류 등이 있다.

2·3년 전부터 임업사업소에서 경성의 백운동(白雲洞)·안현(鞍峴)·양진(梁津)·평양·모란대(牡丹臺)·석부산(石磚山)·애미산(愛美山)·감북산(坎北山)·대구 비파산(琵琶山) 등에 적송·산오리나무·상수리나무·물오리나무[212]·흑삼나무·뽕나무·앵두나무·복숭아·아카시아·낙엽송 등 다수를 심었는데, 수년 후에는 조금 그 진면목을 새롭게 할 수 있을 것이다. 어찌되었든 1908년도 조선 삼림의 공제 총수익이 65,000원이라는 것은 실로 마음이 안 놓인다.

4. 조림사업(造林事業)

지금까지 조선정부에는 역대에 걸쳐 임업에 마음을 두고 배려하는 사람이 단 한 사람도 없었고, 거의 남벌하는 등의 무모한 처리로 임하고 있던 상태였다. 지난 1906년에 우리 정부가 임업감독 기사 1인을 초빙하여 일정부분 구치(救治)의 길을 강구했지만, 갑자기 그 면목을 개선할 수 없기에 여전히 매우 황폐해 있다.

그런데, 우리 통감(統監)이 열심히 산림정책에 유의한 결과, 도처에 모범림과 묘목양성소 등의 설비가 이루어져 조금씩 영림(營林)의 단서를 열게 되었고, 오늘에 이르러서는 각 도(道)가 모두 다소 활기찬 모습을 띠기에 이르렀다. 1907년에는 우선 경성의 백운동과 평양의 모란대에

212 　자작나뭇과 낙엽교목으로 물오리나무이며 산과 들에서 자생한다.

모범림을 조영하고 사방공사를 시행하여 여기에 적송·산오리나무·상수리나무 등의 묘목 59,000주를 심었다. 또한 1908년에 경성·평양·대구 등의 부근에 심었던 모범장은 면적 약 224정보(町步)가 되었는데, 이것은 명확히 경제적 임지(林地)의 식재(植栽)를 시도한 것이었다.

1907년의 모범림 조영과 동시에 수원·대구·평양의 세 곳에 수묘양성소(樹苗養成所)를 설치하였고, 청사의 신설과 함께 기사를 파견하는 등 왕성하게 경영하였다. 양성되기 시작한 묘목은 적송·흑송·상수리나무·오리나무[213] 등과 산오리나무·편백나무·낙엽송·전나무·삼나무·밤나무 등으로 모두 1·2년생의 것을 내지에서 가져온 것들이다. 이상의 식림은 그 후의 성과가 모두 양호하고, 묘목의 발육 또한 빨라서 훗날 조선의 조림사업에 대한 밝은 전망을 확실하게 말해주고 있다.

5. 압록강 삼림(森林)

압록강과 서로 나란히 서서 북쪽으로 구불구불하게 이어진 대산맥 일대의 삼림으로서 현재 조선의 삼림 중에서 가장 광대한 것이다. 지금 벌목을 하고 있는 곳은 의주의 백마산(白馬山), 초산(楚山)의 탄령(炭嶺), 강계(江界), 자성(慈城), 후창(厚昌)의 깊은 산속, 혜산(惠山)의 서남쪽 설령(雪嶺) 등으로 그곳들 중에는 거의 모두 벌목을 다해버려서 가까운 장래에 희망이 보이지 않는 곳도 있다. 또 강계·자성·후창 등은 역시 전망이 기

---

213   원문에는 '적양(赤楊)'으로 기재되어 있는데, 자작나뭇과에 속한 낙엽 활엽 교목으로 오리나무라고도 부른다.

대되지만, 점차 산속으로 진입함에 따라 운반에 상당히 곤란한 상황이 발생하고 있기에 지금 이대로는 경제적으로 각별한 가치를 지닐 수 없다. 백두산 산록 부근 역시 참으로 유용한 목재가 많지만, 이 또한 배와 뗏목을 이용하기가 불편하여 경제성 있는 벌목에 종사하는 것은 극히 드문 일이다.

교통이 편리하고 운송에 이익이 있는 방면에서는 밤낮으로 왕성하게 벌목이 이루어지고 있으며, 거대하고 우량한 목재를 얼마만큼 뗏목으로 흘려보내는지 그 수를 알 수 없다. 황폐해졌다고 말하더라도 역시 당당한 대삼림의 면목을 가지고 있다.

6. 수용지(需用地)

조선에서는 건축물에 목조를 이용하는 것이 매우 적기 때문에 모처럼의 좋은 목재도 조선 내지에서 거의 사용되지 않는다. 압록강의 목재 중에 '박달'[214]이라고 부르는 것은 북청(北淸) 지방에서 우차(牛車)의 수레바퀴나 바퀴살로 사용되며, 단풍나무의 잎사귀도 또한 염색의 원료로서 청국에 수출된다. 그 이외에 대부분이 강을 따라 흘러내려가 청국 안둥현(安東縣)으로 수출되고 있다.

---

214 자작나무과에 속하는 넓은 잎의 큰키나무로 한국과 중국, 일본이 원산지이며, 온대 지방의 깊은 산에 서식한다. 목질이 단단해 빨래방망이와 홍두깨, 절구 등으로 만들어지며 수레바퀴나 바퀴살을 만드는데도 사용한다.

제22장 수산업(水産業)

　수산은 조선에서 3대 사업의 하나로서 삼면이 바다에 둘러싸여 있고, 더욱이 연안에 많은 작은 섬들이 산재해 있으며, 그 어떠한 어류의 서식에도 매우 편리하기 때문에 근해 도처에 놀랄 정도로 다수의 어족이 번식하고 있다. 게다가 전해오는 내력으로서 조선인은 물고기를 잡는 것에 뛰어나지 못하고, 또한 배와 뗏목의 조정도 졸렬하기 때문에 겨우 만(灣) 안에서 작은 물고기를 포획하는데 그치고 있다. 이른바 어업적 설비 하에 종사하는 사람이 매우 적다. 따라서 많은 어종들이 근해에 충만해 있고, 지금은 내지 업자들이 생각지도 못한 이익을 거두어들이고 있다.

1. 어류(魚類)

- 해수류(海獸類) : 고래, 돌고래, 쇠돌고래, 바다표범, 물개,[215] 수달 등.
- 어류(魚類) : 명태어, 조기, 정어리, 청어, 오징어, 전갱이, 삼치, 청어, 청새치, 다랑어, 가물치, 큰 상어, 가오리, 방어, 도미, 대합, 방어, 달강어, 볼락돔, 가자미, 넙치, 서대기, 메기, 갈치, 복어, 아귀, 볼락, 감성돔, 바다

215　원문에는 '옷토세이(膃肭臍)'라고 기술하고 있는데, 아이누어 '온넵프(オンネップ)'를 중국에서 '온눌(膃肭)'이라고 음역한 것이며, 여기에 배꼽(臍)이 약용으로 쓰이고 있어 '옷토세이(膃肭臍)'가 되었고, '해구신(海狗腎)'이라는 용어와 함께 일본에 들어와 정착했다.

빙어, 까나리, 칠성장어, 전어, 산천어, 잉어, 붕어, 뱀장어, 미꾸라지 등.

- 패류(貝類) : 전복, 소라, 피뿔고둥, 전복껍데기, 가리비, 대합조개, 가막조개, 동죽조개, 모시조개, 꼬막, 진주조개, 비단조개, 굴, 새조개, 돌조개 등.
- 해조류(海藻類) : 다시마, 감태, 대황, 미역, 녹각채, 돌김, 김, 우뭇가사리 등.
- 잡어(雜魚) : 해삼, 멍게, 성게, 새우, 게, 오징어, 해파리 등.

위의 종류 중에 조선인이 포획하는 것은 말리거나 또는 염장을 하여 조선 내지인의 수요로 공급하고, 일본 내지인이 포획한 것은 일부분 조선 내지의 수요에 충당한 후 나머지는 선어(鮮魚) 그대로 일본 재지로 가지고 돌아간다. 그 중에서 전복·해삼·굴 등은 정제한 후에 다시 청국으로 수출하는 경우가 많다고 한다. 이리하여 조선에서 1년간의 생산물 총액은 대략 1,150만원인데 어류가 약 714만원, 해조류가 약 41만원, 식염이 약 400만원이 된다고 한다.

2. 주요한 어종(漁種) 및 어장(漁場)

1) 정어리(鰮)

정어리는 대체로 연해에서 산출되는데, 특히 강원도·경상도·거문도·제주도 및 육지에 가까운 앞바다에서 가장 많이 산출된다.

2) 도미(鯛)

3·4월에 날씨가 약간 따뜻해지기 시작하고, 바다의 파도가 한동안 안

개 빛을 띠게 되면 깊은 바닷속에서 유영하는 생물들이 점차 얕은 바다의 만(灣) 안쪽에 모여들어와 도처에서 산란을 하게 된다. 가장 많이 모이는 장소로서 동쪽으로는 영흥만(永興灣), 남쪽으로는 욕지도(欲知島)와 진도(珍島), 서쪽으로는 군산(群山)·죽도(竹島)·대화도(大和島) 등이다. 이들 어장은 일정한 시기가 되지 않으면 많은 이득을 얻을 수 없는데, 거문도와 제주도 부근은 사계절을 통해 다수의 어류가 서식하고 있음을 볼 수 있다.

내지인은 도미를 더없이 진중(珍重)하고 있지만, 조선인이 매우 즐겨 먹는 음식은 아니다. 따라서 도미 잡이를 업으로 삼고 있는 사람이 거의 없고, 근년에 들어와서는 우리 내지 어부를 모방함으로써 조금씩 어획에 종사하는 사람이 생겼지만, 그 기술이 졸렬하여 도저히 우리 어부에 당할 수 없다. 도미 잡이의 이익은 우선 내지 어업가가 독점하고 있다고 보아도 무방할 것이다. 어구는 주낙(延繩),[216] 외바늘낚시(一本釣), 박망(縛網),[217] 조망(漕網)[218] 등으로 주낙의 어업 성적이 가장 양호하다.

3) 명태어(明太魚)

명태어는 조선에서 가장 큰 어업이다. 어족 집단이 상당히 거대하고,

---

216 주낙은 긴 낚싯줄에 여러 개의 낚시바늘을 달아 고기를 잡는 어구이다. 긴 줄에 일정한 간격으로 여러 가짓줄을 달고, 가짓줄 끝에 낚시바늘과 미끼를 달아 저층에 있는 어종을 잡는다.

217 그물망의 일종으로 에도시대(江戸時代)에 시작되었으며, 어군을 어망으로 휘둘러 싼 다음에 망의 중앙으로 몰아넣는 장치이다. 메이지시대(明治時代) 이후에는 오로지 세토나이(瀨戸內) 해역에서 도미를 잡는데 이용되었다.

218 인망(引網)의 일종으로 1척 또는 2척의 어선을 이용해 해저 바닥을 둘러쳐서 포획하는 어망.

또한 그 성질이 극히 우둔하여 어장에 가면 아이들이나 여자들도 손으로 포획할 수 있다. 함경도 연안으로 회유해오는 종으로서 커다란 군집을 이루는 것은 길이 5·6리, 폭 2·3리에 이르는데 연안의 해면 모두가 명태어로 가득찬 상태를 드러내기도 한다.

두만강에서 함흥 부근까지의 특산물로서 10월부터 다음해 3월까지의 사이를 어기로 삼는다. 북풍이 강할 때는 먼 바다 쪽으로 퇴거하지만, 서풍이 계속 불어 따뜻하게 될 때는 매우 가까운 연안에 내유(來遊)하고, 때로는 연안에서 2·3척 떨어진 해변으로 몰려드는 것도 드문 일은 아니다.

명태어의 명칭에 대해 기이한 설이 있는데 말하기를, "이성계가 나라를 개창할 당시 함경도 명천군(明川郡)에 태(太) 모라고 부르는 어부가 있었다. 하루는 주낙을 드리워 한 마리의 진기한 물고기를 낚았는데, 그 이름을 몰라 이를 태수에게 바치면서 그 물고기 이름을 물었더니 태수는 곧바로 지명과 어부의 이름을 합쳐 명태어(明太魚)라고 명했다."고 한다.

조선인이 명태어를 좋아하는 것은 [일본의] 관서인(關西人)이 도미, 관동인(關東人) 다랑어를 좋아하는 것과 마찬가지인데, 8도 도처의 모든 계급을 통하여 지금껏 이것을 진귀하고 아름답게 여겨 칭찬하지 않는 이가 없다. 특히, 관혼상제 때에는 빼놓을 수 없는 진기한 물고기로 대접받는다. 그 해의 풍흉에 따라 한 마디로 [생산액을] 말하기는 어렵지만, 한 어획기간에 89만원에 이르는 것을 통례로 삼는다.

4) 고래(鯨)

조선의 고래 종류는 주로 긴수염고래로서 다른 것은 근래에 별로 회유해오지 않는다. 긴수염고래는 체구가 가장 큰 것에 속하며, 작은 것도 8·9심(尋),[219] 큰 것은 20심(약 36.4m)부터 24·5심(약 36.4m에서 43.4m–45.5m)에 달하는 것이 있다. 많을 때는 5·600마리가 하나의 대군(大群)을 이루어 내유(來遊)한다. 그 모습은 대단히 경쾌하지만, 너무나도 큰 군집을 이루고 있기 때문에 가끔 어선을 위험에 빠트리는 일도 있다고 한다.

포획의 시기는 여름을 최고의 시기로 삼는다. 그러나 해상이 대체로 고요하고 평온해서 어족이 해안에 많이 접근해올 때이다. 그렇지만, 여름철에는 지방을 소모하여 좋은 맛이 떨어지고, 또한 부패를 초래할 우려가 있어 가격이 비싸지 않다. 따라서 경제적인 측면에서 말한다면, 여름철에 수 마리를 얻는 것보다는 겨울철에 한 마리를 얻는 것이 훨씬 더 낫다.

어장은 함경도의 마미도(馬尾島), 강원도의 장전동(長箭洞), 경상도의 울산(蔚山) 등이다. 내지인으로서 포경에 종사하는 것은 주로 동양어업주식회사(東洋漁業株式會社), 나가사키포경합자회사(長崎捕鯨合資會社), 일한포경합자회사(日韓捕鯨合資會社) 등이다.

---

219 심(尋)은 고대 중국을 비롯한 한자문화권에서 사용해왔던 길이의 단위로서 일본에서는 현재에도 수심의 표시할 때 사용하고 있다. 어른이 양팔을 벌린 길이를 나타내며 6척 정도로 1.818m이다. 따라서 8·9심이라는 것은 약 14.5m~16.4m의 길이를 말한다.

5) 새우(鰕)

종류는 진하(眞鰕), 차하(車鰕), 가시발새우,[220] 닭새우(伊勢鰕)[221]의 수종으로서 산지는 연해 도처에 산재해 있다. 그렇지만, 그 성질상 대체로 담수가 주입되는 밑바닥이나 모래진흙으로 이루어진 만(灣)의 안쪽을 선택해 서식한다. 어획기는 봄철인 3월부터 여름 7월, 그리고 가을인 8월부터 다음해의 봄철 전까지 계속된다.

주된 어장은 오리도(五里島)·국도(國島)·여자만(汝自灣)·광양만(光陽灣) 등으로 내지인으로 출어하는 사람은 오카야마(岡山)와 히로시마(廣島) 두 현(縣)의 사람들이 가장 많고, 또한 그 어획법이 가장 교묘하다고 말해지고 있다.

6) 패류(貝類)

굴은 동해안 쪽으로 함경도의 조산만(造山灣) 포구, 영흥만(永興灣) 안쪽의 송전만(松田灣) 등이 가장 많이 산출되는 곳으로 알려져 있고, 남해연안 쪽에서는 낙동강의 동쪽으로 황양만(晃陽灣)·순천만(順天灣)·강진(康津) 등이 유명하다. 서해안 쪽에서는 천수만(淺水灣)·용위도(龍威島) 또

---

220 원문에는 '아카조에비(アカゾエビ)'로 되어 있으나, 정확하게는 '아카자에비(藜海老)'이며, 학명은 'Metanephrops japonicus'로 우리나라에서는 가시발새우이다. 민간에서는 '닭새우' 혹은 '딱새우'라는 이름으로 불리기도 한다. 딱딱하여 먹기가 불편하여 주로 국물을 내는 용도로 많이 쓰였으나, 최근 제주도 특산품으로 인기가 높아졌다. 크기는 15cm 정도이다.

221 일본에서는 이세(伊勢) 근해에서 잡힌 것이 유명하여 이세에비(伊勢鰕, 伊勢蝦, 伊勢海老)라고 불리며, 큰 것은 30cm 정도이다. 한국에서는 이것을 대하, 왕새우라고 부르는 경우도 있지만, 학명인 'Panulirus japonicus'에서 알 수 있듯이 다른 종류이다.

한 다소 명성이 알려져 있다.

꼬막은 남해안의 광양만(光陽灣)·순천만(順天灣)·보성만(寶城灣) 등이 주요 산지이다. 김·우뭇가사리 등의 자연산은 모두 남서쪽의 해안에 많은데, 낙동강 입구를 비롯해 섬진강과 영산강 입구, 울산만 안쪽 등은 꼬막의 양성장으로서 제일 유망한 지역으로 평가된다.

7) 제염업(製鹽業)

조선에서 제염업 또한 장래 유망한 사업 중의 하나로 평가할 수 있다. 조선인이 경영하는 곳은 그 상태가 극히 유치하고, 염전의 구획이 매우 불분명한데, 인공적인 시행 또한 매우 적어 거의 자연의 섭리에 따라 소금을 채취하고 있는 상태이기 때문에 지금 현재까지 하나의 사업이라고 말하기에는 아직 충분치 않다. 이것 또한 금후에 내지인의 연구 세력을 기다려 그 효과를 거두어야할 부분이다.

그렇기는 하더라도 역시 제염지(製鹽地)는 적지 않다. 현재 경영하고 있는 곳 중에서 전라도의 영광군(靈光郡)·진도군(珍島郡)·관도군(寬島郡)·강진군(康津郡)·옥구군(沃溝郡)·만경군(萬頃郡), 경상도의 사천군(泗川郡)·남해군(南海郡)·송전만(松田灣)·홍원군(洪原郡)·북치군(北置郡)·이원군(利原郡)·단천군(湍川郡)·곤양군(昆陽郡)·진주군(晉州郡), 함경도의 경흥군(慶興郡), 평안도의 삼화군(三和郡)·광양군(光梁郡)·함종군(咸從郡)·증산군(甑山郡)·초곡면(草谷面) 일대·안주군(安州郡)·숙천군(肅川郡)·용천군(龍川郡) 등은 가장 유명한 곳으로 모두 밤낮으로 제염에 종사한다.

4. 조직(組織)

1) 염벗(釜屋)[222]의 구조와 가마의 종류 및 기간

염벗은 길이 6칸 폭 2칸 반으로서 보통 입구를 두 곳 설치하고, 바깥 둘레는 토석으로 쌓아올리며 지붕은 풀로 이어 만드는데, [여기에] 연기가 양쪽으로 빠져나가게 설치한 조잡한 것이다. 다만, 부안군(扶安郡)에 있는 것은 원형으로서 지름이 7칸인데, 염벗의 제일 윗부분을 원형으로 끌어당겨 열어둔 상태이다. 아궁이는 점토로 쌓아올리며 내부의 양쪽을 향해 사면(斜面)의 선반 같은 것이 있어 연료가 연소하기 쉽게 해준다.

2) 염정(鹽井)[223]의 구조와 배치 및 면적

염정은 중앙 쪽이 높이 3척 내외, 직경은 3칸 내지 6칸으로 모두 원형이다. 염전 지반을 약간 오목하게(凹) 파내려가 바닥에 얕은 도랑을 경사지게 만들고, 그 한 쪽에 해수(海水)가 빠질 수 있는 출구를 뚫어놓았다. 그 주변에 약간 높게 흙을 쌓아서 가장자리로 삼고 바닥면과 가장자리를 잘 두들겨 견고하게 만든 후, 그 내부에 풀 또는 짚을 깔아 해수가 스며들어 배출되는 것을 쉽게 해둔다. 해수가 배출되는 입구와 접해 있는 곳에 해수를 담는 항아리가 있는데 여과된 해수는 이 항아리에 저장해둔다.

222　염벗(釜屋)이란 바로 소금을 끓여 정제하는 집, 혹은 그 작업을 하는 장소를 말한다.
223　소금을 만들기 위하여 바닷물을 모아 두는 웅덩이.

3) 살사(撒砂)의 종류·성질·살사량·체사(替砂)

살사(撒砂)[224]를 위한 특별한 모래가 없다. 염전지반과 동일한 점토이며 살사량은 깊이 2촌(寸) 5분(分) 정도이다.

4) 해수저장지(海水貯藏池)

염정(鹽井) 부근 또는 염정과의 사이에 해수저장지를 만들어 밀물이 들어와서 해수면이 높아지는 고조(高潮) 때에 이곳에 해수를 담아두고 채함용(採鹹用)[225]으로 이용한다.

5) 채함(採鹹)을 채취하는 방법

퇴적해있는 살사를 소의 힘을 이용해 염정의 주위에 살포하고, 밀물이 들어와 해수면이 높아지는 고조(高潮)를 이용해 1달에 두 번 해수가 스며들도록 열어둔다. 그리고 소조(小潮)[226] 시기에 이르면 소를 사용해 하루에 3·4회 정도 갈아엎는 작업을 5·6일 내지 7·8일 정도 계속하게 되면 살사가 잘 분쇄되어 소금기가 많아진 함정(鹹井)이 된다. 이후에 이것을 모아서 염정에 넣어두고 해수를 주입하여 해수보다 더 짜진 함수(鹹水)를 채취한다.

---

224 염전 바닥에 소금을 채취하기 위해 뿌리는 모래.

225 '채함(採鹹)'이라는 것은 짠물을 만드는 작업.

226 밀물이 가장 낮아 썰물과의 차이가 가장 작은 때인 매달 음력 7·8일과 22·23일.

6) 전오(煎熬) 방법

전오(煎熬)[227]를 행하기 위해서는 처음에 가마에 일정량의 함수(鹹水)를 넣고 바싹 졸인다. 그리고 가마 속의 함수가 점점 줄어드는 것에 따라 때때로 함수를 보충하여 소금의 결정을 만드는 방법이다. 전오의 시간은 일출부터 일몰까지인데 전오를 행하는 사이에는 떠오르는 거품과 찌꺼기 등을 제거하고, 만들어진 소금 결정은 그 때마다 염벗(釜屋)의 한구석에 만들어 놓은 거출장(居出場)으로 옮긴다.

7) 저장 방법

특별한 저장 방법은 없으며, 거출장으로 옮긴 소금을 1일 또는 2일이 경과한 후 포장하여 이것을 제염장 밖에 나열하고, 그 위에 짚을 덮어 구입하는 사람이 오는 것을 기다리는 형색이다.

227　'전오(煎熬)'는 바싹 졸인다는 의미로서 소금을 만들 때의 방법이기도 하다. 즉, '전오제염법'은 진흙을 깐 염전을 조성한 다음 해수를 끌어들여 높은 염분이 포함된 진흙을 체를 건 통 위에 얹어 놓고 그 위에 다시 바닷물을 뿌린 고염도의 간수를 모은 다음 이를 끓여서 소금을 제조하는 방법이다.

제23장 광업(鑛業)

조선의 광업에 대해서 매우 유망하다고 말하는 사람들이 있으며, 반면에 유망하지 않다고 말하는 사람도 있다. 모두 사실로서 원래부터 명확하게 단정할 수 없지만, 우리 내지의 기사가 조사한 바에 의하면, 도처에 광대한 광맥이 깔려있기 때문에 일단은 동양의 광산지라고 칭하는 것에 문제는 없을 것이다.

1. 광물(鑛物)의 종류

금·은·동, 흑석(黑石), 석탄 등이 주요한 산물이다. 각기 광물의 종류에 대해서 그 대체적인 상황을 언급해 둔다.

1) 금광(金鑛)

전라북도의 옥일(沃溢)·장수(長水)·운봉(雲峯)·순창(淳昌)·구례(求禮)·곡성(谷城), 전라남도의 영광(靈光)·장성(長城)·강진(康津)·해남(海南), 경상북도의 문경(聞慶)·순흥(順興)·영천(榮川)·영양(英陽)·소우(所宇)·의산(義山)·상주(尙州)·금산(金山), 경상남도의 함양(咸陽)·산산(山山)·청단성(淸丹城)·진주(晋州)·입풍(立風)·사천(四川)·하양(河陽)·동세(東歲), 강원도의 장정(獐頂)·고성진(古城鎭)·당현(堂峴)의 금산(金山)·시탄리(矢灘里)·송의(松義亭)·후진광(後津鑛)·양양청(揚陽淸)·과우(果隅)·전성(槇城)·두천(杜川)·추호(秋虎)·증황(增荒) 등이 주요한 곳이며, 황해도, 경기도, 충청도, 평안도 등 도처에 유망한 금광을 가지고 있다.

이들은 모두 암석에 함유된 금(岩金)의 산지인데, 이외에도 평안도에는 상당한 양의 사금(砂金)이 산출된다. 특히 순안(順安)과 선천(宣川)의 두 군(郡)은 조선 제일의 사금 산출 지역으로서 두 곳 모두 산출고가 8·90관에서 150·160관을 내려가지 않는데, 함경도 또한 여기에 버금갈 정도로 많이 생산된다. 그밖에도 충청도, 황해도, 경상도, 강원도 등에서 다소 산출되고 있다. 사금 역시 조선에서 큰 부의 원천 중의 하나라고 계상할 수 있다.

2) 은광(銀鑛)

조선에서 은광 채굴은 극히 부진한 상황에 있으며, 아마도 금에 비해서 광맥이 적을 뿐만 아니라, 그 채굴비가 금과 거의 차이가 없다. 더욱이 가격이 금에 비해서 상당한 차이가 나기 때문에 우선 광업이라면 은보다는 금의 채굴부터 착수하는 상황인데, 이것은 인지상정이라고밖에 말할 수 없는 것이다. 그렇지만, 조선에 은광이 부족한 것은 아니다. 우리 내지 기사의 정밀한 탐험조사에 의해 금후에 그 어떠한 좋은 광맥이 발견될 수도 있을 것이기에 그냥 내버려둘 것은 아니다. 현재로서는 충청도, 전라도, 경상도 등에 조금 양호한 광맥이 있다.

3) 동광(銅鑛)

조선 제일의 동산(銅山)은 함경도의 갑산(甲山)에 있는데, 1년의 생산량이 제동(製銅)으로 대략 20만원에 달하며, 경상도 창원이 여기에 버금가는 곳으로 유명하다. 그 이외에 동맥이 존재하는 몇 곳이 있지만 모두 동이 부족한 광맥이다.

4) 철광(鐵鑛)

철광과 사광(砂鑛)은 존재하기는 하지만, 채굴에 비용이 들기 때문에 현재의 조선인으로 경영이 잘될지 의심스럽다. 따라서 여러 곳에 자원의 산지가 있지만, 채굴이라는 점에서는 극히 일부에 지나지 않으며, 동시에 그 규모도 매우 작다. 현재는 철원(鐵原)·칠보산(七寶山)·송화(松禾)·재우(載宇)·은속(殷栗)·사천(紗川) 철광 등의 몇 곳이 있을 뿐이다.

5) 석탄광(石炭鑛)

조선의 석탄광은 매우 유망하지 않다. 평양 탄광, 경성(鏡城) 탄광 등이 제일 유망하지만, 이것도 규모가 작아서 그 산출량이 매우 적다. 금후에 새로운 발견을 기다리지 않으면 커다란 발전은 보기 힘들 것이다.

2. 외국인의 경영

현재 조선에서 외국인이 경영에 관계하고 있는 탄광은 모두 12곳으로 아래와 같다.

1) 금성(金城) 탄광

독일인이 이전에 궁내부(宮內府)[228]로부터 얻은 것인데, 이 광산에 대해

---

228 1894년 갑오개혁 때의 관제 개편으로 승선원·경연청·규장각·통례원·장악원·내수사·사옹원·상의원·내의원·시강원·내시사·태복시·전각사·회계사·종 백부·종친부 등에서 나누어 맡던 왕실에 관한 모든 업무를 일괄적으로 담당하기 위해 창설되었는데, 1910년 한국병합 때까지 존속했던 관청이다.

흥미를 가지지 않게 되어 그 특권을 버리고, 새로운 광업법에 근거하여 선천(宣川)의 금광을 획득하였다.

2) 갑산(甲山) 동광

미국인 콜브란 씨가 궁내부로부터 특권을 얻은 곳이다. 지역적으로 갑산군(甲山郡) 전부에 해당되지만, 당국은 이번에 콜브란 씨와 교섭하여 (1909년부터 향후 5개년 간) 광구를 선정하게 되었다.[229]

3) 원창(原昌) 동산(銅山)

이탈리아의 회사가 갑산(甲山)과 마찬가지로 궁내부로부터 특허를 획득한 곳이다.

4) 초산(楚山) 금광

평안북도 초산군(楚山郡)에 있는데, 영국 상원의원 해리스 씨가 광업법에 따라 권리를 획득한 곳으로서 현재 5개의 광구가 있다.

5) 창성(昌城) 광산

프랑스인 살타렐(M. Saltarel)[230] 씨가 영국·독일과 함께 궁내부로부터

---

229 갑산광산(甲山鑛山)은 1908년 특종 협정에 의해 미국의 콜브란 보스트윅 (Collbran Bostwick) 회사가 광업권을 획득하여 경영해 왔는데, 보스트윅사는 광업권을 양도하기 위해 영국 등 여러 광업회사와 교섭을 벌였으나 성사되지 못하였고, 결국 1916년 일본 오사카의 구하라(久原) 광업회사에 매각되었다.

230 원문에는 '타렐(タレル)'만 기재되어 있음. 살타렐은 1901년에 창성(昌城) 금광에 대한 특허를 받았는데, 광지가 정식으로 확정된 시기는 1907년이었으며 광구

특권을 획득한 곳으로서 광업의 종류에는 제한이 없다고 한다.

6) 희천(熙川) 금광

미국인 데슐러(David W. Deshler) 씨와 쓰다 카시오(津田鍛雄)[231] 두 사람이 광업법에 근거해 허가를 받아낸 곳이다.

7) 운산(雲山) 금광

미국인이 궁내부로부터 특권을 획득한 곳으로 광업의 종류는 여러 종이 있다.

8) 선천(宣川) 금광

독일인 회사로서 마찬가지로 광업법에 의거하여 채굴권을 획득한 곳이다.

9) 수안(遂安) 금광

영국인이 다른 나라와 함께 궁내부로부터 획득한 곳으로서 그 지역은 한국의 리(里)로 40리가 된다.

선정은 1909년에 이루어졌다.

231 쓰다 카시오(津田鍛雄, 1871~1921)는 메이지(明治)와 다이쇼(大正)시대의 실업가이며 정치가이다. 1902년 중의원 의원을 역임하였고, 후에 조선에서 '한국금광'의 사장, '조선삼림철도(朝鮮森林鉄道)', '조선흥업철도'의 이사직을 맡기도 했다.

제24장 육상의 교통

조선의 육상교통은 철도를 제외하고는 외견상 볼 것이 없다. 도로가 험악하여 대부분 짐수레 등을 끌고 돌아다닐 수 있는 곳은 없고, 그리고 또한 배와 뗏목의 제작과 조종 또한 모두 서투르기 때문에 하천도 아직 교통상의 한 기관이라고 말할 수 없다. 요컨대 육상교통은 금후에 우리가 시설할 때까지 기다려야 비로소 그 완성을 기할 수 있을 것이다. 이하 철도 및 각 선(線)의 상황에 대해서 조금 서술해보겠다.

1. 경부선(京釜線)

본선은 1901년 8월에 기공, 1906년 1월에 준공하여 개통된 것으로 거리는 부산에서 경성에 이르는 294마일(哩)이다. 경의선(京義線)과 어울려서 당연히 조선 종관(縱貫)의 큰 간선(幹線)을 이룬다. 이 선의 정차장과 그 지역의 상황은 아래와 같다.

- 부산역(釜山驛): 경부선의 기점이 되는 역으로 상세한 것은 앞의 장에서 살펴보았기에 여기에서는 생략한다.
- 초량역(草梁驛): 부산항 내의 해안역으로서 내지인이 약 2,000인 정도 거주하고, 매립공사가 한창 벌어지고 있어 인기가 많고 활발하며, 여관 등도 있어 그 설비가 내지와 다를 바 없다.

- 부산진역(釜山鎭驛) : 부산에서 2리(里) 62체인(鎖)[232] 거리에 있는데, 농산물이 매우 많이 집하되어 상당히 상업이 번성한 곳이다. 진성(鎭城)은 고니시 유키나가(小西行長) 성지(城趾) 등의 유적이 있다.

- 기포역(氣浦驛) : 부산에서 11마일 떨어져 있다. 동험산(東嶮山)을 넘어서 동래(東萊)·울산(蔚山)에 이른다. 부근의 모든 해역이 옛날에는 일본정부 하에 있었다고 전해진다.

- 물금역(勿禁驛) : 6리 정도 떨어져서 취루산(鷲樓山)이 있는데, 그 산록에 유명한 통도사(通度寺)가 있다. 상주하는 스님이 800인에 달한다고 한다.

- 원동역(院洞驛) : 부산에서 24리 정도 떨어져 있다.

- 삼랑진역(三浪津驛) : 마산선(馬山線)의 분기점으로 내지인의 거주자가 매우 많다. 소학교 외에도 기타 기관이 완비되어 있으며, 풍광 또한 좋다.

- 밀양역(密陽驛) : 경부선에 포함되어 있는 큰 도시의 하나이다. 내지인이 약 600인이고, 임야와 평원이 연이어져 있으며, 물자의 집산이 극히 활발하다.

- 유천역(榆川驛) : 대구로 들어가는 요충지에 해당되는데, 유명한 농산지이다. 유천(榆川)은 은어의 어획지로서 그 명성이 높다.

- 청도역(淸道驛) : 부근의 교통이 약간 갖추어져 있으며, 내지인이 경영하는 여관이 있다.

- 경산역(慶山驛) : 토지가 비옥하고 농산이 풍부하며, 금호강(琴湖

---

232 '쇄(鎖)'는 유럽의 '체인(chain)'으로 측량에 사용하는 길이의 단위이다. 그 길이는 66피트에 가깝다고 알려져 있으며, 1체인, 즉 1쇄(鎖)는 정확하게 20.1168m이다. 따라서 63쇄(鎖)는 1,309.2416m로 약 1.3km이다.

江) · 성암(聖岩) 등의 명성이 남아있다. 부산에서 67마일 정도 떨어져 있다.

- 대구역(大邱驛) : 앞장에서 상술하였기에 생략한다. 부산에서 77마일 44체인(鎖) 떨어져 있다.

- 신동역(新洞驛) : 대구부(大邱府) 신동(新洞)의 작은 마을로 내지인의 이주자는 몇 명에 지나지 않는다. 농업 · 원예 · 목축 등 각 방면에 걸쳐 개척의 여지가 매우 많다.

- 왜관역(倭館驛) : 임진왜란[233] 때에 종군했던 병사들이 이 지역에 머물렀기 때문에 이러한 명칭이 붙었다. 부산에서 91마일 떨어져 있다.

- 약목역(若木驛) : 서북쪽은 산악이고, 동남쪽은 밭과 들판, 그리고 낙동강 강변에 인접해 있는데, 땅의 성질이 매우 비옥하여 장래에 유망한 농산지를 가지고 있어 평가할 만하다.

- 금조산역(金鳥山驛) : 부산에서 105마일 떨어져 있고 초라한 일개 한촌(寒村)이지만, 임진왜란과 관계가 있었던 토지로써 내지인 스스로 주의를 요한다.

- 김천역(金泉驛) : 교통은 사통팔달로서 지방물화의 집산지이다. 내지의 주민이 약 500인이고, 사계절 거래가 활발하다.

- 추풍령역(秋風嶺驛) : 이 지역은 도기를 산출하는 곳으로 유명하다. 임진왜란 때 장지현(張知賢)[234] 유적지와 덕대산(德大山) 등의 지역이

---

233   원문에는 '분로쿠의 역(文祿の役)'.

234   장지현(張智賢)의 자는 명숙(明叔), 호는 삼괴(三槐)이며, 병마절도사 장필무(張弼武)의 아들이다. 1590년 지략(智略)이 뛰어나 전라도병마절도사 신립(申砬)의 부장(部將)이 되었고, 이듬해 감찰이 되었으나 사직하고 향리로 돌아왔다. 1592년 임진왜란 때 경상도관찰사 윤선각(尹先覺)에 의해 용맹을 인정받아 비장

명승이다.

- 영동역(永同驛) : 산악 안에 있는 작은 한 마을이지만, 충청·전라 경상 삼도의 중심이 되는 요해지로써 수비대·우편취급소를 비롯해 군의 관청 등의 설비가 완성되어 있다.

- 옥천역(沃川驛) : 역시 산에 있는 역 중의 하나이다. 신라·백제의 옛 전장인 양산(陽山) 또한 이 지역에 있다. 부산에서 거의 160마일 떨어져 있다.

- 증약역(增若驛) : 큰 터널을 가진 유명한 곳으로 우리의 하코네(箱根) 산북지역과 비슷하다.

- 대전역(大田驛) : 내지의 주민이 1,500인 정도이며, 화물이 많이 모여들어 거래가 활발하고, 주변 가까운 마을 중에서 제일이라고 칭해진다. 1일과 6일에 시장이 열리는데 역시 번성해 있다.

- 부강역(芙江驛) : 금강을 이용한 주운(舟運)이 있기 때문에 옛날부터 상업과 농업이 모두 매우 왕성하다. 산물은 쌀·콩·소금·담배·면화·사금(砂金) 등으로서 시장이 열리는 정해진 날에는 수만 명의 군상(群像)들이 모여든다. 부용산(芙蓉山)·독업정(獨業亭)·광죽궁(廣竹宮)·강원(江原) 등 기타 명승지가 많다.

- 조치원역(鳥致院驛) : 부산에서 193마일 떨어져 있고, 충청도와 전라도 양도로 통하는 중추적인 지역이다. 내지인 거주자는 약 1,000명 정도가 있으며, 경찰·우편국 등 일정의 모든 설비가 정돈되어 있다.

(神將)으로 발탁되었으며, 이듬해 부하 수천 명을 거느리고 추풍령에서 적을 요격하던 중 금산 방면으로부터 왜장 구로다(黑田長政) 군사의 협공을 받아 사촌 동생 장호현(張好賢)과 함께 전사하였다. 병조참의에 추증되고, 영동의 화암서원(花巖書院)에 제향되었다.

- 천안역(天安驛) : 옛날부터 역대 국가들의 상업지로서 오늘날에는 인천 방면과의 거래가 매우 성대하다. 이 지역은 조선 제일의 온천욕장이 있기 때문에 여객의 왕래가 사시사철 끊이지 않는다.
- 성환역(成歡驛) : 내지 주민이 100여명이고, 사금(砂金)과 암금(岩金)의 채굴에 종사한다. 부근의 동봉산(同峰山), 안성천(安城川)은 청일전쟁의 전장이고, 또한 직산(稷山)은 임진왜란의 전장으로서 여행하는 사람들이 가볼 곳이 매우 많다.
- 평택역(平澤驛) : 부산에서 거의 230마일의 거리에 있고, 곡물의 생산이 풍부한 지역으로서 명성이 높으며, 교통·운반의 편리 또한 완비되어 있다. 내지인의 이주가 상당히 많고 시가는 내지인에 의해 점령되기 시작하고 있다.
- 진위역(振威驛) : 임진왜란 때에 구로다 나가마사(黑田長政)가 분전(奮戰)했던 곳인데, 지금은 이 지방도 농업지로서 촉망받고 있다.
- 병점역(餠店驛) : 경승지로서 세마대(洗馬臺)는 가토 기요마사(加藤淸正)가 말을 씻긴 곳으로 전해진다.
- 수원역(水原驛) : 앞장에서 개설하였기에 생략한다. 부산에서 거의 248마일 떨어져 있다.
- 군포역(軍浦驛) : 이 지역은 산 속에 있어서 땔감과 숯이 많이 산출되고, 이 지역에서 유일한 시장이기 때문에 여러 가지 산물의 집산 또한 적지 않다.
- 시흥역(始興驛) : 부산에서 263마일 떨어져있다.
- 영등포역(永登浦驛) : 전원(田園)이 광활하고, 땅의 성질이 비옥하여 농산물이 상당히 풍부하다.

• 취성진역(鷲城津驛) : 한강의 중요한 나루터 중의 하나였다. 옛날에는 도자기를 만들던 지역으로서 유명하여 그 명성을 차지하고 있었지만, 오늘날에는 거의 적적하고 쓸쓸하여 그 풍취도 없다.

• 용산역(龍山驛) : 조선의 철도선 중에서 극히 중요한 역이며, 경의선의 기점으로서 장래에 번영하여 경성을 능가할 수 있다는 설도 있는 곳이다. 현재 13사단이 주둔하고 있으며, 무수한 관사들이 늘어서 있고 주민들 또한 날이 갈수록 증가하고 있다.

• 서대문역(西大門驛) : 앞장에서 상세히 설명하였기에 생략한다.

2. 경의선(京義線)

용산을 기점으로 신의주에 이른다. 전장 318마일로 1904년에 기공했으며, 전쟁[러일전쟁]으로 인해 매우 바쁜 시기에 그 공사를 추진하여 1906년 3월에 이르러 준공·개통하였던 조선의 큰 간선(幹線)이다.

• 수색역(水色驛) : 용산에서 6마일 정도 떨어져 있고, 산악 기복의 한가운데에 홀로 떨어진 역이다.

• 일산역(一山驛) : 역의 동북쪽에 있는 고봉산성(高峰山城)[235]은 고려왕조 때에 축성한 유명한 성지이며, 또한 가토 기요마사(加籐清正)의 옛 전장이었다. 이 지역은 관망(觀望)하면서 볼 것이 매우 많다.

---

235   행주산성(幸州山城).

- 여산역(汝山驛) : 임야가 많아 농업이 발달하였고, 배를 이용한 운반이 갖추어져 있어 거래가 번성해있다.
- 임진강역(臨津江驛) : 임진강에 건설된 잔교(棧橋)[236]는 길이가 실로 1,786피트(呎)나 되고, 경의선 중에서 제일 긴 다리이다.
- 장단역(長端驛) : 전원(田園)이 광활하고 땅의 성질이 비옥하여 매우 농산물이 풍부한데, 콩의 산지로서 알려져 있다.
- 개성역(開城驛) : 앞장에서 장황하게 설명하였기에 생략한다. 용산에서 46마일 떨어져 있다.
- 토성역(土城驛) : 임진왜란 때에 가토 기요마사의 겨울 진영으로 유명한데, 동북쪽으로 1리 반 정도쯤에 고려왕의 능이 있다.
- 영성역(峇城驛) : 이 부근의 산과 계곡에 철쭉이 많다. 여름철에 기차를 타고 이 역을 지나가면 홍엽(紅葉)이 눈에 가득차서 흔들흔들 나부끼는 아름다운 경치는 말이 필요 없다.
- 남천역(南川驛) : 홍엽으로 그 명성이 높다. 용산에서 거의 83마일 정도 떨어져 있다.
- 단흥역(端興驛) : 역 부근에 단흥읍(端興邑)이 있고, 땅이 높고 메말라서 풍광이 풍부하다. 호수(戶數)는 약 1,000호 정도이고 경찰서와 학교 및 기타의 설비가 있다.
- 흥추역(興秋驛) : 옛날부터 지방 농산물의 집산지로 유명하다.
- 청계역(淸溪驛) : 한쪽에는 산, 그리고 한쪽에는 전야(田野)이고 산물이 매우 많다.

236　배를 댈 수 있도록 항구나 물가에 다리처럼 만들어 놓은 구조물.

- 마동역(馬洞驛) : 청계역(淸溪驛)과 지세가 거의 같지만, 땅의 성질은 약간 좋다. 따라서 농산물의 질과 양이 모두 한 단계 위에 있다.

- 사리원역(沙里院驛) : 부근 일대가 광활한 농원이고, 또한 배의 운송이 매우 좋으며 황해도 중에서 유명한 상업지이다. 매월 5·10일에 시장이 선다.

- 심촌역(沈村驛) : 역의 동남쪽에 서방산(西方山)이 있고, 오백나한(五百羅漢)을 안치하고 있다. 지극히 그윽하고 품위가 있으며, 여름철에 찾아오는 사람이 매우 많다.

- 개주역(蓋州驛) : 겸이포(兼二浦) 왕복의 승환장으로서 여객의 왕래가 빈번하다. 개주성(蓋州城)은 지금으로부터 1,000여 년 전에 축조된 것으로서 역사가들이 찾아와서 관람하는 경우가 많다.

- 겸이포역(兼二浦驛) : 대동강의 좌측 강변에 있다. 항구 내의 수심이 깊고, 5·6,000톤의 거선이 자유롭게 내항한다. 육군 중좌 와타나베 겐지(渡邊兼二)[237] 씨가 발견한 것과 관련이 있어 [겸이포(兼二浦)라는] 지명이 생겼다. 근래에 들어와 내지인의 이주가 날이 갈수록 증가하고 있다.

- 중화역(中和驛) : 밭이 많은 지역으로 땅의 성질이 매우 비옥하기 때문에 주민들이 모두 유복하다. 용산에서 510마일 정도 떨어져 있다.

- 평양역(平壤驛) : 앞장에서 언급했기에 생략한다.

- 순안역(順安驛) : 비옥한 논에 기름진 들을 한 눈에 보아도 만리(萬里)라고 할 정도로 넓고, 조선 북부의 농업지로서 장래에 가장 유망

---

237   육군 중좌 와타나베 겐지(渡邊兼二)라는 인물의 이름을 따서 '겸이포(兼二浦)'라는 명칭을 붙였다는 설이 있다.

한 곳으로 기대하고 있다. 이 지역 또한 암금(岩金)과 사금(砂金)이 산출된다.

- 숙천역(肅川驛) : 역시 농산지이다. 매월 3·8이 포함된 날짜에 시장이 열려 활발한 거래가 이루어진다. 용산에서 194마일 정도 떨어져 있다.

- 신안주역(新安州驛) : 토지 일대가 기름져서 산물 또한 상당히 많은데 내지인의 거주자는 200인이고, 모두 상업에 종사하고 있다. 경찰서·우편국·학교·여관 및 기타 설비 등 하나같이 잘 정비되어 있다.

- 영미역(嶺美驛) : 청천(淸川)과 대령(大寧)의 두 강을 끼고 있는 평야 안쪽에 있는 한 역으로서 부근 일대는 기름진 들판이 많고, 풍부한 산물이 사시사철 떨어지는 일이 없다.

- 정주역(定州驛) : 옛날부터 조선의 북쪽에서 유명한 토지인데, 청일전쟁으로 황폐해져서 지금은 주민이 불과 4·500인에 지나지 않는다.

- 선천역(宣川驛) : 용산에서 259마일 거리에 있는데, 내지인이 많이 거주하고 있으며, 학교·우편국·여관 등의 설비가 있다.

- 동련관역(東輦館驛) : 학교·우편전신취급소·여관 등의 시설이 갖추어져 있으며, 약간 번성한 시가를 이루고 있다.

- 남시역(南市驛) : 매월 끝자리 5가 붙는 날에 시장이 열리는데, 지방 상업의 중심지이다.

- 백마역(白馬驛) : 농사는 절망적이지만, 광물의 산출이 많기 때문에 번성해있다. 용산에서 296마일 거리에 있다.

- 석하역(石下驛) : 역 앞의 압록강 강변에 큰 벌판을 가까이 두고 있

으며, 신의주를 바라보고 전망하는 아름다움이 풍부하다. 용산에서 300마일 정도의 거리에 있다.

- 신의주역(新義州驛) : 경의선(京義線)의 종점으로서 청국의 안둥선(安東線)과 서로 마주 대하고 있다. 압록강 가교가 낙성되어 한 길로 만주까지 신속하게 나갈 수 있게 되어 지방 상공업을 한 단계 더 발전시키고 있다. 현재 내지인은 2천 수백 명 정도로 활발하게 상업에 종사하고 있으며 모두 상당한 규모를 가지고 있다.

3. 경인선(京仁線)

- 오류동역(梧柳洞驛) : 경부선(京釜線)의 영등포역에서 분기되어 인천에 이르는 제일 첫 번째의 역이다.
- 소사역(素沙驛) : 내지 이주자가 약 150·160인 정도이며 시장이 열리는 1·6일이 포함된 날에는 소의 거래도 활발하다.
- 부평역(富平驛) : 영등포에서 11마일 48체인(鎖)의 거리에 있고 제염 시험장이 있다.
- 이현역(泥峴驛) : 부근 일대가 배추의 산지로서 그 명성이 높다. 우각동(牛角洞)의 영원농원(潁原農園)은 주로 과수를 재배하는데, 넓이[238]가 3만여 평에 이른다.
- 인천역(仁川驛) : 인천의 상권은 이른 시기부터 내지인의 수중에 들

---

238 원문에는 '광무(廣袤)'인데, 토지의 넓이를 측정하는 단위로서 '광(廣)'은 동서의 길이, '무(袤)'는 남북의 길이를 의미한다.

어와 있었으며, 모든 거래가 매우 활발하게 영위되고 있다. 관공서·학교와 기타 공사의 관련 조합 등 완비되지 않은 것이 없다.

4. 마산선(馬山線)

- 낙동강역(洛東江驛) : 삼랑진에서 1마일 정도의 거리에 있고, 동강(東江)을 조망하는데, 수 리(里)에 걸쳐 그 풍광의 아름다움은 말할 수 없을 정도이다.
- 진영역(進永驛) : 내지인이 200인 정도 거주하고 있으며, 농업지로서 촉망받고 있다.
- 창원역(昌原驛) : 유명한 농산지로서 창원의 쌀은 조선에서 제일 우수한 쌀이라고 말해지고 있다. 매월 2·7일이 포함된 날짜에 시장이 열리고 있는데 상당히 번화하다.
- 마산역(馬山驛) : 만(灣)의 안쪽 수심이 상당히 깊고, 1만 톤 이상의 거선이 자유롭게 왕래할 수 있다. 시가에는 상회들이 연이어 늘어서 있고 거래가 매우 왕성한데, 콩·보리·생우(生牛)·동광(銅鑛)·어류·마포(麻布)·소가죽·팥·옥양목(金巾)·목면·방적사(紡績絲)·연와(煉瓦)·의복·염분(染粉)석유·술·소금·설탕·담배·견직물 등의 물품과 재화가 놀랄만할 정도로 많이 몰려든다. 기후는 여름에 청량하고, 겨울에 온난하며, 상당히 사람이 살기에 좋아서 근래에 들어와 이주자들이 날마다 증가하고 있으며, 가까운 장래에 조선의 남쪽에서 대도시 중의 하나로 주목받기 시작할 것이다.

제25장 해상의 교통

해상의 교통은 이전부터 진보하였는데, 내지의 기선들이 조선 연해의 교통과 운수에 어느 정도 종사하는지 그 수를 알 수 없다. 모든 방면에서 항로를 개척하여 극히 편리하다. 금후 조선에 대한 여러 종류의 시설이 완성됨에 따라 또 한 단계의 발전을 가져올 것이라는 것은 실로 항해업자가 기운내서 열심히 한 결실이 아니라고 할 수 없다. 이하 최근 항운 상황의 일반을 제시해 본다.

1. 내지(일본) 및 조선 남해안과 서해안 항구 사이

1) 일본우선주식회사(日本郵船株式會社)

- 고베뉴좡선(神戶牛莊線, 정부명령항로) : 고베를 출발하여 모지(門司, 또는 시모노세키[下關]) → 나가사키(長崎) → 부산 → 인천 → 즈푸(芝罘) → 타이구(太沽)를 거쳐 뉴좡(牛莊)까지 왕복하는 것으로서 매4주 1회 운항한다.

- 요코하마뉴좡선(橫濱牛莊線, 자유항로) : 요코하마항(橫濱港)을 출발하여 욧카이치시(四日市) → 고베(神戶) → 모지(門司) → 인천 → 다롄(大連) → 타이구(太沽)를 거쳐 뉴좡(牛莊)에 이르는 것으로서 복항(復航, 일본으로 귀항) 때에는 인천에 기항하지 않는다.

2) 오사카상선주식회사(大阪商船株式會社)

- 오사카안둥선(大阪安東線, 정부명령항로) : 오사카(大阪)를 출발하여 고베(神戸) → 모지(門司) → 인천 → 진남포(鎭南浦)를 거쳐 안둥현(安東縣)까지 왕복하는 것으로서 1개월에 대략 2회 운항한다. 다만, 겨울철의 결빙 중에는 진남포 및 안둥현을 거치지 않고 다롄(大連)으로 향한다.

- 오사카인천선(大阪仁川線, 정부명령항로) : 오사카를 기점으로 고베(神戸) → 모지(門司, 下關) → 부산 → 목포 → 군산을 거쳐 인천에 이르는 것으로 사용하는 기선(汽船)은 4척(현재 安東·群山·能登·木浦)으로서 1개월 대략 9회 운항한다. 다만, 마산(馬山)으로의 기항은 수시로 생략되는 경우가 있다.

- 나가사키다롄선(長崎大連線, 정부명령항로) : 본 항로에는 두 가지의 노선이 있는데, 우선 제1선은 나가사키(長崎)를 출발하여 인천 → 진남포를 거쳐 다롄(大連)에 기항하는 것으로 기선 1척, 1개월간 대략 3회 운항한다. 다만, 복항(復航) 때에는 진남포에 기항하지 않는다. 제2선은 나가사키를 출발하여 고노우라(鄕の浦) → 이즈하라(嚴原) → 부산 → 목포 → 인천 → 진남포를 거쳐 다롄(大連)까지 왕복하는 것으로 기선 1척, 1개월 간 대략 2회 운항한다. 다만, 겨울철의 결빙 중에 진남포로의 기항을 생략한다.

- 요코하마다롄선(橫濱大連線, 정부명령항로) : 요코하마(橫濱)를 거쳐 나고야(名古屋) → 오사카(大阪) → 모지(門司) → 인천을 거쳐 다롄(大連)에 이르는 것으로 기선 2척, 1개월간 대략 3회 운항한다. 복항 때에는 상기의 여러 항구 이외에 진남포 및 목포에 기항할 때도 있다.

위의 각기 항구에서의 항해는 모두 정기적인 것에 속하지만, 매월 다소의 변동은 피할 수 없다. 그렇지만, 조선의 여러 항구 중에서 목포·군산·인천의 세 항구는 매주 1회 이상, 1년을 통해서 52회 이상, 진남포에는 매 3주마다 1회 이상, 1년을 통해서 18회 이상을 기항하고 있다.

3) 아마가사키기선주식회사(尼崎汽船株式會社)

오사카인천선(大阪仁川線)의 부정기선이다. 오사카를 출발하여 고베(神戶) → 시모노세키(下關) → 부산 → 마산 → 목포 → 군산을 거쳐 인천으로 향하는 것으로 현재는 기선 3척을 가지고 운항하고 있다.

4) 기타 회사

사가현(佐賀縣)의 명령항로이며 1개월간 2회에 걸쳐 가라쓰(唐津) ↔ 인천을 운항하는 것이 있다. 또한, 고베(神戶) ↔ 다롄(大連) 사이를 운행하는 육군용의 선박 2척이 1개월간 3회에 걸쳐 인천에 기항하기도 한다. 그리고 안둥현(安東縣) ↔ 타이구(太沽) 사이에는 육군 운수부 전속의 기선 2척이 1개월간 4회에 걸쳐 운항한다.

2. 본부 서남 각 항구 사이

1) 인천 재주 시바타 마고베(柴田孫兵衛) 경영
- 인천 ↔ 해주 : 1개월에 대략 12·13회 왕복하고 있다.

2) 목포 재주 다케우치 쓰루타로(武內鶴太郎) 경영

목포를 기점으로 하는 것은 아래와 같다.

- 목포 ↔ 제주도 : 목포를 출발하여 추자도(楸子島)를 거쳐 제주에 도착한다. 우편물을 선적하는데 목포우편국에서 매 1회 왕복에 보조비를 25원씩을 지급받고 있으며, 1개월간 5회의 예정으로써 운항한다. 다만, 제주도에는 배를 정박할만한 좋은 곳이 없어 겨울철에 풍파가 격렬하여 화물을 올리고 내리는데 곤란하기에 1개월간 불과 1회 왕복에 불과할 때가 있다.

- 목포 ↔ 줄포(茁浦) : 목포를 출발하여 지도(智島) → 법성포(法聖浦)를 거쳐 줄포에 다다른다. 항로는 약 60해리(浬)이며, 1개월간 4회 내지는 5회를 운항한다. 본 항로는 목포와 군산의 경쟁노선이기 때문에 목포의 일본인상업회의소는 보조금으로서 매 1회 왕복에 35원씩을 지급하고 있다.

- 목포 ↔ 영산강(榮山江) : 목포에서 영산강의 상류와 하류를 운행하는 것으로 항로는 약 24해리(浬)이며, 1개월에 8회 내지는 10회를 왕복한다.

3) 목포 재주 나카가미 요사쿠(中上與作) 경영

부산을 기점으로 마산 → 통영을 거쳐 삼천포에 다다른다. 최근에 여수(麗水)까지 연장하여 1개월에 대략 3회 정도 위에서 언급한 항구를 왕복한다.

현 시점에서 남서해안 각 항구들 사이의 교통은 이와 같다고 하더라도 앞에서 언급한 목포의 다케우치 쓰루타로(武内鶴太郎)는 기존에 설비된 항로 이외에 더 나아가서 목포 ↔ 장흥(長興) 사이의 항로를 개시하려고 기획하고 있으며, 또한 부산에 재주하고 있는 일본인에 의해 한남기선주식회사(漢南汽船株式會社)가 발기되고 있다. 정부는 남해 각 항구들 사이의 교통 편리를 도모하기 위해 3개년 간 매년 3만원을 보조하기로 결정하였고, 이미 그 명령서를 교부하였다. 또한 그 외에도 일본인으로 남서해안 항로를 개시하려고 계획하는 사람이 있다.

3. 내지 및 조선 동해안 제 항구 사이

- 일본유선주식회사(日本郵船株式會社) : 블라디보스토크선(浦汐斯德線, 일본정부 명령항로)을 기점으로 하여 모지(門司, 또는 시모노세키[下關]) → 나가사키(長崎) → 부산 → 원산을 거쳐 블라디보스토크에 이르는 것으로서 매 4주 1회 운항한다.

- 오사카상선주식회사(大阪商船株式會社) : 원산선(元山線)의 기점인 오사카를 출발하여 고베(神戸) → 모지(門司) → 부산 → 원산 → 성진(城津)을 거쳐 청국에 이르는 것으로서 기선 2척이 1개월간 대략 3회를 왕복하는데, 우편물을 선적하고 있다.

- 기타 군용선 : 매월 대략 3회 정도 고베(神戸) ↔ 청진(淸津) 사이를 왕복하는데, 부산 → 원산 → 서호진(西湖津) → 신포(新浦) → 성진(城津) → 독진(獨津)에 기항한다.

4. 동해안 각 항구 사이

1) 원산 재주 요시다 슈지로(吉田秀次郎) 경영

　요시다 슈지로는 종래에 부산과 원산 사이, 그리고 원산에서 북조선 연안의 각 항구 사이를 부정기적인 항해로 운영하고 있었는데, 정부는 그 항해를 확실한 것으로 만들기 위해 매년 1만 7,019원씩 2개년 간의 하청을 결정하였다. 그리고 그 명령에 근거하여 개시된 항로는 아래와 같다.

- 부산원산선(釜山元山線) : 부산을 출발하여 울산(蔚山) → 영일(迎日) → 죽변(竹邊) → 강릉(江陵) → 양양(陽壤) → 간성(杆城) → 장전동(長箭洞)을 거쳐 원산으로 왕복하는 것으로서 항해는 1개월에 1회 운항한다.

- 부산웅기선(釜山雄基線) : 부산을 출발하여 울산 → 영일 → 죽변 → 강릉 → 양양 → 간성 → 장전동 → 원산 → 서호진(西湖津) → 용포(龍浦) → 신창(新昌) → 성진(城津) → 명천(明川) → 어대진(漁大津) → 독진(獨津) → 청진(淸津) → 이진(梨津)을 거쳐 웅기에 다다르는 것으로서 항해는 1개월에 1회 운항한다.

- 서호진강릉선(西湖津江陵線) : 서호진을 출발하여 원산 → 장전동 → 간성 → 양양을 거쳐 강릉에 이르는데, 1개월에 1회 운항한다.

- 원산웅기선(元山雄基線) : 원산을 출발하여 서호진 → 신진(新津) → 신창 → 단천(端川) → 성진 → 명천 → 오대진 → 독진 → 청진 → 이진(梨津)을 거쳐 웅기에 다다르는 것으로서 1개월에 3회를 '명령

항로'로 삼고, 또한 '자유항로'로서 월 1회 이상을 왕복한다.

2) 대한협동우선주식회사(大韓協同郵船株式會社) 경영

- 부산북한선(釜山北漢線)은 부정기적인 운항이지만, 때때로 북한(北韓)[239]의 각 항구에 기항하고 있다. 그리고 부산과 원산 사이에서는 우편물을 선적한다.

- 그 외에 일본 군대용 선박이 1개월에 대략 2회 정도 부산과 원산 사이를 항행하고 있으며, 장전동 → 청진 → 강릉 → 삼척 → 죽변 → 영해 → 영일 → 울산에 기항한다.

---

239 본서에서의 '북한'은 한반도의 북부를 의미하는 것이며, '조선민주주의인민공화국(North Korea)'을 의미하는 것이 아니다.

제26장 위생 설비

조선의 의복과 음식이 청결한 것에 반하여 가옥과 도로에서의 불결한 습관은 실로 놀랄만 하다. 경성과 같이 8도의 수도인 곳에서조차도 조금만 작은 옆길로 들어가 보면 분뇨를 비롯해 쓰레기와 먼지가 노상에 가득차 있고, 사람으로 하여금 구토를 일으킬 정도이다. 질병과 사망의 처리에 대해서도 역시 난폭함이 극에 달해 거의 인간으로서 할 수 없는 저급한 일을 태연하게 행하고 있는 실태이다.

근래에 들어와 우리 통감부(統監府)의 위생 설비가 점차적으로 완비되어 구래의 면목을 조금 새롭게 하기에 이르렀다. 아래에 최근의 위생 상황의 대략을 제시해둔다.

위생 기관

지명		병원			의사	산파	간호부	약제사	약종상	제약자
		공립	사립	계						
부산	부산	3	1	4	26	18	13	2	37	4
	동례				1*				1	
	구포				1*					
	삼랑진				1*				1	
	밀양				1*					
	김해				1*					
	낙동				1*					
	양산				1*					
	내해				1					
	장승포				1*					
	포항				1*					
	소계	3	1	4	36/9*	18	13	2	39	4

지역	지명									
마산	마산		2	2	4	4	1	1	9	
	통영				2	1			5	
	장승포					1			1	
	창원								2	
	진주				1					
	거창				1					
	소계		2	2	8	6	1	1	17	
군산	군산	1	3	4	5	5	3	2	1	
	강경		1	1	1					
	공주				2				2	
	금산				1				3	
	고부				1					
	소계	1	4	5	10	5	3	2	6	
목포	목포	1		1	4	3	2	1	2	1
	나주				1				5	
	광주				1	1				3
	제주성		1	1	1				1	
	성산포								1	
	소계	1	1	2	7	4	2	1	9	4
경성	경성	2	3	5	20	29	31	13	15	
	용산		7	7	7	2	9	2	7	
	개성	1		1	5	1		1	3	
	수원		1	1	3	1		1	1	
	조산							1		
	부강							1		
	대전		1	1	2	1	1		2	
	영등포				2					
	양대				1				1	
	문산포				1					
	소계	3	12	15	41	34	41	19	29	
인천	인천	1		1	17	11	24	5	10	5
	홍주				1					
	광천								1	
	소계	1		1	18	11	24	5	11	5

평양	평양	1	7	8	12	11	7	2	8	
	성천				1					
	덕천				1					
	안주				1					
	단흥								1	
	신막				1				1	
	황주								2	
	겸이포				1	1			1	
	소계	1	7	8	17	12	7	2	13	
진남포	진남포		2	2	4	3			8	
	소계		2	2	4	3			8	
원산	원산	3		3	7	6	1	3	2	
	함흥				3	1		1	5	
	북청		1	1	1				2	
	홍원								2	1
	영흥								3	
	소계	3	1	4	11	7	1	4	14	1
성진	성진				1	1	1		6	
	소계				1	1	1		6	
대구	대구		1	1	7	4		2	5	4
	김천				1				1	
	영동					1				
	소계		1	1	8	5		2	6	4
신의주	신의주		1	1	3	2	2		6	
	중강진				1					
	용암포				1				2	
	거련관		1	1					1	
	영변군				1				2	
	의천군								1	
	영산군								7	
	소계		2	2	6	2	2		19	
	청진				1	1			1	
	경성				2	1			2	

회령				1				4	
소계				4	2			7	
총계	13	33	40	171/9*	110	95	38	184	18

※ 본 도표 중에 '*'를 붙인 것은 현지 개업의를 표시한 부호이다. 또한 본 표에 기술된 것 이외에 군산, 경성, 평양 및 신의주에 미국인이 설립한 병원이 각 1개소가 있으며, 의사도 각 1인 있다. 부산과 목포에 미국인 의사 각 1인, 인천에 영국인이 설립한 병원 1개소에 의사 1인과 청국인 약종상 2인이 있다.

제27장 현재 내지인의 생활 상황

조선이 가깝다고 하더라도 원래부터 내지와 동일한 생활 상태를 유지하는 것은 불가능하다. 우선, 기후 관계상 약간 대륙적이어서 내지인과 같이 강우량이 많아 항상 습기가 많은 공기에 안주하여 길들여진 사람에게는 한온냉열의 상태는 건강에 저해를 초래할 수밖에 없기 때문이다. 또한, 토지가 달라서라기보다는 역시 수질 자체가 다르고, 이른바 풍토병 때문에 설사나 기타 질병에 걸리는 것도 또한 적지 않다. 이것들은 도항자(渡航者)가 항상 유의하여 예방하지 않으면 안 되는 것에 속한다.

오늘날 조선에서 영위되는 직업은 거의 내지에 전부 존재하는 것으로써 그 어떠한 직업인이 건너오더라도 공허하게 끝나는 것에 대해 조금도 걱정할 필요가 없으며, 모두 상당한 생활을 영위할 수 있다. 단지 앞의 장에서도 언급한 바와 같이 그 때 내지인으로서 가장 잊지 말아야할 것은 성실과 근면이다. 이 두 가지 점을 잊지 않는다면 조선은 분명하게 내지 동포들이 영주(永住)하는 땅이 될 것이다. 아래의 도표를 참고로 제시한다.

1) 현재 본방인(本邦人)의 호구 직업 분포-1

(수치는 호수[戸數])

지방	관리 (官吏)	공리 (公吏)	교원	신문 잡지기사	신관 (神官)	승려 선교사
부산	284	42	44	10	5	6
마산	140	3	21	1		3
군산	261	11	21	6		5

목포	201	10	14	2		3
경성	1,258	41	39	39	2	16
인천	302	28	20	20	1	4
평양	311	12	8	6		7
진남포	65	14	3	3	1	3
원산	158	13	19	3		5
성진	25	1	2			
대구	199	6	15	1	1	2
신의주	277	6	10	4		2
청진	74	4	4			
총계	3,555	191	220	95	10	56

2) 현재 본방인(本邦人)의 호구 직업 분포-2

(수치는 호수[戶數])

지방	변호사 소송대리인	의사(*수의)	산파	농업	상업	공업
부산	4	31 / *4	12	299	2,474	780
마산		12	4	60	652	111
군산	3	15	2	157	472	163
목포		7	1	93	476	196
경성	10	52	10	89	2,610	556
인천	3	16	4	70	1,189	4
평양	2	8 / *1	3	55	780	747
진남포	1	4	3	14	203	102
원산		15	2	27	633	261
성진		1	1	2	29	
대구	2	12		76	502	102
신의주		6	2	15	349	138
청진		5		8	261	80
총계	25	184 / *6	44	965	10,630	3,240

3) 현재 본방인(本邦人)의 호구 직업 분포-3

(수치는 호수[戶數])

지방	어업	잡업	예능 · 창기 작부	노동	무직업	합계
부산	275	502	26	442	1,245	5,236
마산	86	287		130	12	1,522
군산	19	190	1	129	21	1,476
목포	34	57		196	43	1,333
경성	7	668	74	840	144	6,455
인천	9	1,372	1	185	67	2,993
평양		611		360	58	2,968
진남포	5	199		170	34	824
원산	30	289	1	121	64	1,641
성진		38		13	3	115
대구		178		256	34	1,386
신의주	12	169		441	17	1,448
청진	9	108	3	24	21	601
총계	486	4,668	106	3,307	518	27,998

제28장 병합 후의 도항자 주의사항

어떤 사람은 조선을 두고 동양의 큰 보고(寶庫)라고 말하고, 또 어떤 사람은 빈약한 사업뿐이 없다고 말하는데 모두 틀리지는 않지만, 각 개인의 견해에 따라 한결같지 않다. 그렇기는 하지만, 광대한 영토를 가지고 있으며, 농업이든 수산업이든 모든 방면에서 수많은 이득의 원천이 존재한다는 것을 생각하면, 우선 내지 동포가 금후 분투하기에 최고의 적합지가 될 것이다. 현재가 빈약하다고 하여 장래가 빈약하다고는 말할 수 없다. 아니 그 빈약함이야말로 금후 분전하여 노력할 가치가 있는 것으로 뜻이 있는 자를 위해서는 오히려 좋다고 해야 할 일에 속한다고 말할 수 있다.

특히, 조선 인민의 수는 영토에 대해서나 사업에 대해서도 그 비율이 매우 낮고, 현재의 조선인만으로는 그 어떠한 것을 하더라도 전토에 걸친 충분한 이익의 원천을 개발할 수 없다. 더욱이 산업에 대한 마음가짐이 결핍해 있고, 산업 지식이 결여되어 있다. 반드시 타인의 지도 계발과 분투의 노력을 기다리지 않으면 안 된다. 이러한 점에서 우리 내지 동포가 도항할 필요성이 생긴다.

1. 근본 있는 개척

이상과 같이 조선으로의 도항은 당장의 급무이지만, 이전의 도항자와 같이 권모술수를 부려 일시적인 뜻밖의 이익을 목적으로 하는 것은 가장 기피해야할 일로써 어느 것에 대한 사업을 일으키고, 또 그 효과를 거두려한다면, 충분한 준비와 각오를 가지고 임하지 않으면 안 된다. 이제 일본제국의 한 영토가 된 이상 재산의 안고(安固)[240]도 생명의 안전도 견고하게 확실하게 보증되었으므로 몇 사람이라도 마음 편하게 영주(永住)하면서 여러 종류의 사업에 종사하는 것이 가능하다.

통감부 설치 무렵까지는 조선 전토의 내지인이 약 3만 명에 지나지 않았는데, 그 후에 날이 갈수록 도항자가 증가하여 지난 1907년에는 무려 20만 명에 이르렀다. 더욱이 그 후의 이주자를 조사해보니, 확실히 30만 명 이상에 달하고 있다. 원래부터 흥성해질 것이라는 것은 틀림없는 사실이지만, 조선의 개척을 실로 이상과 같이 행하기 위해서는 50만, 100만, 200만·300만 명 역시 아직 많다고는 할 수 없다. 요컨대 단지 그 사람의 자격이 어떠한가에 달려있다.

2. 지주의 도항(渡航)

모든 방면에서 이주의 필요성이 있다는 것은 당연하지만, 식민지 개발에 우선 첫 번째로 서둘러야 하는 것은 지주(地主)이다. 확실히 지주로 하여금 도처에 거주토록 하는 것이 정해지면 다른 이주자도 모두 안심하고 갈 수 있고, 또한 중도에 실패하여 차질이 생기는 경우에 종래와 같

---

240   어떤 일을 안정되게 공고히 하다.

이 부랑적인 생활은 보내지 않더라도 지주가 가지고 있던 토지에 관해서는 스스로 생계의 길을 강구할 수 있다. 또한 한 명의 지주가 이주하기 위해서는 그 세력에 응당한 가족과 소작인 등을 동반해야 하는데, 따라서 주위의 생활 상태가 극히 안정적이고, 또한 근본 있는 사람이 아니면 안 된다.

그리고 이것을 정책적인 면에서 생각해보더라도 다른 상공업과 같이 비교적 성쇠나 성패의 정도가 빠른 것에만 힘을 쏟아 부으면, 자연히 인기가 떨어지고 인정이 박하게 되어 조선인으로 하여금 안정된 마음속에서 내지인과의 거래 또는 교제를 못하게 할 것이다. 나아가 조선인을 권장하여 이끌어 가는 데에 큰 영향을 미칠 것이다.

오히려 토지 경영의 방면에서 발달을 보아야 하지 않을까 생각한다. 직접적으로 농업에 종사하는 자는 모두가 대체적으로 소박하고 순진하여 거짓이 없는 자가 많다. 밭둑이 서로 접해 있고, 담장이 서로 인접하고 있는 사이로서 점차 심정을 융화시켜 가고자 한다면, 동포가 서로 친해져서 마땅히 교제하도록 만들어야 한다.

3. 조선인의 정의(情誼)

조선인은 내지인이 상상하는 것과 같이 도리에 어긋나고, 부도덕한 백성이 아니다. 유순하고 온후한 풍습은 오히려 내지인보다 과할 정도이다. 특히 상부상조의 정서에서는 도저히 타국민이 인정하지 못할 정도로 실로 조선 인민들의 가장 큰 풍속 중의 하나이다. 그렇기에 내지 이주자가 조선인과의 친밀한 교제에서 우리가 불법한 부덕의 행위를 하지 않는 이상 그 어떠한 것도 우려할 것은 없으며, 지방에 따라서는 내지에 거주하는 것보다도 더한층 조용하고 평안하다.

특히 일반적으로 의리가 강하고, 물건을 주고받는 것, 또는 예의 등에 대단한 사고가 일어나지 않는 한 이것을 등한시하거나 방임하는 것과 같은 일은 없고, 극히 엄중하게 이행하지 않으면 안 된다. 이 또한 내지인이 약간 따라갈 수 없는 바이다.

4. 조선의 언어

내지로부터의 이주자는 미리 조선어를 공부해둘 필요가 없다. 오늘날에는 내지인이 조선어를 배우려고 하는 것보다 조선인이 내지어를 알려고 하는 마음이 있기 때문에 당분간은 그들이 우선 우리 말을 배우려고 할 것이기에 우리가 강하게 [조선어를] 알려고 할 필요는 없다.

그렇지만, 안다는 것이 훨씬 뛰어나다는 것은 분명하기 때문에 보통의 일상생활에서 왕래하는 조선인 또는 자신의 집에 고용한 하인과 하녀 등의 언어에 주의하여 그때그때 필요한 언어는 기억해두는 것이 묘책이다. 원래부터 어려운 일이 아니다.

5. 생활비

생활비는 사람에 따라 다양해서 한마디로 단정할 수는 없지만, 내지에 비하여 반액 정도라고 보면 큰 차이는 없을 것이다. 고용인의 급료 또한 그에 따라 매우 저렴한데, 하녀의 급료에서 알 수 있듯이 1년에 비싸도 8·9원 정도, 싸다면 4·5원 정도면 가능하다.[241] 물론 도시와 시골, 그리고 살고 있는 지역에 따라서 차이가 있지만, 지금은 평균하여 이와 같은 바이다.

그러나 이것은 조선인을 고용할 경우이고, 내지인의 고용인은 급료액이 상당히 높아 하인이라도 상등의 경우에는 1개월에 7·8원을 지불하지 않으면 고용할 수 없다. 좋은 집에 고용되어 오랜 기간에 걸쳐 지낸 사람으로서 하녀임에도 7·800원에서 1,000원 정도를 저축한 자도 적지 않다.

6. 유망한 직업

1) 목수와 미장이(左官)

여러 가지 직업을 필요로 하고 있다는 것은 말할 필요도 없는 것이지만, 그 중에서도 특히 내지인의 가옥과 건축이 왕성한 오늘날에는 목수

---

241 원문 그대로 번역한 것이지만, 하녀의 급료가 1년에 "비싸도 8·9원 정도, 싸다면 4·5원 정도"라는 것은 이해가 되지 않는 부분이다. 이것을 포함해 이 책의 내용에 대한 검토·확인은 금후의 과제로 삼겠다.

와 미장이의 수요가 많아 매우 급하다. 품삯은 통상 1원 50전 내외인데, 일은 도처에 넘쳐나 있어 성실하게 근무한다면, 하루라도 쓸데없는 시간을 허비하지 않고 1년 동안 상당한 저축을 할 수 있다.

2) 이발(理髮)·재봉업(裁縫業)

내지인 이주자의 증가에 수반하여 이발업이 도처에서 이루어지기 시작했는데, 오늘날에 이르러 더욱 부족한 현상이 발생하여 큰 곤란을 느끼고 있다. 따라서 이발료가 매우 비싸고, 조금이라도 설비가 갖추어진 이발소에서는 이발이 50전, 면도가 30전이 보통이며 더욱이 하루 동안 고객의 자취가 끊이지 않는 상태이다.

재봉업도 또한 매우 유망한데, 단의(單衣)[242] 1매의 품삯이 30전부터 40전 정도로 비싼 편이 아니다. 부인이 집에서 하는 직업으로서 현재까지는 가장 유리한 것이다. 만약에 재봉틀 기계를 1대라도 소지하고 가정에서 일반의 재봉에 종사한다면, 충분히 일가의 경제를 유지하고 남편의 봉급 내지 이익금은 전부 저축할 수 있을 것이다.

3) 여성의 머리카락 묶는 직업(女髮結)

가정과 함께 이주하는 사람의 증가와 더불어 자연히 여성의 머리카락을 묶어주는 직업의 필요성이 생겼다. 오늘날에는 이러한 직업을 가진 사람이 매우 적어 경성과 인천 등에서도 머리카락을 묶는 것에 대부분 곤란한 상황이 되었다. 건강하고 성실한 동시에 저축심이 있는 사람이라

---

242   한 겹으로 된 옷 또는 여성의 속곳.

면 지금 하루라도 빨리 도항의 준비를 차리는 것이 좋을 것이다.

4) 산파(産婆)와 간호부(看護婦)

산파와 간호부는 모두 오늘날 그 수가 상당히 적어서 일이 있을 때마다 한 사람, 두 사람을 사방에서 끌어 돌리는 형국이다. 산파의 수당은 착대(着帶)²⁴³의 축의금이 약 5원에서 10원 정도, 매월의 사례가 2원 내지는 3원이고, 출산 때에는 사례금으로서 5원 내지 10원을 지불하는데, 이들을 합산하면 한 집에서의 소득이 30원 내지 40원에 이른다.

간호부의 필요성은 산파 그 이상이다. 내지로부터 도항을 장려하려고 하지만, 안타깝게도 이미 내지에서 간호부의 부족 현상이 발생하고 있기 때문에 도저히 보낼 수가 없다. 환자가 있는 개인집에서 간호부를 고용하려고 할 때에는 매번 상당한 곤란이 발생하게 되었는데, 대체로 병원으로 [간호부를] 데리러 가는 사이에 출산해버리는 경우가 대부분이다. 보수는 15·6세로 견습생의 경우 12·3원, 20세 전후의 정식 간호부가 된다면 적어도 17·8원, 많을 경우에는 30원에서 40원 정도를 받는다. 여기에 환자의 집에서 [감사의 마음에서] 주는 금전을 합산하면, 족히 1개월의 수입이 내지의 고등관(高等官) 봉급과 그 액수가 비슷하게 된다. 조선에서 간호부가 유망하다는 것이 놀랄만하다.

5) 가정교사

자격은 사범학교 졸업생도가 가장 적합하다. 현재 그 가정에서 먹고

243　'착대(着帶)'는 일본에서 임산부가 임신 5개월째의 길일에 복대를 매는 것, 또는 그 축하의 의미로 사용된다.

숙박하면서 보통 20원 정도의 월급을 받는다. 만약에 편물이나 기타의 수예에 능통한 사람이라면 더한층 귀한 대접을 받는다.

6) 점원·급사(給仕)

점원 중에도 소년, 즉 내지의 이른바 '소승시대(小僧時代)'[244]인 사람은 그렇게까지 필요하지 않다. 왜냐하면 조선인의 사환을 고용해서 받아들여도 간단한 요무(要務)는 처리할 수 있기 때문이다. 그렇지만, 약간 연장자, 즉 내지의 이른바 수석 점원이나 지배인과 같은 사람에 이르러서는 절대적으로 내지에서 경력이 있는 자를 동반하여 받아들이지 않으면 안 된다. 따라서 이 직종의 점원은 매우 필요한데, 대체로 상점에서는 선량한 사람을 받아들이길 원하고 있다. 급료는 수당으로서 6·7원 이상에서 15·6원 정도, 지배인은 15·16원에서 24·25원 정도이다.

급사는 모두 관아·은행·병원·학교·신문사에 필요한데, 지금은 그 수가 매우 적어 6·7명 정도가 필요한 곳에 1·2명이 담당하고 있는 상태이다. 급료는 7·8원에서부터 12·13원까지이다. 어린아이보다 약간 큰 이른바 '소공(小供)'[245]의 일로서는 이것 역시 유리한 직무이다.

7) 교육가(教育家)

대우도 두텁고, 지위도 높아 조선의 교육에 종사할 정도로 흥미롭고

---

244 한 사람의 성인으로서 그 역할이 부족한 시기를 의미한다. '고조(小僧)'라는 용어는 일본에서 근세 이후에 연소한 남자를 업신여기는 호칭으로 사용되었으며, 또한 상점 등에서 어린 사환이나 점원 등의 호칭으로도 사용되었다. 한편에서는 연장자가 소년을 부를 때 사용하는 호칭이기도 하다.

245 아직은 성인이 되지 못했지만, 어린아이보다는 약간 위의 아이.

또한 유쾌한 것은 없다. 특히 병합 후인 금일 이후에는 연한에 제한이 없고, 영구히 그 자리에 안정되게 종사할 수 있기 때문에 극히 안심되는 직업이다.

지금은 생도와 교원도 적은 시기인데, 곧바로 다른 직업과 마찬가지로 다수의 도항을 허락하지 않는다고 하지만, 역시 일부는 이전에 도항하고 있어 조선의 풍토와 인정을 깊이 깨달을 필요도 있기에 진실로 조선의 교육에 몸을 맡기려고 하는 사람은 지금부터 상응하는 준비를 하면 좋을 것이다.

8) 노동자

착실한 노동자는 이후 더욱더 왕성하게 이주해도 좋다. 경원철도(京元鐵道), 호남철도(湖南鐵道), 평원철도(平元鐵道)가 부설되기에 이르러 내지 노동자의 급증이 초래될 것이고, 그 외의 일반 공업가들도 날이 갈수록 이익이 높아지기 때문에 약간이라도 저축심이 있고, 또한 체력이 있는 사람은 내지에서 항상 술을 마시는데 소비하는 것보다 분발하여 조선으로 도항하는 것이 좋을 것이다.

9) 목욕업

오늘날 당장 많은 목욕업자가 필요하지 않더라도 훗날 일반의 조선인이 입욕을 하게 된다면 욕탕의 번창은 확실히 대단한 것이 될 것이다. 원래 조선인은 전신욕을 절대로 행하지 않는 풍습인데, 작금에 이르러 10명 중에 1·2명은 내지인과 마찬가지로 전신욕을 행하게 되었고, 더욱이 매우 기분이 좋아져 즐거워하는 상태이기 때문에 조선도 금후에는 상당히 청결한 인민이 될 수 있을 것이다.

10) 대출업

오늘날까지 도항자로서 대출로 성공한 사람은 조금도 없다. 내지인에게도 대출을 해주지만, 유리한 것은 조선인을 상대로 한 거래이다. 저당은 가옥 또는 땅을 대상으로 하지만, 조선인은 어떠한 경우에도 기한에 이르러 저당물을 그냥 흘려보내지 않고, 반드시 상응하는 처치를 취하기 때문에 대부업자는 극히 태연하게 영업해나갈 수 있다.

기한은 내지와 같이 1년이나 반년에 해당하는 장기간의 경우는 거의 없으며, 대체로 시장이 열리는 날에서 다음 시장이 열리는 사이까지를 융통하기 때문에 자본의 융통이 민활하고, 비교적 소자본이라도 항상 자금의 고갈을 초래하는 일은 없다.

위에서 언급한 각각의 직업을 시작으로 기타 집안에서의 작업, 숙박업, 요리업, 출판업 등 무망한 사업들이 있지만, 모두 영구히 살아갈 각오를 세우지 않으면 안 된다. 오늘날 조선에서 일확천금을 꿈꾸는 것과 같은 것은 절대로 불가능한 일로써 내지에 있는 것보다는 오히려 한층 더 성실함과 근면성을 가지고 그 땅에서 죽을 각오로 경영해야만 한다. 그렇지 않으면, 가령 업무 그 자체의 성질이 아무리 유리하더라도 도저히 성공을 이룰 수 없을 것이다.

또한 저축하는 마음을 잃지 않는 것이 필요하다. 비교적 유리하다고 하여 저축의 마음 없이는 언제가 되더라도 결국 목적을 이룰 수 없다. 이것들은 대부분 식민지에서 엄수해야만 할 일반적인 법칙이다.

제 2 부
「조선사진첩(朝鮮寫眞帖)」

제1장 승경

제1장 승경(勝景)

1. 이태왕(李太王) 전하와 구 즉위식장 : EX—EMPEROR AND THE HOUSE OF CORONATION CEREMONY.

2. 의화궁(義和宮) 전하 : GIWAKYU PRINCE.

3. 경성 창덕궁(昌德宮)의 인정전(仁政殿)

제2부 「조선사진첩(朝鮮寫眞帖)」

4. 경성 창덕궁(昌德宮) 안의 정원

5. 이왕(李王) 전하와 돈덕전(惇德殿)

6. 경성 경복궁(景福宮) 정문(光化門) 앞 광경 : KOKI-GATE OF SEOUL.

7. 경성 경복궁 상어전(常御殿) : PALACE OF KEIFUKU-TEMPLE OF SEOUL.

8. 경복궁(景福宮) 안의 정원 : THE GARDEN IN THE KEIFUKU-TEMPLE.

9. 경성 남별궁(南別宮)

10. 조선총독부 : SUPERINTENDENCE OFFICE KOREA.

11. 경성 구 황성(皇城)의 정문 : THE FORTIFICATION OF PRESENT-DAY OF SEOUL.

제2부 「조선사진첩(朝鮮寫眞帖)」

12. 종로 큰 거리 : THE HEAD STREET OF SHORO.

13. 경성의 종로 큰 거리 : THE HEAD STREET OF SHORO OF SEOUL.

14. 경성 종로의 보신각(普信閣) : THE FUSHIN TOWER OF SEOUL.

15. 경성 동대문(東大門) : THE EAST GREAT GATE OF SÖUL.

제2부 「조선사진첩(朝鮮寫眞帖)」

16. 경성 남대문의 풍경(원문에는 서대문) : VIEW CASTLE TOWN.

17. 경성 서대문(西大門)의 풍경 : VIEW CASTLE TOWN.

18. 경성 남대문(南大門) 큰 거리 : THE HEAD STREET OF THE SOUTHERN GATE OF SÖUL.

19. 경성 남대문(南大門) : THE NANDAI-GATE OF SEOUL.

20. 경성 북대문(北大門) : THE NORTH GREAT GATE OF SÖUL.

21. 경성 남산의 풍경 : THE LANDSCAPE OF NAN-SHAN OF SÖUL.

22. 경성 남산의 기념비 : A MONUMENT OF NAN–SHAN OF SÖUL.

23. 경성의 고 민비(閔妃) 사당 : THE ANCESTRAL HALL OF LATE BIN PRINCESS.

24. 경성 대원군(大院君)의 묘 : THE TOMB OF TAI-INKUN OF SÖUL,

25. 경성 남대문 정차장 : THE STATION OF THE SOUTHEREN GREAT GATE OF SÖUL.

제2부 「조선사진첩(朝鮮寫眞帖)」

26. 경부철도열차 : RAILWAY CARRIAGE(KEIJO TO FUZAN).

27. 경성 납석(蠟石)의 탑 : THE ALABASTER-TOWER OF SEOUL.

28. 경성 거북비(龜碑) : TORTOISE MONUMENT IN SEOUL.

29. 경성 기생의 연기장 : THE BALL PLACE OF KISEI OF SŌUL.

30. 기생학교 : THE HARLOT-SCHOOL.

31. 경성의 천주교회당과 농가 : FARMHOUSE ANDPEASANT AND ROMAN CATHOLIC CHURCH.

32. 감옥 : PRISON OF KOREA.

33. 동문 바깥에서 북한산(北漢山)을 조망 : THE VIEW OF KAN-SHAN OF NORTH FROM EAST GATE.

34. 인천항의 풍경 : THE VIEW IN CHENMLOPO.

35. 인천항 해안 세관의 부근 풍경 : THE VIEW NEAR THE CUSTOM-HOUSE OF CHENMLOPO

36. 인천항의 일몰(원문에는 일출) 풍경 : THE SUN-RISING OF NIN-SEN HARBOR.

37. 인천항에서 본 시가지 : THE VIEW OF STREET FROM THE NIN-SEN HARBOR.

38. 잘 꾸며진 인천시가 : STREET, NINSEN.

39. 인천항 본정(本町) 거리 : HEAD—STREET OF CHENMLOPO.

40. 인천항 해안거리 : THE BUND OF THE NIN-SEN HARBOR.

41. 인천항 해안거리의 한인 노점 : THE WAYSIDE-SHOPSOF COREA ON CHENMLOPO-SHORE.

42. 목포 이사청(理事廳) : THE OFFICE OF JAPAN-MANAGER IN MOKUHO.

43. 부산항 일본이사청 : THE OFFICE OF JAPAN-MANAGER IN FUZAN.

44. 부산항 변천정 거리(辨天町通) 풍경 : BENTEN-STREET OF FUZAN.

45. 부산항 중국인 마을 : CHINESE-STREET OF FUZAN-PIER.

46. 부산 북쪽 해안 : THE BEACH OF HOKUHIN OF FU-SHAN.

47. 부산 용미산(龍尾山) 기요마사(清正)의 사당 : THE TEMPLE OF KIYOMASA ON RIUBISAN OF FUSAN.

48. 부산상업회의소 일본상품 진열관 : THE JAPAN MERCHANDISE EXHIBITION IN FUZAN.

49. 부산진(釜山鎭)의 시장 : THE STREET OF FUZANCHIN.

50. 부산진(釜山鎭)의 시장 : STREET, FUZANCHIN.

51. 부산공원 용두산(龍頭山) 신사 : RIUTOZAN SHINTO TEMPLE(AT FUZAN-PARK).

52. 부산의 잔교(棧橋) : THE BRIDGE OF FUZAN-PORT.

53. 초량 정차장 해안 : THE STATION SORYO-SHORE.

54. 밀양(密陽)의 영남루(嶺南樓) : THE REINAN-TOWER OF MITSU-YO.

55. 마산포(馬山浦)의 풍경 : BASANPO.

56. 대구부(大邱府) 시가 전경 : THE STREET OF DAISON–CITY.

57. 대구부(大邱府) 서문 밖의 큰 시장 : THE LARGE-MARKET OF TAISON-CITY.

58. 수원 팔달문(八達門) : HATSUDATSU—GATE OF SUIGEN.

59. 수원 화홍문(華虹門) : KAKO-GATE OF SUIGEN.

60. 수원의 능묘 : IMPERIAL SEPULCHRE OF SUIGEN.

61. 개성부(開城府) 시가의 풍경 : THE STREET OF KAIJO-CITY.

62. 개성의 선죽교(善竹橋) 개축 : THE ZENCHIKU-BRIDGE OF KAICHIKU. 한편, 원본의 우측에는 "옛날 고려가 망할 무렵에 충신이 이곳에서 분사(憤死)하였는데, 그 피가 지금도 흐르고 있다고 전해진다."라는 설명이 붙어 있다.

63. 개성 산성산(山城山) : SAN-JO-SAN OF KAIJO.

64. 평양 대동문(大同門) : DAIDO—GATE OF PING—YANG.

65. 평양 현무문(玄武門) : GENBU-GATE OF PING-YANG.

66. 평양 모란대(牡丹台) : BOTAN—HILL OF PINGYANG).

67. 평양 칠성문(七星門) : THE SEVEN–STARS GATE OF PING–YANG.

68. 평양 개선교(凱旋橋)에서 대동문(大同門)을 조망 : THE VIEW OF DAIDOMON FROM TRIUMPHAL BRIDGE OF HEIJO.

69. 평양시가의 풍경 : THE HEI-JO STREET.

70. 평양 연광정(練光亭) : THE SUMMER-HOUSE OF HEI-JO.

71. 대동강변의 연광정(練光亭) : THE SUMMER-HOUSE OF THE RIVER DAIDO.

제2부 「조선사진첩(朝鮮寫眞帖)」

72. 부인의 세탁(1) : WASHING—WOMEN.

73. 부인의 세탁(2) : THE WASHING ON THE RIVER DAIDO.

제2부 「조선사진첩(朝鮮寫眞帖)」

74. 부인의 세탁(3) : THE WASHING ON THE RIVER DAIDO.

75. 평양 을밀대(乙密臺) : THE OTSUMI-TSU BOWER OF HEIJO.

76. 한강철교 : THE IRON BRIDGE OF KANKO.

77. 용산의 원경 : THE VIEW OF RIU-SHAN.

제2부 「조선사진첩(朝鮮寫眞帖)」

78. 용산의 원경 : THE VIEW OF RIU-SHAN.

79. 동래부(東萊府) 성문 안의 풍경 : THE SPACE IN SIDE OF GATE OF TORAIFU.

80. 동래부 통도사(通度寺)

81. 경성(鏡城) 남문 안의 풍경 : VIEW SOUTHEREN GATE OF KYOJŌ.

82. 얼어붙은 두만강 : FREEZING IN THE RIVER DZUMANKO.

83. 강변의 나룻배 : COREAN SHIP.

제2장 풍속_(風俗)

84. 대신의 예복 : THE CEREMONIAL DRESS OF MINISTER OF STATE.

85. 궁중의 노관(老官) : AN OLD WOMAN IN THE COREAN COURT.

86. 상류의 청년 : A YOUNG-MAN OF THE UPPER CLASS.

87. 상류사회의 실내생활 : THE ROOM OF THE UPPER SOCIETY.

88. 상류사회의 신랑신부 : THE WEDDING DRESSES OF THE UPPER SOCIETY.

89. 상류 부인의 외출할 때 타는 가마 : THE PALANQUIN OF THE COREAN LADY.

90. 중류 이상 사람들의 실내 복장 : THE HOME DRESS OF THE COREAN GENTLEMEN.

91. 예장(禮裝)의 관기(官妓)(1) : COURT SINGER.

92. 예장(禮裝)의 관기(官妓)(2) : THE CEREMONIAL DRESS OF IMPERIAL SINGER.

93. 예장(禮裝)의 관기(官妓)(3) : COURT SINGER.

94. 예장(禮裝)의 관기(官妓) 뒷모습 : THE BACK OFCEREMONIAL DRESS OF IMPERIAL SINGER.

95. 정장한 관기(官妓)의 감찰사 마중 : TO MEET INSPECTIVE COMMITTEE OF KANKI.

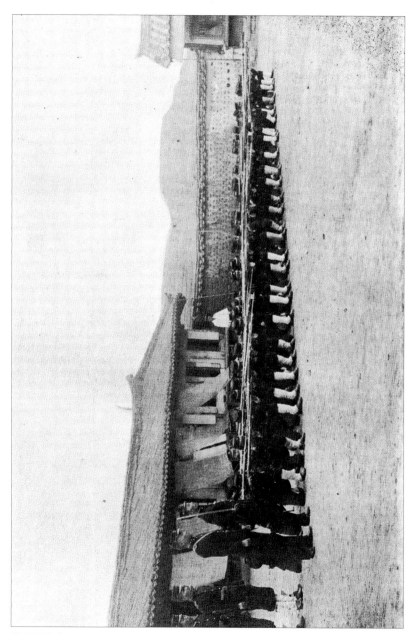

96. 한국 병대(兵隊) : COREAN SOLDIER.

97. 순검(巡撿)(1) : COREAN POLICE-MAN.

98. 순검(巡檢)(2)：COREAN POLICE-MANS.

99. 혼례의 정복 : THE WEDDING DRESSES.

100. 혼인을 허락 받은 남녀 : A YOUNG COUPLE IN ESPOUSAL.

101. 처녀(處女) : A COREAN VIRGIN.

102. 부인이 집에 있을 때의 모습 : THE ROOM OF WOMAN.

103. 부인들의 가마 : WOMEN'S PALANQUIN.

104. 봄옷(春衣)을 입은 부인 : WOMAN IN THE SPRING CLOTHES.

105. 여름옷(夏衣)을 입은 부인 : WOMAN IN THE SUMMER CLOTHES.

106. 겨울옷(冬衣)을 입은 부인 : WOMAN IN THE WINTER CLOTHES.

107. 기생(妓生)(1) : SINGING GIRL.

108. 기생(妓生)(2) : KANKI-SEI.

109. 봄옷을 입은 기생(妓生) : SPRING DRESS OF SINGING GIRL.

110. 여름옷(夏服)을 입은 기생 : SUMMER DRESS OF SINGING GIRL.

111. 기생(妓生)의 겨울옷(冬服) : WINTER-DRESS OF SINGING GIRLS.

112. 기생(妓生)의 반지와 은장도 : KANKI-SEI.

113. 경성 부근에서 보통 여인의 외출 : GOING OUT OF THE LADIES NEAR SEOUL.

114. 보통의 소녀 : COREAN GIRLS.

115. 아동의 집합 : COREAN CHILDREN.

116. 아동들의 동전놀이 유희(遊戲) : CHILDREN GAMBLING.

117. 시집가는 날 : A MARRIAGE.

제2부 「조선사진첩(朝鮮寫眞帖)」

118. 장례 행렬 : A PROCESSION OF FUNERAL RITE.

119. 주악(奏樂)(1) : PERFORMING MUSIC.

120. 주악(奏樂)(2) : PERFORMING MUSIC.

121. 여흥(餘興)의 가무(歌舞) : DANCING OF SECOND PART.

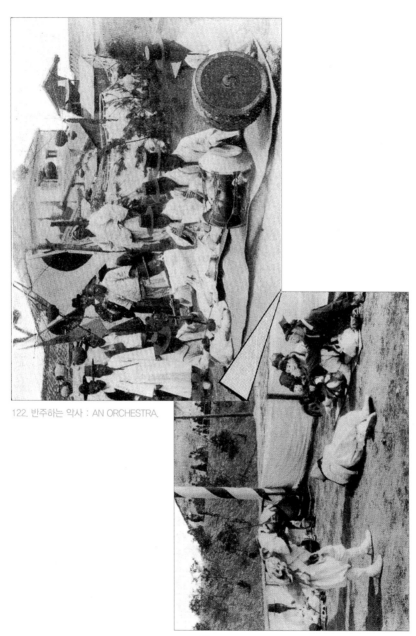

122. 반주하는 악사 : AN ORCHESTRA.

123. 여흥(餘興) : THEATRE.

124. 예능인 : COREAN ARTIST.

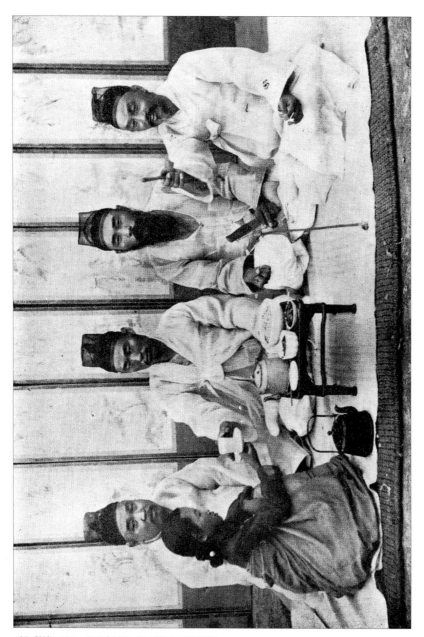

125. 회식(會食)(1) : THE SOCIAL DINNER OF COREAN.

126. 회식(會食)(2) : A SOCIAL-EATING.

127. 한인(韓人)의 농업 : COREAN HUSBANDRY.

128. 수차(水車) : WATER MILL

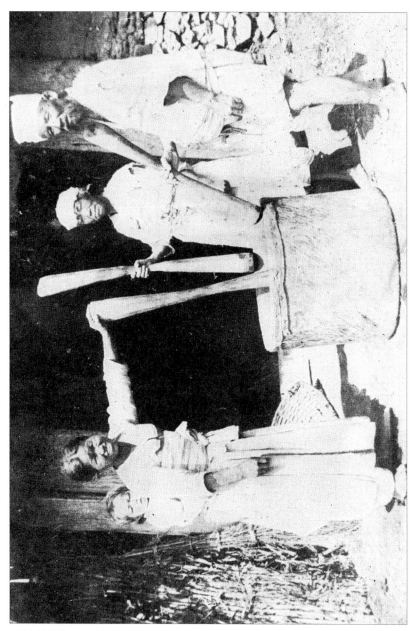

129. 농부의 쌀 도정 : RICE-CLEANER OF THE FARMERS.

130. 사금의 채취 : TO ASSEMBLE THE GOLD DUST.

131. 풍년 춤 : THE DANCE OF FRUITFUL YEAR.

132. 풍년을 기원하고, 역병 퇴치 및 이정표로 삼은 표식 : THE SIGNS FOR PLAYER OF A FRUITFUL YEAR, FOR AVOIDING A PESTILENCE, FOR A DISTANCE IN MILES.

133. 한인(韓人) 마을의 모습 : THE MANNER OF THE COREAN STREET.

134. 한인(韓人)의 노점(1) : WAY-SIDE SHOP OF COREA.

135. 한인(韓人)의 노점(2) : WAY-SIDE SHOP OF COREA.

136. 요리점 : AN EATING HOUSE.

137. 모자 제조 : MAKING COREAN HATS.

138. 잡화점(雜貨店) : CURIO-SHOP.

139. 대장장이 : COREAN BLACK-SMITH.

140. 닭 파는 상인 : A MARKET OF THE DOMESTIC FOWLS.

141. 새 파는 상인 : A BIRD-FANCIER.

142. 계란 파는 모습 : SELLERS OF HEN'S EGGS.

143. 땔감 파는 사람(薪賣) : FIRE WOOD SELLERS.

144. 식탁 파는 상인 : THE DINING-TABLE SELLERS.

145. 통·우물·벽을 수리하거나 통을 파는 사람(桶屋) : A COOPER.

146. 바구니 파는 아이 : THE BASKET-SELLERS OF COREA.

147. 짚신 파는 모습 : STRAW-SANDAL SELLERS.

148. 굴(牡蠣)을 파는 여인 : THE OYSTER-SELLER OF COREA.

제2부 「조선사진첩(朝鮮寫眞帖)」

149. 엿 파는 소년 : A SWEET-JELLY SELLER.

150. 떡 파는 사람 : RICE-BREAD SELLERS.

160. 기생(妓生) : SINGING GIRL.

제2부 「조선사진첩(朝鮮寫眞帖)」

161. 기름 파는 여인 : OIL SELLERS.

162. 담뱃잎을 자르는 모습과 감 파는 모습 : THE PERSIMMON SELLER AND TOBACCO SHOP.

163. 야채 파는 아이 : VEGETABLE SELLERS.

164. 항아리 판매상 : THE JAR-SELLER OF COREA.

165. 항아리 판매상 : THE JAR-SELLER OF COREA.

166. 물 긷는 남자 : DRAWING WATER.

167. 물 긷는 모습(1) : DRAWING WATER OF COREAN.

168. 물 긷는 모습(2) : DRAWING WATER.

169. 한인의 나무 톱질 : COREAN SAWYER.

170. 인부들이 목재를 운반하는 모습 : TO CARRY BIG-TIMBER OF COREAN LABORERS.

171. 마구간 : A STABLE.

제2부 「조선사진첩(朝鮮寫眞帖)」

172. 우차(牛車) : WAGONS DRAWN BY OXEN.

173. 노동자 : A LABORER.

174. 한국의 가옥과 한인 : THE HOUSE OF COREAN.

175. 바둑 : THE GAME OF CHECKERS.

176. 다림질하는 여인 : SMOOTHING IRON.

177. 얼음위의 낚시 : THE COREAN FISHERS ON THE ICE.

178. 죄인의 처벌(笞刑) : WHIPPING OF CRIMINALS.

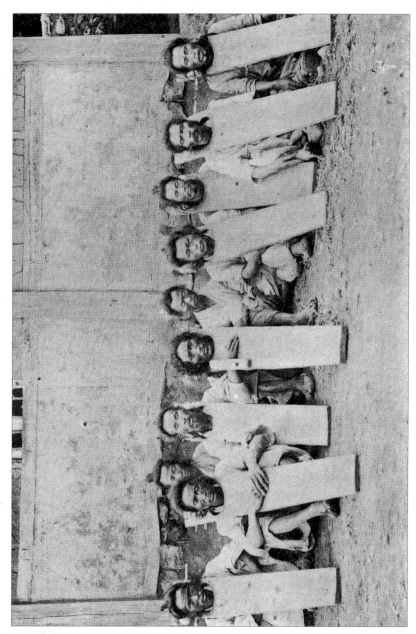

179. 칼을 쓴 죄인들 : HANGING PUNISHMENT.

180. 칼을 쓴 죄인들 : HANGING PUNISHMENT.

181. 얼음 위의 보행과 얼음 위에서의 낚시 : THE COREANFISHERS AND WALKING OF THE ICE.

182. 얼음 깨고 물 긷는 모습 : DRAWING WATER ON THE ICE.

183. 다듬이질 하는 여인 : A BLOCK FOR BEATING CLOTH ON.

찾아보기

/ ㅇ /

찾아보기

동아대학교 역사인문이미지연구소 총서 02

1910년 일본인이 본 한국병합

: 「조선사정」과 「조선사진첩」

초판 1쇄 인쇄 2020년 8월 20일
초판 1쇄 발행 2020년 8월 30일

역   자 신동규
편   찬 동아대학교 역사인문이미지연구소
전   화 051-200-8742

발 행 인 한정희
발 행 처 경인문화사
편 집 부 유지혜 김지선 박지현 한주연
마 케 팅 전병관 하재일 유인순

출판신고 제406-1973-0000003호
주   소 경기도 파주시 회동길 445-1 경인빌딩 B동 4층
대표전화 031-955-9300   팩 스 031-955-9310
홈페이지 http://www.kyunginp.co.kr
이 메 일 kyungin@kyunginp.co.kr

ISBN 978-89-499-4907-9 94910
          978-89-499-4868-3 (세트)
값 40,000원

※ 파본 및 훼손된 책은 교환해 드립니다.